유럽 맥주 여행

유럽 맥주 여행

맥주에
취한
세계사

백경학

글항아리

이정모
서울시립과학관 관장

"맥주를 가장 많이 마시는 나라는 어디일까?"

이 질문에 나는 거침없이 '독일'이라고 대답했다. 10년 동안 독일에서 산 경험 때문이다. 나는 매달 첫 번째 토요일이면 맥주 1만 시시를 사서 발코니에 쟁여놓았다. 간혹 집에 손님이라도 초대하는 금요일이면 추가로 1만 시시를 더 구입했다. 1만 시시라고 하면 꽤 많은 양 같지만 사실은 500밀리리터 맥주 스무 병들이 한 박스에 불과하다. 나만 그런 게 아니었다. 독일 사람들은 정말 맥주를 많이 마신다. 점심 식사 때 맥주 한두 잔은 기본이며, 카페에서는 맥주 400시시 가격이 생수 350시시 가격과 같으니 생수보다 맥주를 선택하는 게 현명하다고 느껴질 정도다. 그런데 맥주를 가장 많이 마시는 나라는 독일이 아니라는 걸 이 책을 통해서 알았다. 상식이 깨지는 통쾌함이라니!

나는 독일 본에 살았다. 본에는 뵌슈Bönnsch라는 맥주를 파는 맥줏집이 하나 있을 뿐이다. 그래서 본 사람들은 25킬로미터 떨어진 쾰른에서 나오는 맥주인 쾰슈Kölsch를 마신다. 그냥 쾰른 맥주라는 뜻이다. 쾰슈잔은 우리나라 맥주잔과 비슷하게 생겼다. 반듯하고 더 길다. 하지만 독일 사람들이 보편적으로 많이 마시는 필스너 맥주잔은 커다란 와인잔처럼 생겼다.

궁금했다. 왜 필스너 맥주잔은 와인잔처럼 생겨야 할까? 관리하기도 힘들 텐데. 나는 과학자다. 궁금한 게 있으면 꼭 물어봐야만 직성이 풀린다. 하지만 내 독일 술친구들은 거기에 대한 답을 주지 못했다. 그 궁금증 역시 이 책을 읽으면서 풀렸다.

우리나라에도 맥주를 직접 양조해서 파는 하우스 맥줏집이 이젠 제법 많다. 요즘은 많이 나아졌지만 초창기에는 일정한 패턴이 있었다. 개업 초기에는 순수한 맛이 난다. 하지만 어느 정도 시간이 지나면 군내가 나기 시작한다. 결국 인기가 떨어지고 가게 문을 닫는다. 그 이유는 간단하다. 땅값이 너무 비싸기 때문이다. 맥주는 살아 있는 효모로 만든다. 양조 통 안에는 딱 한 종류의 효모만 있어야 한다. 다른 균이 있어서는 안 된다. 한 번 양조한 양조 통은 깨끗이 씻고 말린 다음에 다시 양조를 시작해야만 맛을 지킬 수 있다. 그런데 우리나라에서는 비싼 임대료 때문에 그런 여유를 갖지 못하는 것이다. 이 책의 저자도 독일 맥주를 직접 양조해서 판매하는 일을 한다. 그의 맥주 맛은 일정하다. 묻지 않았지만 그 이유를 알 것 같다.

요즘 나에게는 나쁜 버릇이 생겼다. 집에서 혼자 맥주를 마시는 것이다. 책을 읽으면서 깨달았다. 맥주는 벗들과 함께 마셔야 한다. 맥주는 단순한 알코올음료가 아니다. 맥주는 역사이고 문학이며 과학이다. 그리고 민중의 혼이다. 오늘밤에도 나는 함께 맥주를 마실 친구의 전화를 기다린다.

"아빠! 애들이 저보고 '백세주'라고 놀려요!"

"백세주라면 그건 술 이름 아니니?"

요즘 아이들 사이에 왕따 문제가 심각하다는데 중학교에 입학한 딸애가 학기 초부터 아이들에게 놀림을 받는다니 가슴이 철렁했다. 6년 전 독일에서 귀국하자마자 초등학교에 들어간 딸아이는 한국말이 어눌해 놀림을 받곤 했다. 담임선생님이 "과제물을 한꺼번에 제출하라"고 하자, "선생님! 저는 두꺼번에 낼래요"라고 대답하고, 글짓기 발표를 하면서 "군대 떼가 나와 길바닥에 쌓인 눈을 치웠다"라고 써서 아이들의 웃음거리가 됐다. 하지만 '두꺼번'이라는 단어를 사용하는 것이 왜 잘못되었는지, 개미 떼, 매미 떼도 있는데 군대 떼는 왜 안 되는지 어리둥절해했다. 몇 번의 실수 끝에 딸애의 말수는 급격히 줄어들었다. 초등학교 6년을 어렵게 보낸 아이는 또래들이 좋아하는 텔레비전 드라마나 아이돌 그룹에도 무관심하니 중학교에서 왕따가 될까 걱정이 아닐 수 없었다. 하지만 내 근심과 달리 딸애는 "아이들이 놀린다"는 말을 툭 던져놓고 정작 자신은 대수롭지 않다는 표정이었다.

백세주가 된 자초지종을 물으니 상황은 이러했다. 첫날 사회 시간, 선생님이 세계 각국의 이름을 하나씩 대면서 연상되는 것이 무엇인지를 물었다. 아이들은 저마다 그 나라의 수도나 유명한 가수, 스포츠 선수를 말했는데 딸애는 주저 없이 맥주 이름을 댔다고 한다. 선생님이 "독일?" 하고 물으면 다른 아이들은 "베를린, 축구, 벤츠 승용차, 소시지" 하고 대답했지만 딸애는 "파울라너, 에르딩거, 뢰벤브로이" 하고 답했다. '뭐지?' 하고 의아한 표정을 짓고 있는 선생님과 아이들에게 딸애는 당당하게 "독일 맥주의 고장 뮌헨에서 생산하는 맛있는 맥주"라고 친절하게 설명해줬다. 여기서 그치면 좋았으련만 선생님이 다시 "네덜란드?" 하면 "하이네켄", "아일랜드?" "기네스", "덴마크?" "칼스버그", 심지어 "스페인?" 하고 물으니 "산미겔" 하고 질문이 떨어지기 무섭게 대답했다.

맥주 이름이 나올 때마다 아이들은 신이 나 박수를 쳤고 당혹스러워하는 선생님의 마지막 질문이 이어졌다. "도대체 너희 아버지 뭐 하시니?" 딸애는 "맥주를 좋아하는 신문기자였어요" 하고 대답했다. 선생님은 "아버지는 그렇다 치고 너도 맥주 좋아하니?"라고 물어 교실이 웃음바다가 됐다고 한다. 대답은 당근. 수업 시간에 스포트라이트를 받은 아이는 왕따가 되는 대신 인기 속에 중학교를 무사히 졸업했다. 실로 맥주가 가져다준 선물이 아닐 수 없다. 딸애의 별명은 그때부터 지금까지 쭉 한국의 전통주 '백세주'다.

딸애 이름이 백세주로 불리게 된 데는 우리 부부의 책임이 크다. 우리 가족은 1996년부터 3년간 독일에 머물렀다. 내가 한 언론 재단의 지원으로 뮌헨대학에서 독일 통일 문제를 연구하기 위해서였다. 휴직하고 같이 간 아내와 나는 매일 대학 도서관에 나란히 앉아 공부를 했다. 해가 기울면 유치원에서 놀고 있는 딸애를 찾아 마로니에 꽃이 흐드러지게 핀 슈바빙 거리의 비어가르텐에서 맥주를 마시는 것이 가장 큰 기쁨이었다. 독일 사람들에게 맥주는 술이 아니라 일상에 기쁨을 주는 음료였다.

우리 부부 역시 누구보다 맥주를 사랑했다. 뮌헨에 도착한 첫 겨울은 섭씨 영하 26도까지 내려가는 혹한의 날씨였다. 난방이 제대로 되지 않는 아파트에 한국에서 공수해온 전기장판을 깔았지만 머리맡에 놓아둔 물컵이 얼 정도로 추위가 심각했다. 털모자와 두꺼운 외투로 겨울 곰처럼 무장했지만 바닥에 스며드는 추위는 견디기 힘들었다. 결국 고안해낸 것이 욕조에 뜨거운 물을 받아놓고 차례로 몸을 덥힌 뒤 걸쭉한 맥주로 매일 밤 파티를 벌이는 것이었다. 그때 마신 맥주는 술이 아니라 그 추운 겨울밤을 견딜 수 있게 해준 보약이었다. 아이는 그때 우리 부부가 마시는 세계 각국의 맛있는 맥주를 머릿속에 기억해두었다. 귀국 후 초등학교에 들어간 딸애는 우리 부부의 맥주 파티에 슬금슬금 동참해 "아빠, 그 맥주는 너무 밍밍해요. 하지만 기네스는 첫맛은 쓴데 뒷맛이 고소하네요" 하고 품평하기도 했다. 어쨌든 백세주가 된 딸은 이름에 걸맞게 자라나면서 맥주 마니아가 됐고 성인이 된 지금, 주말이면 우리 가족은 맛있는 맥주 파티를 벌이곤 한다.

뮌헨에 머물 때 자주 찾던 슈바빙의 오래된 맥줏집에서 독일을 대표하는 문학가 하인리히 뵐과 토마스 만의 자취를 발견한 것을 계기로 우리 가족은 중세 맥주 양조술의 전통이 남아 있는 수도원을 순례하게 되었다. 귀국한 뒤로는 더블린의 기네스와 암스테르담의 하이네켄, 플젠의 필스너 우르켈 등 유럽 맥주 공장의 굴뚝이 보이는 곳에서 여름휴가를 보냈다.

괴테의 시에 나오는 구절, "책은 고통을 주지만 맥주는 우리를 즐겁게 한다. 영원한 것은 맥주뿐!"처럼 맥주는 우리에게 행복을 준다. 옛날부터 맥주는 왕에서 농노에 이르기까지 모든 사람이 즐겨 마시던 술로, 평등의 상징이었다. 특히 여성들에게 사랑받았다. 유럽 맥주를 맛보기 위해 양조장을 찾아다니다보니 역사 속에 녹아 있는 서민들의 맥주 이야기가 눈에 들어왔다. 또 맥주를 사랑했던 루터, 셰익스피어, 슈베르트 등 인물들의 발자취를 발견하면서 책을 구상하게 됐다. 자료가 모여 책으로 나오기까지 실로 많은 분의 도움이 있었다. 고개 숙여 감사드린다. 라틴어와 독일어 원문을 일일이 대조하며 잘못된 부분을 바로잡아준 서양미술사가 노성두 선생님께 특히 고마움을 전한다. 부족하지만 부디 독자들에게 입과 코와 눈이 행복한 맥주 이야기가 되길 바란다.

2018년 여름
백경학

차례

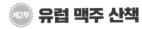 **유럽 맥주 산책**

 맥주를 사랑한 사람들

유럽,
맥주에
취하다

인류가 발견한 '마시는 빵'
고대 맥주

맥주를 발명한 사람은 현자賢者다.
_ 플라톤

우나스는 크게 기지개를 켠 뒤 건초더미로 만든 잠자리에서 빠져나와 움막을 나섰다. 9월의 태양이 아침부터 온몸을 녹일 기세로 뜨거운 열기를 내뿜고 있었다. 어제 저녁엔 오랜만에 물고기를 배불리 먹었다. 강에서 나일강농어Nile Perch라는 아주 큰 물고기를 잡았기 때문이다.

두어 달 전부터 '나일강의 이슬'이라고 부르는 장맛비가 멀리 떨어진 상류 지역에 집중적으로 내렸다. 점점 수위가 높아지더니 결국 우나스가 사는 지역에 나일강이 범람하기 시작했다. 어제 오후 넘실거리는 강물을 구경하러 나갔던 우나스는 물속에서 은빛으로 번쩍이는 무언가를 발견했다. 잠시 후 거대한 물고기 한 마리가 시꺼먼 파도에 떠밀려 땅 위로 올라왔다. 우나스는 황급히 마을 사람들에게 알린 뒤 물고기에게 달려들어 맨주먹으로 사투를 벌였다. 놈의 키는 한 길이 넘었고 힘이 장사

빨대로 맥주를 마시는 사람
을 그린 고대 이집트 벽화

였다. 얼마나 힘이 센지 물고기가 아니라 하마와 싸우는 것 같았다. 날
카로운 이빨에 손등을 물리고 칼날처럼 휘두르는 등지느러미에 허벅지
가 깊게 베이고 말았다. 하지만 뭍에서의 승자는 우나스였다. 농어는 커
다란 솥에 삶겨 마을 축제의 제물이 됐다.

　마을 사람들이 즐거워하는 모습을 보면서 우나스는 항아리 속에 아
껴뒀던 잘 익은 맥주를 꺼내 마셨다. 농어와 몸싸움을 했기 때문인지 아
니면 오랜만에 도수가 높은 맥주를 마신 탓인지 술기운이 금방 올라왔
다. 그대로 곯아떨어져 늦은 시간까지 잤더니 몸이 가벼웠다.

　우나스는 항아리 밑바닥에 맥주 찌꺼기가 남았는지 흔들어보았다. 항
아리는 텅 비어 있었다. 하지만 맥주의 은은한 향기가 남아 있었다. 그는

어머니가 알려준 대로 수확한 보리를 곱게 갈아 가루로 만든 뒤 야자열매와 향이 진한 캐머마일 잎사귀를 버무려 맥주를 빚곤 했다. 그렇게 만들어두면 며칠 지나지 않아 고소한 냄새가 나는 액체 위로 누런 거품이 항아리 속에 넘쳐났다. 우나스는 빈 항아리를 보며 입맛을 다셨다. 새로 맥주를 빚어야 했다. 이번처럼 맛있게 익은 맥주를 마시려면 다시 신의 은총을 빌어야 하리라.

풍요의 땅 나일 삼각주에서 고대 이집트인들은 맥주를 만들었다. 보리와 밀이 발효된 술을 발견한 이집트인들은 마시고 취하는 것에서 삶의 기쁨을 찾았다. 조상을 기리는 제사나 축제 때도 맥주가 빠지지 않았다. 아니, 맥주가 없으면 제사나 축제를 지낼 수 없었다. 그들은 맥주가 주는 기쁨을 인간의 영역이 아니라 마법과 같은 신의 영역이라고 여겼다.

맥주빵을 반죽하는 고대 이집트 여인상

이집트인들은 사후 세계에서도 맥주를 마신다고 생각해 왕의 무덤인 피라미드에 맥주를 넣어두었다. 무덤에 미라와 함께 부장품으로 10종의 고기, 5종의 새, 16종의 빵, 11종의 과일과 함께 4종의 맥주와 6종의 와인을 넣었다는 기록이 있다. 맥주를 마시고 토하는 남성을 여성이 걱정스러운 눈빛으로 바라보는 장면을 그린 고대 벽화도 남아 있다. 이집트 맥주는 걸쭉한 죽 같은 상태여서 빨대로 마셨다고 한다.

당시에는 맥아로 빵을 반죽해 살짝 구운 뒤 갈아서 물을 부어 걸쭉한 상태로 만들어 자연 발효시켜 맥주를 만들었다. 그런데 맥주의 제조법은 정해져 있는 게 아니라 구전과 손맛으로 전해 내려왔기 때문에 이집트인들은 맥주 빚기를 운에 맡겼다. 제대로 된 향과 맛이 나는 맥주가 만들어지면 위대한 선물을 준 신을 찬양했다. 반대로 시커먼 곰팡이 덩어리가 되거나 심지어 죽음에 이르게 하는 독소로 변질되었을 경우, 소중한 곡물과 시간을 허비한 울분으로 탄식과 저주를 토해냈을 것이다.

신의 음료인 맥주를 만드는 데는 눈에 보이지 않는 신비한 힘이 작용했다. 고대인들은 곡물을 이산화탄소와 알코올로 분해하는 균류인 효모의 존재를 알지 못했다. 나무에서 떨어진 사과에 하얗게 솜털이 피어나면 사과가 죽어 죽음의 신에게 다가가는 과정이라고 이해하지 않았을까? 이런 균류에 조금씩 주목하다가 보니나 밀을 갈아서 일정한 조건 아래 놓아두면 사람의 몸과 마음을 좋게 하는 맥주로 변한다는 것을 알게 됐을 것이다. 이것이 인류가 맥주를 발견 또는 발명한 방법이라고 추측할 수 있다.

실제로 맥주는 이집트 사람들이 가장 좋아하는 음료였다. 하지만 빵 반죽 형태로 만든 맥주는 갓 빚었을 때는 부드럽고 맛있지만 금방 시큼

맥주를 마시고 토하는 남성을 그린 이집트 벽화

해지는 단점이 있었다. 덕분에 이집트 가정에서 쓰는 식초는 와인 식초가 아니라 맥주에서 만들어진 식초가 대부분이었다. 이를 막으려고 상큼하고 신맛을 내는 콩과 식물인 루핀lupin의 씨앗을 첨가했기 때문에 전체적으로 맥주의 쓴맛이 강해졌고, 루핀 외에도 이런저런 첨가물을 넣어 향이 나는 맥주, 탄산 맥주 등 다양한 맥주를 빚었다.

고대 이집트에서 맥주는 왕에서 평민에 이르기까지 누구에게나 환영받는 술이었다. 맥주를 사랑했던 이집트 사람들은 죽은 자를 보호했던 이시스Isis 여신을 곡식의 수호신으로, 풍요의 상징으로 죽은 사람을 다시 깨운다는 오시리스Osiris 신을 맥주 양조자들의 수호신으로 생각했다. 『페르시아 전쟁사』를 쓴 고대 그리스의 역사가 헤로도토스는 "맥주는 이집트에 문명을 가져다준 오시리스 신이 파라오(왕)에게 준 선물"이라고 했다.

이집트 전설에 따르면, 로마의 정복자 율리우스 카이사르의 아들을 낳았던 클레오파트라는 정기적으로 맥주로 목욕을 함으로써 아름다운 피부를 유지했다고 한다.

고대 이집트인들에게 맥주는 기호품이었을 뿐만 아니라 화폐 역할도 했다. 평민들은 노동의 대가로 도수가 낮은 맥주를 지급받았으며, 관리들은 양도 많고 도수도 높은 맥주를 하사받았다. 지위가 높을수록 높은 도수의 맥주를 받았다. 취하는 것이 하나의 특권인 사회였다. 이런 전통은 후대의 유럽에까지 이어졌다. 중세 영국의 수도원에서는 지위에 따라 맥주가 지급됐으며, 16세기 선원들도 하루 일한 대가로 4~6리터의 맥주를 지급받았다. 17세기와 18세기 네덜란드와 러시아, 스웨덴, 폴란드에서도 선원과 군인들은 지위에 따라 적게는 3리터에서 최고 7리터까지 맥주를 급여로 받았다.

맥주가 없었다면 세계의 불가사의로 불리는 피라미드도 없었을 것이다. 피라미드를 지을 때 온종일 허리가 끊어질 듯한 힘든 노역을 한 일꾼들에게는 두세 조각의 빵과 두 병의 맥주(약 4~5리터)가 배급됐다고 한다.

이집트 사람들의 생활과 맥주는 떼려야 뗄 수 없었다. 이집트 군대는 병사들을 위해 양조업자들을 데리고 전투에 참가했다. 벌레에 물리거나 갑자기 탈이 났을 때는 맥주를 만병통치약으로 사용하기도 했다. 의사의 처방전 700개 가운데 100여 개에 맥주가 들어갔다. 맥주는 그야말로 '약방에 감초'였다. 이런 전통은 유럽으로 전해져 앵글로색슨족은 기침을 하면 맥주를 마시도록 했고, 무릎 통증에는 에일Ale을 바르도록 처방했다. 중세 이탈리아에서는 병자에게 맥주, 버터, 달걀을 섞어 걸쭉하게 만든 맥주 스프를 먹였으며, 영국에서는 감기의 민간 처방으로 흑맥주에 달걀을 섞어 먹었다. 근대에 들어서도 스위스 결핵센터에서는 맥주를 식욕증진제와 영양제로 사용했고, 일본에서는 메이지 시대 초기에 맥주를 약국에서 판매했다.

또 다른 문명의 발상지인 메소포타미아에서는 이집트보다 1000년 앞선 기원전 4000년 이전부터 맥주를 마신 것으로 전해진다. 프랑스 루브르 박물관에 소장되어 있는 수메르인의 가장 오래된 점토판 '모뉴먼트 블루Monument Blue'에는 수확한 보리를 방아로 찧은 뒤 맥주를 빚어 풍요의 여신인 '니나Nina'(또는 닌카시Ninkasi)에게 바치던 풍습이 기록돼 있다. 이런 점토판은 50만 개에 달해 수메르인들이 언제 씨를 뿌리고 추수를 했는지, 수로를 어떻게 만들고 무슨 음식을 만들어 먹었는지 당시 사회의 모습을 전해준다.

매년 5월이면 터키고원의 눈이 녹으면서 티그리스강과 유프라테스강의 수위가 최고치로 올라 두 강이 합류하는 남부 메소포타미아 지역에는 큰 홍수가 났다. 수메르인들은 기원전 4000년경부터 운하를 정비하고 제방을 쌓았다. 물을 끌어들여 관개수로를 정비해 대규모 농사를 짓게 되었다. 지금의 바그다드 북방인 티그리스강 유역에서는 기원전 6000년보다 수백 년 앞서 일찍이 관개농업을 시작하여 밀 두 종류와 보리 두 종류를 재배했고 소, 돼지, 양 등의 가축도 길렀다.

수렵과 채집에서 농사와 목축이라는 생산경제 시대로 이행하면서 수메르인들은 충분히 먹고 살 만큼의 식량을 확보하게 되었고, 이런 잉여 생산물은 맥주의 탄생을 가져왔다.

맥주 마시는 장면을 기록한 고대 수메르 조각

　수메르인들 또한 맥주를 우연히 발견했을 것이다. 물에 젖은 보리나 밀이 싹이 난 상태에서 짓이겨져 자연 발효되었거나, 곡물로 만든 빵이 담긴 항아리에 물이 들어가 발효를 거쳐 맥주가 되었을 것으로 추측된다. 우연히 발명 또는 발견되었을지라도 가장 맛있고 효율적인 제조법을 찾는 데는 인간의 노력이 들어갔다. 맛과 향을 내려는 궁리가 더해져서 벌꿀 등 발효를 촉진시키면서 향을 내는 첨가제들이 속속 등장했다. 메소포타미아의 첫 주인인 수메르인들의 점토판에 따르면, 이들은 보리로 빚은 맥주 8종, 밀로 빚은 맥주 8종, 밀과 보리를 섞어 만든 맥주 3종을 만들었다. 현재 한국에서 생산하는 맥주보다 훨씬 다양한 맥주를 6000년 전에 만들었다니 놀랍기만 하다.

　현존하는 최고最古의 맥주 제조법도 수메르의 것이다. 기원전 1800년에 만들어진 점토판에 새겨진 '닌카시 찬가Hymn to Ninkasi'에 제조법이 나와 있다. 수확과 양조의 여신인 닌카시에 바치는 노래에는 "닌카시여, 커다란 삽으로 반죽을 치대고, 구덩이에서 바피르bappir(두 번 구운 보리

빵)에 달콤한 꿀을 섞는 여신이여"라는 식으로 맥주를 빚는 법이 단계적으로 매우 정확하게 설명돼 있다. 인류 최초의 맥주 레시피인 셈이다.

닌카시 찬가는 문자로 기록되기 이전에 오랫동안 구전돼오던 노래였다. 그래서 고고학자들은 수메르인들이 맥주를 마시기 시작한 시점을 점토판을 만든 연대보다 훨씬 앞으로 당겨 잡는다. 실제로 기원전 3500년경에 고대 수메르인들이 살았던 고딘테페Godin Tepe(지금의 이란 서부)에서 출토된 항아리 파편에서도 맥주의 흔적이 발견되었다.

맥주라는 단어는 수메르의 종교, 의학, 신화 등 다양한 분야에서 등장한다. 수메르인들에게 맥주는 '문명'의 상징이었다. 인류 최초의 서사시인 「길가메시 서사시」에는 문명을 전혀 접하지 못한 야만인 엔키두Enkidu가 빵을 먹고 맥주를 마신 뒤 비로소 사람이 되었다는 대목이 나온다. 훗날 길가메시 왕의 친구가 되어 모험의 길을 함께하는 엔키두는 신들이 진흙과 침으로 만든 존재로, 그저 풀을 먹고 물로 갈증을 축이며 떠돌던 짐승과 다름없는 존재였다.

엔키두는
음식 먹는 것을 몰랐네.
맥주 마시는 법도 몰랐네.
여인은 엔키두에게 말했지.
"음식을 들어요, 엔키두.
이것이 인간이 살아가는 방법이에요.
맥주를 마셔요, 이것이 이 땅의 관습이랍니다."
엔키두는 배가 가득 찰 때까지

음식을 먹었다네.

맥주를 일곱 잔이나 마셨다네.

그러자 마음이 여유로워져 기분이 좋아졌고

의기양양해지고 얼굴이 빛났다네.

(이발사가) 그의 몸에서 털을 깎고 성유를 발랐네.

엔키두는 사람다워졌다네.

옷을 입었고

사람이 되었다네.

맥주는 다른 음료에 비해 영양이 풍부하기 때문에 수메르인들의 식단에서 빼놓을 수 없는 중요한 부분이었고, 자연스레 화폐 역할도 했다. 신분에 따라 차이가 있었지만 맥주를 매일 배급받았으며 맥주로 세금을 냈다. 노동의 대가로 맥주를 받기도 했다. 심지어 장례를 주관하는 신관도 망자의 가족으로부터 맥주와 빵을 사례로 받았다. 맥주를 부정한 방법으로 거래하면 왕이 직접 나서서 양을 규제하기도 했다.

수메르인들은 세계 최초의 문명을 건설했지만, 셈족이 바그다드에서 남쪽으로 90킬로미터쯤 떨어진 유프라테스 강변에 세운 바빌로니아에 의해 기원전 2000년 멸망했다. 하지만 정복자들이 수메르의 맥주만은 계승하고 발전시켰다. 바빌로니아인들이 맥주를 얼마나 소중하게 여겼는지는 유명한 함무라비 법전에도 나온다. 기원전 1800년경에 편찬된 가장 오래된 성문법인 이 법전에서 함무라비 왕은 '고대판 맥주 순수령'을 선포했다. 독일의 순수령보다 3300년이나 앞서 맥주에 이물질을 넣지 말라고 경고한 것이다. 법전의 360개 조항 중 108조에 이런 내용이 나온다.

맥주를 파는 여인이 맥주 값을 곡물이 아닌 은으로 요구하거나, 좋지 않은 재료를 사용해 맥주의 품질을 떨어뜨리면 여인을 처벌하고 물속에 넣어 죽일 수 있다. 또한 여주인이 술집에서 열리는 정치적 모임을 신고하지 않을 경우 사형에 처할 수 있고, 맥주에 이물질을 섞어 파는 자는 술통에 집어넣고 죽을 때까지 맥주를 들이붓는 형에 처한다.

　당시에는 맥줏집을 '기쁨의 집'이라고 불렀는데 이곳에서만 맥주를 만들고 판매할 수 있었다. 맥주는 여성들이 만들고 맥줏집 역시 여성들이 운영했다. 맥줏집을 열려면 당국의 허가를 받고 세금도 제대로 내야 했다. 바빌로니아 사람들 덕분에 주세 제도가 정착될 수 있었다. 술집의 단골손님들은 외상을 긋고 마시다가 가을에 수확한 곡물로 일시에 갚기도 했다. 술에 관대했던 고대 이집트 문화와는 달리 바빌론의 지배자들은 술에 엄격했다. 술에 취해 난동을 부리거나 일을 하지 않고 술집에 드나들 경우 사형에 처하겠다고 엄포를 놓았으며 특히 여사제가 술집에 갈 경우 화형이라는 극형을 내리기

함무라비 법전이 새겨진 비석. 파리 루브르 박물관 소장

도 했다.

하지만 대부분의 바빌로니아인들은 맥주를 좋아해 20종이나 되는 다양한 맥주를 발전시켰다. 맥주 양조사를 우대해 제사를 주관하는 신관과 동등한 대우를 해줬으며 병역을 면제해주기도 했다. 그만큼 맥주의 사회적 비중이 높았다. 수메르와 마찬가지로 상류층일수록 도수가 높은 맥주를 많이 배급받았으며 신분이 미천한 이들은 밍밍한 맥주를 조금만 마실 수 있었다.

그렇다면 고대인들이 마신 맥주는 어떤 맛이었을까? 지금의 맥주와 얼마나 달랐을까? 발효 빵을 이용해 만드는 이집트 전통술 부자Bouza 제조법에서 힌트를 얻을 수 있다. 고대 이집트식 맥주 부자를 만드는 데 필요한 건 딱 세 가지다. 밀과 물 그리고 공기 중의 효모균을 이용해 발효시킨 시큼한 밀가루 반죽인 사워도sourdough만 있으면 된다.

첫 단계는 발효 빵을 만드는 것. 밀알을 굵게 빻아 사워도를 넣고, 물을 조금씩 섞어가며 둥근 빵 덩어리 형태로 반죽한다. 이 반죽을 하루나 이틀 발효시킨 뒤 효모가 죽지 않도록 150도 정도의 오븐에서 15분간 겉만 익힌다. 항아리에 물과 반죽을 넣고 여기에 신선한 사워도 소량, 발아 건조시킨 밀알 가루를 추가해 잘 젓는다. 먼지가 들어가지 않도록 천으로 덮어 이틀 정도 발효시킨다. 항아리에서 건더기를 걸러내고 남는 액체를 마시면 된다. 1~2주 정도 냉장 보관이 가능하다.

전쟁 승리의 비결은 맥주
켈트족과 게르만족

그 아까운 곡물로 찝찔한 맛의 맥주를 만들어 모이기만 하면
축제를 벌이는 게르만족은 신들의 태양 아래 최고의 술꾼이다.
_ 푸블리우스 코르넬리우스 타키투스(56~117. 고대 로마 역사가)

로마의 위대한 군인이자 정치가, 역사가인 율리우스 카이사르(기원전
100~기원전 44). 그는 지중해를 중심으로 광대한 지역을 식민지로 만들
어 로마에 물질적인 풍요를 가져다주었다. 로마의 군사 제도와 법체계를
확립하고 도로와 수도를 정비해 이를 기반으로 지중해를 내해로 삼는
통일국가를 세웠다. 로마 문화를 식민지 전역에 전파했을 뿐 아니라 식
민지로부터도 우수한 문물을 수입해 발전시켜 서구 문명의 기초를 확립
했다.

로마는 하루아침에 이루어지지 않았지만 카이사르는 모든 길을 로마
로 통하도록 만들었다. 그는 야심가였다. 로마 시민이 그토록 열망했던
갈리아 지방을 로마의 식민지로 만들었다. 거대한 밀 곡창 지대를 선물
받은 로마 시민은 카이사르에게 열광했다. 로마 시민의 환호 속에 북쪽

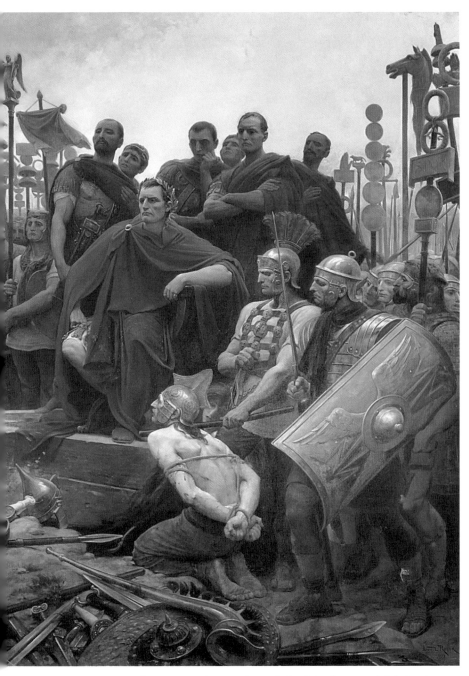

리오넬 로이어, 「카이사르에게 항복하는 켈트 족장 베르생제토릭스」, 크로자티에 박물관, 1899

으로 진군해 지금의 프랑스, 북부 이탈리아, 스위스, 독일의 라인강 서쪽, 영국 남부에 이르는 광대한 지역을 개척했고, 동쪽으로는 소아시아, 이집트, 북아프리카 일부를 점령했다.

도시국가였던 로마를 세계적인 제국으로 만든 카이사르가 정복지였던 갈리아 지방을 순시할 때였다. 카이사르는 두 가지 점에 놀랐다. 원주민인 켈트족들은 로마인처럼 점잖게 치마를 입는 것이 아니라 야만스럽게도 바지를 입고 있었다. 게다가 그들은 밤마다 이상한 음료를 마시며 즐거워했다.

카이사르는 『갈리아 전기』에 "켈트인들은 오크나무(참나무)로 만든 둥근 통에 든 보리로 만든 이상한 술을 즐기고 있다"라고 기록했다. 카이사르가 솔직하게 썼다면 "수염도 제대로 깎지 않고 부끄럽게도 치마가 아닌 바지를 입은 야만인들이 밤이 되면 삼삼오오 모여 무언가를 마시면서 행복해했다. 그런데 그들이 오크통에서 꺼내 마신 것은 붉은 포도주가 아니라 말 오줌처럼 누렇고 싱거운 맛의 이상한 술이었다" 정도가 아니었을까? 태양이 준 선물인 포도로 만든 붉은 와인이 아니라 오줌빛깔의 밍밍한 술을 마시며 행복해하는 켈트족은 그가 보기에 영락없는 미개인, 야만인일 수밖에 없었다.

켈트족은 뒤이어 유럽을 지배한 게르만족과 함께 둘째가라면 서러울 맥주 마니아였다. "훌륭한 사람의 집에는 반드시 맥주가 있어야 한다"는 격언이 있을 만큼 그들은 맥주를 사랑했다. 하지만 유럽을 지배했던 로마인들은 카이사르처럼 켈트족이 사랑하는 맥주를 우습게 봤다. 타키투스는 『게르마니아』에서 "사람이 마실 것을 보리 같은 곡물에서 우려내다니 말이 되는가. 와인과 비슷한 척 사기를 치는 것이라고밖에 볼 수 없

중세 전설에 등장하는 맥주 왕 감브리누스Gambrinus. 이집트 신 오시리스와 이시스에게서 맥주 양조법을 배워온 게르만 왕으로 알려져 있다. 항상 맥주통, 맥주잔과 함께 등장하는 감브리누스는 맥주 산업의 수호신으로 추앙받는다.

다. 라인강 저편만 넘어가도 와인이 있는데 이게 무슨 짓일까?" 하고 한탄했다. 이런 시선은 끈질기게 이어져 15세기 네덜란드의 인문주의자였던 에라스뮈스Erasmus(1466~1536) 역시 켈트족의 후예인 영국인들이 즐겨 마시는 맥주에 대해 "맥줏집은 흥겨운 곳이지만 맥주는 맹물 같아서 영 맛이 없다"고 혹평했다.

고대부터 와인은 신에게 제사를 올리는 술, 왕과 귀족이 즐기는 술이었다. 요즘엔 와인이 대중화되긴 했지만 오래 숙성시킨 고급 와인은 한 병에 수백만 원, 심지어 수천만 원까지 한다. 굳이 구분하자면 와인은 예부터 권력자, 부자와 가까웠고 맥주는 그 반대였다. 실제로 로마인들은 맥주를 '포투스 파우페르시누스potus paupersinus', 즉 가난한 사람들의 음료로 업신여겼다. 로마인이 보기에 '흙수저의 술'인 맥주를 마신다는 것은 야만과 빈곤의 증거였다. 하지만 그리스 로마 문명 이전의 고대 사회에서는 지배 계층도 와인보다 맥주를 더 즐겨 마셨다. 수메르의 「길가메시 서사시」에는 맥주를 마시는 것이 인간이 되는 필수적인 통과의례로 그려져 있다.

와인의 원료인 포도는 이탈리아, 프랑스, 스페인, 그리스 등 따뜻하고 햇볕이 좋은 더운 지방에서 주로 재배했다. 포도 농사는 많은 노동을 요구한다. 때맞춰 거름을 주고 가지를 세워주고 포도알을 키우기 위해 잎을 수시로 따줘야 한다. 수확할 때까지 쉴 틈이 없다. 포도송이는 자연에 인간의 정성이 더해져야만 영근다. 술을 담글 때도 포도알을 잘 으깨어 발효, 숙성시키며 공을 들여야 한다. 와인은 노동이 집약된 술이다.

반면 맥주는 단순하다. 추위에 잘 견디는 밀이나 보리를 봄에 드넓은 벌판에 뿌리고 가을에 수확하면 된다. 포도처럼 김을 매거나 거름을 줄

필요가 없다. 가뭄, 태풍 같은 재해가 없기를 기도하다 가을 하늘이 높아지면 거두어들이면 된다. 맥주를 만들 때는 밀과 맥주보리를 거칠게 빻은 뒤 홉을 넣어 삶는다. 그런 뒤 3주 이상 발효 숙성시키면 맛있는 맥주가 탄생한다. 와인에 비하면 거저 마시는 거나 다름없다. 와인과 맥주의 이러한 차이는 결국 와인은 왕과 귀족의 술, 맥주는 평민의 술이라는 구분으로 귀결되었다.

'야만인' 켈트족이 즐기던 맥주는 중세 게르만 시대를 거치면서 모든 계층으로부터 사랑받는 대중적인 술로 변모했다. 맥주를 널리 보급한 사람은 신성 로마 제국의 황제 카롤루스 대제(742?~814)다. 프

카롤루스 대제

랑스에서는 샤를마뉴, 영국에서는 찰스, 스페인에서는 카롤루스, 독일에서는 카를 대제로 불리는 인물이다. 이 게르만 정복왕은 부리부리한 눈매와 얼굴을 뒤덮은 수염, 190센티미터가 넘는 거구로 평생을 전쟁터에서 보냈다.

카롤루스 대제는 프랑스, 독일 군주의 시조이며 로마 제국 이후 처음으로 서유럽 대부분 지역을 정복해 정치적·종교적 통일을 이뤄냈다. 유

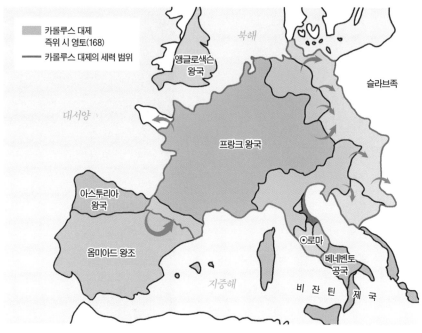

카롤루스 대제의 영토 확장

능한 지배자였던 카롤루스 대제는 한번 손댄 일은 무슨 일이 있어도 끝장을 보는 의지가 강한 인물이었다. 궁지에 몰려도 절망하지 않았으며 행운이 닥쳐와도 운명의 속임수에 마음이 흔들리지 않았다고 한다.

　카롤루스 대제가 사실상 서유럽을 통일하는 업적을 이룬 과정에서 맥주가 빠지면 섭섭하다. 그는 평소에는 술을 절제하는 인물이었던 듯하다. 하루에 딱 한 잔만 마셨다고 전해지고 있으니 아무리 중세의 술잔이 크다고 해도 당시 기준으로는 적게 마시는 편이었다. 하지만 전쟁터에서는 달랐다. 그는 전쟁터에 반드시 맥주 오크통을 가지고 다녔다. 그에게 맥주는 전술적 무기였다. 큰 전투를 앞두고 병사들과 어울려 코가 비뚫어지도록 마셨고, 그런 뒤에는 무서운 괴력을 발휘해 대승을 거두곤 했다. 맥주가 없었다면 승리도, 영웅도 없었을지 모른다. 제2차 세계대전 중 영국의 총리였던 윈스턴 처칠Winston Churchill(1874~1965)이 "후방의 어떤 군대보다 우선해, 교전 중인 군대에는 맥주를 일주일에 4파인트pint(1파인트는 0.57리터)씩 반드시 보내라"고 명령을 내린 것도 같은 이유에서일 것이다.

카롤루스 대제는 로마에 버금가는 제국을 건설했다. 이슬람 세력인 무어인에 의해 점령된 스페인을 제외하고 프랑스와 독일, 이탈리아, 오스트리아, 스위스, 체코, 폴란드, 헝가리에 이르는 광대한 지역을 통일했다. 서구 유럽의 틀이 이때 형성됐다. 유럽을 통일한 그는 제국 곳곳에 수도원을 지어 전쟁터에서 고생한 부하들을 수도원장으로 파견함으로써 정치적·종교적 권력을 나눠주었다.

5세기 게르만족에 의해 서로마 제국이 멸망한 뒤의 중세 유럽을 바다에 비유한다면 검은 파도가 일렁이는 망망대해였다. 찬란했던 로마 문화와 학문은 사라지고 무지와 맹목적인 신앙이 거센 파도와 폭풍우로 변해 모든 것을 집어삼켰다. 그러다 11세기에 들어서면서 외로운 섬들 가운데 희미한 불빛이 하나둘 나타나기 시작했다. 카롤루스 대제가 9세기에 세운 중세 수도원이었다.

카롤루스 대제는 유럽 곳곳에 세워진 수도원 중 30곳에 맥주 양조시설을 설치하도록 지시했다. 게다가 수도원이 일반 양조장에 세금을 부과할 수 있는 권한을 주었다. 수도원에서는 교회나 수도원에 소속된 학교에도 맥주를 공급했다. 성지 순례가 활성화되면서 순례자들의 입을 통해 수도원 맥주의 명성이 전 유럽으로 퍼져나갔다. 스위스의 장크트갈렌Sankt Gallen 수도원과 성 베네딕트의 규율을 따르는 독일 트라피스트 Trappist 수도원 등이 맥주로 유명하다. 발효 비법을 익힌 수도원들은 독자적인 와인과 치즈 제조 기술도 전수했다.

잉여 자본은 더 큰 자본을 낳는다. 카롤루스 대제가 부여한 넓은 토지와 맥주 독점권, 귀족들이 기부한 재산으로 중세 수도원은 더 큰 부자가 되었다. 맥주 독점권은 황금을 만드는 연금술 이상이었다.

하지만 그 부담은 농민과 장인, 농노, 시민들에게 고스란히 돌아갔다. 맥주보리를 추수해 운송할 때는 통행세, 홉을 넣어 삶을 때는 홉 사용세, 맥주를 여관이나 술집에 내다 팔 때는 판매세를 내야 했다. 일반 양조장에서 생산된 맥주에도 수도사들이 하느님께 봉헌하는 행사인 축성祝聖을 했는데, 심지어는 이때도 세금을 내야 했다. 맥주는 세금 덩어리였지만 와인과 비교하면 그래도 값이 쌌다. 농가에서도 맥주를 만들긴 했지만 뛰어난 양조 기술을 보유한 수도원 맥주를 따라갈 순 없었다. 수도원 맥주는 서민들에게 사치품이었지만 결코 포기할 수 없는 생활 속 사치품이었다.

중세 수도원의 양조장

'흙수저'의 술
서민들이 즐긴 맥주

좋은 맥주는 계급 간의 모든 차이를 없애준다.
_블라디미르 레닌(1870~1924, 소련 혁명가)

11세기 영국 북부 노팅엄셔의 셔우드 숲을 근거로 활약한 영국의 전설적 영웅 로빈 후드. 소설, 영화, 애니메이션 등 다양한 형태로 나와 있는 로빈 후드 이야기에서 주인공 못지않게 인기를 끈 사람은 턱Tuck 수사다. 호탕하고 입이 거칠면서도 인간미가 흐르는 턱 수사의 인물상을 설정할 때 감독이 가장 먼저 떠올렸을 단어는 '술고래'가 아니었을까? 부대 자루 같은 수사복으로도 가려지지 않는 불룩한 배를 내밀며 턱 수사는 말한다. "이 곡식, 이건 어떤 바보라도 먹을 수 있지. 하지만 주님이 내리신 더 성스러운 음식이 있거든. 바로 맥주야!"

드라마 「로빈 후드」는 1970년대 후반 우리나라에서도 인기를 끌었다. 욕심 많은 지주의 꿀술을 빼앗은 로빈 후드 일당이 신나게 축제를 벌이는 장면이 약방에 감초처럼 자주 나왔다. 어렸던 나는 '날마다 술판을 벌이네. 서양 사람들은 웬 술을 저리 좋아할까?' 하며 고개를 갸웃거렸다.

중세 초기만 해도 자연 효모로 발효시킨 꿀술이 서민들의 사랑을 받았다. 하지만 꿀을 구하기가 쉽지 않았을뿐더러 계속해 술을 담그려면 많은 양이 필요했다. 서민들은 값비싼 꿀술을 양껏 마시기 어려웠기 때문에 맥주를 찾는 사람들이 차츰 늘어갔다. 당시에는 귀족뿐 아니라 일반 가정에서도 조금씩 맥주를 빚을 수 있었다.

중세는 영주들이 소유한 장원을 중심으로 형성된 농업공동체 사회였다. 자작농과 장원에 소속된 농노들은 공동으로 씨를 뿌려 추수하고, 함께 도랑을 파고 성벽을 쌓았다. 고단한 하루가 끝나면 빠지지 않는 게 맥주였다. 우리 농가에서 모내기를 하면 막걸리 잔치를 열듯 이들도 집에서 만든 맥주로 그날의 피로를 풀었다. 고된 노동이 인생의 전부였던 서민들에게 술자리는 종교의식 그 이상이었다.

맥주 빚기는 여성의 몫이었다. 맥주를 담그는 것은 철마다 챙겨야 할 중요한 가사노동이었고, 혼수품 목록에는 으레 맥주를 끓이는 커다란 솥이 들어 있었다. 말 그대로 수제 맥주여서 집집마다 술맛이 달랐다. "그 집 맥주 참 맛있다"는 말을 듣는 집의 여인은 손맛이 뛰어난 것으로 동네에서 인정받았다. 하지만 아무리 맛있어도 집안 식구들과 이웃 사람들이 마실 정도만 빚을 수 있었다. 밖에 내다 팔았다가는 무거운 처벌을 받았다.

그렇다면 여성은 맥주를 빚기만 했을까? 그럴 리가. 여성들도 남성들 못지않은 술꾼이었다. 축하하거나 함께 슬퍼할 일이 생기면 여인들은 모두 모여 떠들썩한 술판을 벌였고 술에 취한 채 마을을 휩쓸고 다녔다. 그럴 때면 남성들은 슬그머니 자리를 피했다. 평소 눈 밖에 난 남성이 여성들로부터 몰매를 맞는 일도 심심찮게 있었기 때문이다.

수공업 길드의 음주문화는 위계질서가 엄격했다. 장인과 도제들은 중요한 결정을 내린 뒤 소속감을 다지기 위해 꼭지가 돌 때까지 맥주를 마셨다. 새로 들어온 도제가 맥주를 단숨에 들이켜지 못하거나 파도타기 순서가 됐는데 꽁무니를 빼면 남은 맥주를 머리에 들이붓는 벌을 내렸다. 술을 못 마시는 사람은 말 그대로 '왕따'였다. 심할 경우 길드에서 쫓겨나기도 했다. 중세의 위계질서는 정형화된 풍습에 뿌리를 두었으며, 어울려서 함께 맥주를 마시는 것도 하나의 중요한 의식이었다.

중세의 맥주는 단순히 취하기 위해, 분위기를 돋우기 위해 마시는 술이 아니었다. 맛있는 맥주 한 잔에 비스킷 한두 조각을 곁들인 아침 식사는 서민들의 '로망'이었다. 당시 맥주는 영양가 높은 스프처럼 인식되었다. 술이 아니라 액체로 만든 빵, 마시는 빵이었다.

맥주는 칼로리가 꽤 높다. 현대인들은 고칼로리 식품을 기피하지만 중세 때는 정반대였다. 같은 양의 곡물을 사용해 가장 높은 칼로리를 얻을 수 있는 게 맥주여서 가난한 사람일수록 더더욱 맥주를 찾았다. 중세 말기인 15세기 무렵 영국과 베네룩스 삼국(벨기에, 네덜란드, 룩셈부르크) 사람들은 일 년에 1인당 300리터나 되는 맥주를 마셨다.

캐드펠 수사를 주인공으로 내세운 영국 작가 엘리스 피터스Ellis Peters의 유명한 추리소설 『성녀의 유골』에 흥미로운 장면이 나온다. 노부부가 전 재산을 기부하는 대신 여생을 보장받는다는 내용의 계약서를 수도원과 작성하는데, 수도원 쪽에서 매일 지급하는 음식 목록에 맥주가 들어 있다. 노부부뿐 아니라 남녀 하인들에게 지급할 맥주 양까지 명시한다. 중세에는 맥주가 식사의 일부였던 것이다. 게다가 물을 마시는 게 안

피터르 브뤼헐, 「추수」, 미국 메트로폴리탄미술관, 1565

전하지 않다는 인식이 강했다. 근대 초기에도 독일인들은 물 대신 맥주를 마셨고, 심지어 아기에게 모유 대체품으로 맥주를 먹일 정도였다. 지금도 영국에서는 아침 식사로 비스킷 한 쪽과 에일 맥주를, 독일에서는 소시지 한 개와 밀로 빚은 바이스비어 한 잔을 먹기도 한다. 한편 이탈리아에서는 저녁 식사 때 아이들에게 와인을 반 잔 정도 따라준다. 우리가 밥 먹다 목이 메지 않도록 국을 떠먹듯, 이탈리아 사람들은 빵을 먹다 목이 막히면 와인을 조금씩 마신다.

중세의 맥주는 화폐 역할도 일부 겸했다. 영주는 품삯을 치를 때 맥주 현물을 포함시켰고, 장인은 도제의 급여를 맥주로 계산하기도 했다. 아내들은 울상을 지었지만 월급으로 맥주통을 받은 남성들은 좋아서 입이 귀에 걸렸다. 맥주가 생활에서 차지하는 비중이 워낙 크다보니 농간을 부려 양을 속이거나 품질이 떨어지는 맥주를 파는 사람들도 어김없이 등장했다. 이런 사기꾼들에게는 산꼭대기로 물을 나르는 '물 긷는 형벌'이 부과되었다. 자신이 만든 엉터리 맥주를 매일 마시게 하는 경우도 있었다. 어느 것이 더 가혹한 벌인지 궁금해진다.

중세 시대에 맥주가 사람들의 사랑을 받게 된 비결은 바로 '홉hop'이다. 8세기 독일 뮌헨 근교에서 재배된 홉이 맥주에 첨가됨으로써 맥주는 비로소 오늘날의 맥주가 되었다고 할 수 있다.

이전까지는 맥주의 쓴맛을 얻기 위해 로즈마리, 쑥, 생강, 파슬리, 호두나무 열매를 빻은 가루를 맥주보리와 함께 삶았다. 이렇게 만든 맥주는 신맛이 강했다. 그런데 새로 발견한 홉을 사용하자 식혜처럼 달콤하거나 식초처럼 신맛은 사라지고 향이 진한 쓴 맥주가 탄생했다. 쓰면 많이 마실 수 있다. 설탕물은 한두 잔 마시면 배가 부르지만 쌉쌀한 맥주는 끝없이 들어간다. 홉을 첨가한 쓴 맥주는 다른 맥주를 제치고 중세 시대 서민들에게 선풍적인 인기를 끌었다. 게다가 홉은 맥주가 상하는 것을 방지하는 항균 효과도 있다. 홉이 들어간 맥주는 더 넓은 지역으로, 또 더 오랜 기간 유통될 수 있었다.

중세 서민들에게 맥주가 인기를 끌었던 또 다른 이유는 중세라는 시대 자체에 있다. 인류 역사의 '암흑기'로 불리는 중세 시대에 밑바닥 민초의 삶에는 희망도 즐거움도 거의 없었다. 종교가 죽은 뒤 천국에서 편안하게 사는 길을 제시했다면, 맥주는 현실의 괴로움을 잠시나마 잊게 해주는 생명수였다.

17세기 마르틴 엥겔브레히트Martin Engel-brecht의 판화 「맥주양조기술자」. 육각별은 양조기술자를 상징한다. 맥주 기술자들은 수도원에 양조장을 설립한 11세기 베네딕트 교파의 원장 아르놀트를 자신의 수호성인으로 기리고 있다.

기나긴 암흑기가 저물고 14세기부터 르네상스 시대가 시작되었다. 더디게 진행되던 도시화의 속도가 빨라졌고 시민계급이 부상하기 시작했다. 하지만 농민과 빈민의 고단한 삶은 변하지 않았다.

왕과 영주들이 버려진 황무지와 숲을 개간하면서 경작지가 크게 확대되었다. 경작지가 늘자 마을이 형성되고, 마을이 생기자 사람들이 몰려왔다. 경작지의 확대는 생산력과 인구의 증가를 가져왔고 곳곳에 도시를 탄생시켰다. 도시 거주자는 세금을 낼 경제력이 있는 시민계급이었다. 나머지 서민은 도시와 맞닿은 시골에 살았다. 얼기설기 이은 나무집에서

피터르 브뤼헐, 「농가의 결혼식」, 빈 미술사박물관, 1568

사는 그들은 발전과 변화의 흐름에서 방치되어 있었다. 수백 년 전과 달라진 것이 없었다.

추운 겨울이 되면 성안의 귀족과 도시의 시민계급은 동물 가죽과 두터운 솜으로 만든 따뜻한 옷을 입고 양탄자 깔린 방에서 지냈다. 하지만 가난한 농부와 빈민에게 솜옷과 양탄자는 사치였다. 오들오들 떨면서 자신의 체온에 의지해 냉골에서 견뎌야 했다. 도시는 안전했지만 공권력이 닿지 않는 시골은 밤이 되면 도둑 떼가 들끓는 무법천지였다. 강도들이 몰려다니며 집을 털거나 사람을 죽이기 일쑤였다. 영국 런던의 템스강에는 매일 아침 시체가 떠올랐다. 아침에 강물에서 시체를 건져 올려 처리하는 게 런던 행정관청의 주 업무였다.

삶은 고해였다. 그래서 사람들은 맥주를 흠뻑 마시고 잠시라도 고통을 잊으려 했다. 신은 외로움을 만들었지만 인간은 맥주를 만들어 위안을 받았다. 낮에는 각종 세금과 영주들이 요구하는 노역에 시달리고 밤이 되면 폭력이 난무했던 시대에 맥주는 서민이 누릴 수 있는 작은 축복이었다. 농가 결혼식이나 세례식, 축제에는 맥주가 빠지지 않았다. 그 자그만 위안은 참으로 소중했다. 프랑스 북부 코르비Corbie 수도원 같은 곳에서는 돈을 주고 맥주를 살 수 없는 가난한 사람들에게 '형제 맥주'라는 이름으로 맥주 두 잔을 무상으로 나눠주기도 했다.

고달픔을 잊으려 술에 의지하는 사람들이 늘면서 지나친 음주는 큰 사회문제가 되었다. 종교개혁을 이끈 마르틴 루터는 1539년 「절제와 근신에 대한 설교」에서 "귀족이건 농민이건 다들 술을 너무 많이 마시는 바람에 독일은 돼지들의 땅이 되었고, 독일 민족은 몸과 생명을 타락시키는 추잡한 백성이 되고 있다"고 비판하기도 했다.

19세기 풍경화가 루트비히 리히터의 목판화「중세 맥줏집」

중세인의 맥주 사랑을 역설적으로 보여주는 게 영국 청교도들이다. 16~17세기 영국 청교도들은 육체적인 쾌락을 멀리하고 철저한 금욕주의를 주장했다. 도덕적인 순수성을 추구하며 근면하고 검소하게 생활했던 그들도 맥주 사랑만은 버리지 못했던 걸까? 모든 것에 까칠했던 청교도들도 맥주에는 관대했다. 맥주를 신이 인간에게 준 선물로 여겼다.

영국 국교회의 탄압을 피해 종교의 자유를 찾아 미국으로 떠날 만큼 절실했던 필그림 파더스Pilgrim Fathers도 그랬다. 1620년 선장 크리스토퍼 존스의 지휘로 메이플라워호를 타고 영국 땅을 떠났을 때 이들의 애초 목적지는 미국의 수도 워싱턴 아래에 있는 버지니아주였지만, 실제 도착한 곳은 그보다 위에 있는 보스턴 근처였다. 왜 목적지가 바뀌었을까?

초기 필그림 파더스 중 한 사람이 쓴 일기에 그 이유가 나온다. "우리에게 더는 시간이 없다. 우리가 가장 소중히 여기는 맥주가 다 떨어져가고 있기 때문이다." 맥주가 바닥을 드러내면서 청교도들의 인내심도 바닥났고, 결국 계획을 앞당겨 보스턴 플리머스에 닻을 내리게 된 것이다.

신대륙에는 곳곳에 강과 시내가 있었지만, 낯선 땅에 내린 청교도들은 물 마시기를 꺼렸다. 플리머스에 도착한 뒤에도 배에 싣고 온 맥주가 완전히 떨어지자 그제야 어쩔 수 없이 물을 마셨다. 다행히 영국과는 달리 신대륙의 물은 아주 깨끗했다. 이들이 남긴 기록에는 "세상에 물보다 좋은 건 없다. 하지만 좋은 맥주는 물보다 낫다. 물론 나쁜 맥주보다야 물이 낫겠지만"이라는 대목도 나온다.

다른 청교도 지도자 존 윈스럽John Winthrop을 태우고 미국으로 간 배에는 1만 갤런의 맥주가 실려 있었다고 한다. 200리터 맥주통 190개에 해당하는 어마어마한 양이다. 식량보다 맥주를 더 많이 실은 셈이다. 맥주는 이렇게 유럽뿐 아니라 신대륙의 역사를 바꾸어놓았다. 영국인과 독일인의 조상인 바이킹에게 맥주가 영생을 약속하는 영약이었다면, 중세의 가난한 서민에게는 세상의 근심을 잊고 천국으로 들어가는 묘약이었다. 그들은 맥주에 흠뻑 취해 때로는 영웅이 되었고 때로는 왕이 되었다.

세상 근심을 잊게 하는 묘약
수도원 맥주

맥주는 신이 우리를 사랑하고 우리가 행복해지기를 바란다는 증거다.
_벤저민 프랭클린(1706~1790, 미국 정치가)

1996년부터 3년간 한 재단의 지원을 받아 독일 뮌헨대학에서 공부할 기회가 있었다. 독일 통일 문제를 연구하겠다는 거창한 계획을 세우고 갔지만 언어 장벽은 1989년 무너진 베를린 장벽보다 더 높았다. 직장에 다니면서 독일문화원에서 벼락치기로 익힌 실력으로는 장황한 학술 용어를 이해하기 벅찼다. 고대 정치철학이나 유럽 현대정치학 강의 시간에는 아무것도 들리지 않았다. 바이에른 사투리를 심하게 쓰는 교수의 강의 시간은 말 그대로 고문이었다. 아무리 귀를 쫑긋 세우고 정신을 집중해도 목소리가 파도처럼 밀려왔다 밀려갔다. 지도 교수의 세미나 시간은 더 고역이었다. 두 시간에 걸친 세미나는 발표와 토론으로 이루어졌는데, 지도 교수는 저승사자처럼 매번 "백 선생! 당신 생각은 어때요Herr Paik! Was denken Sie?"라며 내 의견을 물었다. 이름이 불릴 때마다 숨이 턱 턱 막혔다. 긴장된 얼굴로 더듬거리면서 대답하다보면 '학위를 딸 것도 아닌데 독일까지 와서 웬 고생인가!' 하는 한탄이 절로 나왔다. 가슴 졸였던 세미나 시간이 끝나면 한국 유학생들을 만날 수 있는 학생 식당 '멘자Mensa'로 부리나케 달려갔다. 무엇보다 우리말 대화가 그리웠다.

독일 학생 식당은 정해진 메뉴가 있는 게 아니라 원하는 품목을 선택한 뒤 계산하는 방식이다. 소시지 하나, 샐러드 한 접시, 으깬 감자 한 덩이를 고르는 식이다. 나는 늘 음료를 놓고 고민에 빠졌다. 맥주를 마실 것인가, 생수를 마실 것인가? 망설이다보면 어느새 손에 맥주가 쥐어져 있었다. 맛있는 독일 맥주의 유혹은 강했다. 게다가 맥주 가격은 생수의 절반 정도에 불과했다. 학생 식당에서 맥주를 마실 때마다 독일에 잘 왔다고 위안을 삼았다. 독일 학생들 역시 남녀 구분 없이 많이들 맥주를 마시며 식사를 하고 있었다. 문제는 점심을 먹은 뒤 오후 강의 시간에 발생했다. 그러지 않아도 졸리는 시간에 맥주까지 마셨으니 눈꺼풀이 천근만근이었다. 강의 시간에 꼬박꼬박 조는 건 동양인들뿐이었다. 독일 학생들은 알코올 분해 능력이 뛰어난지 멀쩡히 앉아서 수업에 열중했다. 이틀 정도 밤을 새워도 끄떡없는 강철 체력을 자랑하는 독일 학생들에게 맥주 한두 잔은 아무것도 아닌 모양이었다. 아무튼 값싸고 맛있는 맥주를 매일 학생 식당에서 마실 수 있는 건 정말 감사한 일이었다. 게르만족에게 맥주는 술이 아니라 생활에 활력을 주는 음료수라는 것을 그때 실감했다.

이는 중세 때부터 이어진 전통이다. 철이나 황동, 납 같은 금속을 이용해 황금을 만드는 기술이 연금술이라면, 보리와 밀로 '마시는 빵'을 만드는 것이 양조술이었다. 양조술은 사람들에게 행복을 가져다주는 기술이었고, 그 비결의 정수가 영양이 풍부하고 맛있는 맥주였다. 그런데 중세 맥주의 전통은 수도원을 중심으로 이어져왔다. 경건하고 금욕적인 수도원에 술이 웬 말일까?

중세 양조 수도사의 모습

평생 청빈, 순결, 순명을 실천한 아시시의 프란체스코(1182~1226) 성인은 많은 가톨릭 성인 가운데서도 유독 사랑받는 인물이다. 그는 라베르나산에서 예수가 당한 고통과 수난을 자신도 체험하게 해달라고 기도하던 중에 예수가 못 박히고 창에 찔린 것처럼 두 손과 두 발, 옆구리에 큰 고통과 함께 피가 흐르는 상처를 입었다. 하늘로부터 오상五傷의 영광을 받은 것이다. 죽음을 예감한 프란체스코 성인은 서둘러 고향에 있는 오두막으로 돌아가려 했다. 하지만 밤사이 강렬한 빛이 라베르나산을 에워싼 것을 목격한 마을 사람들은 그가 성인이 됐다는 것을 알아채고 앞길을 가로막았다.

마을 사람들은 그의 상처에서 흐르는 피를 자기들의 얼굴에 바르며 "당신이 성인이 되었으니 마땅히 이곳에서 죽어야 한다"고 울부짖었다. 왜 마을 사람들은 그가 고향으로 돌아가지 못하게 막았을까? 마을이 프란체스코 성인이 죽음을 맞은 곳으로 알려져 성지가 되면 전 세계의 순례자들이 모여들 터였다. 예나 지금이나 사람들이 모이는 곳에는 돈도 몰리는 법이다. 심지어 이성을 잃은 일부 사람들은 프란체스코 성인의 팔다리

조반니 벨리니, 「라베르나산에서
프란체스코의 무아경」, 미국 뉴
욕프릭컬렉션, 1480

를 찢어 육신의 한 조각을 먹는다면 자신도 성인처럼 신성해질 것이라고 믿었다. 순례자들을 이용해 돈을 벌려는 탐욕과 빗나간 신앙에 눈이 멀어 살아 있는 성인을 죽여서라도 자기 마을을 성지로 만들려고 했던 것이다.

중세에는 기적 성당이나 성인이 묻힌 곳에 순례자들의 발길이 끊이지 않았다. 7세기부터 시작된 예루살렘 성지 순례는 귀족은 물론 일반 서민들에게도 유행처럼 번졌다. 하지만 십자군 전쟁 이후 이슬람에 의해 예루살렘 순례길이 막히자 순례자들은 기적 성당이나 성인 순교지로 몰려갔다. 루터가 종교개혁을 일으킨 독일 동북부 지역만 하더라도 16세기 초 성모 마리아의 모유가 담긴 병과 베드로의 엉덩이뼈 등 성인의 유품 1838점, 예수가 태어날 때 누웠던 구유의 짚 등 예수의 유품 331점을 큰 성당과 일부 귀족들이 갖고 있었다. 독일의 수도원과 수녀원에서 보유하고 있는 십자가 조각들만 모아도 예수가 매달려 숨진 십자가를 12개나 만들 수 있을 정도였다. 물론 서로 진품이라고 주장했다. 지금 각국 정부와 지방자치단체가 유네스코 세계 문화유산으로 지정받기 위해 목을 매듯, 중세에도 지역 경제를 활성화하기 위해 어떻게 하면 순례자를 유치할지 고민했다.

순례자가 급격히 늘면서 수도원은 이들을 위한 숙박 시설을 운영하게되었다. 맛있는 맥주를 팔기 위해 양조장도 새로 지었다. 대규모 양조장을 잘 관리하면서 품질 좋은 맥주를 생산하는 수도원들이 여기저기서나타나 명성을 떨치기 시작했다. 특히 기후가 서늘한 유럽 북부 지역의수도사들이 맥주 양조에 힘을 기울였다. 포도보다 보리를 재배하기가더 쉬웠기 때문이다. 그래서 처음에는 영국, 독일, 스칸디나비아의 수도원들을 중심으로 맥주 양조가 발달했다. 상업적 양조는 12~13세기 이후에야 본격적으로 시작되었으므로 그 전까지는 맥주를 대량으로 빚는 건 수도원들뿐이었다.

대표적인 곳이 스위스의 장크트갈렌 수도원과 독일 바이에른에 있는 안덱스Andechs 수도원, 벨텐부르크Weltenburg 수도원 등이다. 이탈리아의 성인 프란체스코 디파올라Francesco di Paola를 기리는 기사단도 독일 뮌헨에 정착한 뒤 1634년부터 맥주를 만들기 시작했다. 이것이 현재 독일 뮌헨을 대표하는 도수가 높은 파울라너 맥주의 기원이다. 중세 중기에는 순례자들로 인한 호황으로 수도원 양조장이 무려 500곳이나 새로 들어섰다. 바이에른의 한 수도원을 찾은 순례자 수가 연간 1만 명이 넘었다는 기록도 남아 있다.

장크트갈렌 수도원은 아일랜드 전도사 골롬바누스와 함께 유럽 대륙에 복음을 전파하러 온 12명의 제자 중 한 사람인 갈루스Gallus(독일어로는 갈렌) 성인이 병이 나서 보덴호 근처에서 머무르게 되자 그것을 신의 계시로 여겨 700년에 세운 베네딕트회 수도원이다. 3개의 양조장에서 100명이 넘는 수사들이 일했던 이 수도원은 세계 최초의 수도원 양조장이자 최대 양조장으로 유명하다. 장크트갈렌 수도원은 8세기부터 15세기에 쓰인 필사본 원본 2100점과 15만 권의 책을 보유한 중세 시대를 대표하는 도서관으로 1983년 유네스코 세계 문화유산에 등재되기도 했다.

나는 2017년 5월 연휴를 이용해 장크트갈렌을 방문했다. 독일 뮌헨에 도착해 하루 자고 스위스로 넘어갈 예정이었는데 아침부터 눈발이 날리기 시작했다. 중서부 유럽에서는 가을이 막바지에 접어드는 11월부터 이듬해 3월까지 햇살을 좀처럼 볼 수 없기 때문에 사람들은 봄을 손꼽아 기다린다. 그런데 3월과 4월 초까지 눈발이 날린 경우는 있어도 봄이 시

장크트갈렌 수도원 내부에 있는 세계에서 가장 아름다운 도서관

장크트갈렌 대성당

작된 5월에 눈이 펄펄 내리다니 기상 이변이 아닐 수 없었다. 뮌헨을 출발해 오스트리아 국경을 넘을 쯤에는 아예 폭설로 변해 앞을 분간할 수 없을 정도였다. 도로변에는 순식간에 10센티미터 이상의 눈이 쌓였다. 표고 700미터가 넘는 장크트갈렌에 도착하자 설국이 따로 없었다. 봄을 맞아 활짝 핀 가로수 왕벚꽃은 눈 속에 파묻혔고 사람들은 오지 않는 버스를 포기한 채 종종걸음을 치고 있었다. 지나가는 사람에게 "5월에 눈이 오는 것이 이곳에서 통상적인 일이냐?"고 물으니 "날씨가 미쳤다ver-rückt" "정신 나갔다Wahnsinn"는 대답이 돌아왔다. 이튿날 아침 장크트갈렌 신문에는 "5월에 30센티미터 이상의 폭설이 내린 것은 200년 만의 대사건"이라는 제목의 기사가 실렸다. 온통 눈 속에 파묻힌 장크트갈렌의 오래된 맥줏집 춤 골데네 로이엔Zum godene Leuen(황금사자)에서 지역 맥주인 쉬첸가르텐schützengarten을 맛있게 마시던 시간이 그립다.

아일랜드와 스코틀랜드에서 온 베네딕트 수도회는 독일에 많은 맥주 수도원을 세웠다. 그중 대표적인 것이 1050년 바이에른 레겐스부르크 인근 도나우 강가에 세운 벨텐부르크 수도원이다. 이곳은 지금도 흑맥주로 유명하다. 1455년 뮌헨 동쪽 언덕에 건립된 안덱스 수도원은 향이 진하고 뒤끝이 깨끗한 황금빛 안덱스 맥주를 생산하고 있다.

큰 양조장을 가진 수도원은 인근 대성당에 맥주뿐 아니라 다른 생산물도 지원해야 했다. 프랑스 파리 북부에 있는 피카르디 수도원Picardie monastère은 매일 맥주 60갤런(227리터)과 포도주 32갤런(121리터), 빵 100개, 기름 1갤런(3.8리터)을 대성당에 제공했다는 기록이 있다.

맥주 판매는 교회가 세속에서 돈을 거둬들이는 중요한 수입원이었다.

스위스 전통 목조건축 방식으로 지어진 맥줏집 춤 골데네 로이엔

수도원들은 입맛을 다시게 만드는 다양한 종류의 맥주를 본격적으로 개발했으며 독점적인 판매권을 갖고 있었다. 하지만 수도원 맥주가 발전하는 데 경제적인 계산만 작용했던 건 아니다. 금식의 고통을 잊기 위한 인간적인 이유도 한몫했다.

청빈, 순결, 순명이 요구되는 수도사들의 일상생활은 노동과 기도로 채워졌다. 군대처럼 위계질서가 강하고 쳇바퀴 돌듯 매일 반복되는 생활에서 맥주는 수도사들에게 구원이 아닐 수 없었다. 특히 사순절 기간에는 맥주가 유일한 낙이었다. 예수의 고난을 생각하며 40일 동안 금식하는 사순절 기간에 수도사들은 하루 한 끼 작은 빵 하나로 버텨야 했다. 교회당에 모여 열심히 기도했지만 성심은 배어나지 않고 배에선 계속 꼬르륵꼬르륵 비명이 들렸을 것이다. 주린 배가 계속 영혼을 시험에 들게 했다. 금식 기간에 수도사들이 먹을 수 있는 건 하루에 빵 한 조각과 '물처럼 흐르는 액체'뿐이었다. 수도사들에게는 굶주림을 달랠 무언가가 절실히 필요했다. 잠깐, 맥주는 물처럼 흐르는 것 아닌가? 그래서 교황과 주교에게 금식 기간에 맥주 마시는 것을 허락해줄 것을 간곡히 요청했고 기적처럼 그들의 요구가 받아들여졌다. '흐르는 빵' 맥주가 수도사들의 사순절 음료로 허용된 것이다. 기쁨에 찬 수도사들은 이 소중한 맥주를 '우리 주 아버지의 맥주Sankt Vaterbier'라고 불렀고, 이후 줄여서 구세주를 뜻하는 살바토르Salvator로 이름 지어졌다. 보통 맥주보다 진하게 만드는 이런 전통은 파울라너 살바토르 맥주로 이어져 현재도 알코올 도수가 높은 도펠보크 맥주Doppelbock bier를 생산하고 있다.

매일 맥주 일정량을 지급받는 것은 배고픈 수도사들에게 큰 축복이었다. 영양가가 높은 맥주를 배불리 마신 뒤 기도하다 잠들면 수도원장

바이엔슈테판 수도원의 모습을 함께 표현한 맥주 광고

도 눈을 감아줬다. 맥주를 마시니 기분이 좋아지고, 기분이 좋아지니 기도할 때 시간이 잘 흘러갔다. 이들에게 맥주는 축복받은 '마시는 빵'이었고, 은총의 음료였다. 그래서 독일에는 '맥주는 영양을 주지만 와인은 사람을 여위게 한다'는 속담이 있다.

물론 너무 지나치게 마시거나 술로 인해 실수를 범하면 엄격한 처벌이 기다리고 있었다. '실수로 과음한 자는 15일 동안 기도로 참회하고, 계율을 무시하고 과음한 자는 40일, 맥주를 훔쳐 마시고 크게 실수한 자는 120일 동안 기도로서 참회할 것'을 요구했다.

중세 수도사들은 그 시대의 엘리트 집단이었다. 맛있는 맥주를 만들어 손님들을 접대하고 경제적 이익을 올려야 한다는 동기에 더해, 그들에게는 과학적인 실험과 관찰을 통해 최상의 맥주를 만들어낼 환경이 주어졌다. 같은 보리로 만들어도 어떻게 빻고 삶았는지, 어떤 효모를 사용했는지, 어떤 온도에서 숙성시켰는지에 따라 맛은 천차만별이다. 이렇게 특유의 향기와 청량감, 맛의 깊이를 지킨 수도원 맥주의 전통은 지금까지 이어지고 있다.

1204년 세워진 가장 오래된 벨기에 수도원 맥주인 레페, 독일 가르미슈-파르텐키르헨에 있는 에탈 수도원 맥주, 프라이징 수도원에서 현재 뮌헨공대 양조학과로 이어져 생산되는 바이엔슈테판 맥주, 수도원에서 민간 회사로 상표권이 넘어가 생산되는 파울라너와 프란치스카너, 아우구스티너 등이 중세 수도원 맥주의 전통을 잇고 있다.

수도원 맥주가 지금도 인기를 끄는 것은 산업사회의 대량 제조와는 다른 소량 수제 생산을 고집하기 때문이다. 죽기 전에 반드시 맛봐야 할 맥주로 전 세계 맥주 마니아들이 손꼽는 '트라피스트 베스트 블레테렌 12' 맥주를 마시려면 벨기에에까지 직접, 그것도 두어 달 전에 미리 예약하고 가야 한다. 벨기에의 성 식스토 수도원에서 만드는 10.2도의 이 진한 흑맥주는 1946년부터 매년 6만 상자씩만 생산한다. 수도사의 수련과 수도원 유지라는 목적에 한정해 생산하기 때문에 아무리 주문이 많이 들어와도 판매량을 늘리지 않는다. 'the 12'로 불리는 이 맥주는 맥주 평가 사이트의 애호가들이 신적인 존재로 떠받드는 귀한 몸이다.

이탈리아 작곡가 도니체티와 독일 작곡가 바그너의 오페라에는 사랑의 묘약이 등장한다. 마시면 피할 수 없는 사랑에 빠진다는 신비의 영약이다. 사랑뿐만 아니라 세상 근심을 잊게 하는 묘약이 우리에겐 필요하다. 그게 바로 맥주다. 맥주는 때로 사랑의 묘약이 되기도 한다.

자유도시의 맥주 열풍
한자동맹과 라거 맥주

내 백성은 반드시 맥주를 마셔야 한다.
_프리드리히 2세(1712~1786. 프로이센 국왕)

중세 유럽에는 종교 지도자나 외교관도 아니면서 치외법권을 누린 집단이 있었다. 한자동맹die Hanse 소속 상인들이다. 얼마나 세력이 막강했던지 소속 상인들 간에 살인 등 중범죄가 발생하면 사법권까지 독자적으로 행사했다. 교역품에 대한 면세와 감세는 기본이고 법적, 정치적 안전까지 기세등등하게 요구했다.

이들은 말을 잘 듣지 않는 나라와는 전쟁도 불사하며 특권을 요구했다. 10여 년의 전쟁 끝에 덴마크를 굴복시키고 1370년 체결한 슈트랄준트Stralsund 조약이 대표적인 예다. 이 조약을 통해 한자동맹은 덴마크로부터 15년 동안 배상금을 지급받는 한편 무역권, 어획권 등 특권을 인정받았다. 심지어 덴마크의 왕위 계승에 개입할 수 있다는 항목까지 포함되었다. 한자동맹이 단순한 상인 집단과 상업 도시들의 연합체가 아니라 유럽의 강국 못지않은 강력한 정치적 세력임을 과시한 것이다.

한자동맹의 힘을 목격한 북부 유럽 도시들은 앞다퉈 동맹에 가입했다. 자급자족 경제를 일구며 무역 의존도가 높지 않았던 프랑스 도시들 정도가 뒷짐을 지고 구경했을 뿐, 넓어진 시장을 선점하기 위해 너도나도 뛰어들었다. 한자동맹은 영국, 스웨덴, 벨기에, 러시아 등에 무역거래소인 상관商館을 설치하면서 세력을 키워나갔다.

한자동맹에 소속된 도시 수는 적을 때는 50여 개, 전성기인 14세기에는 100개가 넘었다고 한다. 독일 내륙 지방을 중심으로 네덜란드 연안에서 발트해의 러시아, 북해 노르웨이까지 1500킬로미터에 이르는 지역에서 200개 도시가 가입했다는 주장도 있다. 해상교통의 안전을 보장받고 상권을 넓히는 게 한자동맹의 일차적인 목표였지만, 점차 세력이 커지면서 국가나 왕의 통치에서 벗어난 네트워크를 형성했다. 이를 바탕으로 자유 도시들이 발전했고, 상품 및 상권 보호를 위해 자체 군대까지 조직했다. 다시 말해 경제적으로는 중세 유럽의 재벌 집단, 정치적으로는 자유도시들의 연합체가 한자동맹이었다.

한자동맹의 중심지는 북부 독일이었다. 다른 지역에 비해 교황과 황제의 지배가 상대적으로 느슨했던 이 지역 도시들은 외부의 침입을 막고 자치권을 행사하기 위해 13세기부터 뭉치기 시작했다. 대표적인 것이 1230년 뤼베크와 함부르크 간의 동맹 조약 체결이다. 14세기 들어 한자동맹 가입 도시가 급속히 늘어난 것은 플랑드르 상인들의 위협 때문이었다. 교역 주도권을 놓고 플랑드르 상인들과 충돌한 독일 상인들이 본국 도시에 지원을 요청했고, 이를 계기로 도시 간 동맹 체결은 더욱 확산되었다. 동맹은 단순한 도시 연합체가 아닌 연합국가의 형태로 발전했

뤼베크와 함부르크 간의 동맹 조약 체결을 나타내는 그림

으며 함대와 요새를 보유하기에 이르렀다.

뤼베크, 함부르크, 브레멘, 쾰른이 한자동맹을 주도한 4대 도시였다. 이들은 똘똘 뭉쳐 플랑드르가 교역하지 못하도록 상업 봉쇄를 선언하기도 했다. 베네치아와 제노바 등 르네상스 시대 이탈리아 도시국가들은 해상무역의 주도권을 장악하기 위해 서로 전쟁도 불사한 반면, 한자동맹에 소속된 도시들은 공통된 이익을 지키고 상권을 넓히기 위해 철저하게 협력했다. 지금도 독일 도시들의 이름에는 한자동맹의 흔적이 남아 있다. 1189년 한자동맹에 가입한 함부르크의 정식 이름은 '자유 한자도시 함부르크Freie und Hansestadt Hamburg', 1258년 한자동맹의 일원이 된 브레멘은 '자유 한자도시 브레멘Freie Hansestadt Bremen'이다.

당시 이탈리아 도시국가들의 보호를 받으면서 지중해 무역을 주도한 상인 단체들은 아시아에서 생산된 비단과 도자기, 후추 등 귀족들을 위한 사치품 교역으로 큰 이익을 올렸다. 반면 한자동맹 소속 상인들은 모피, 벌꿀, 곡물, 생선, 양모 등 서민들의 생필품을 주로 취급했다. 맥주도

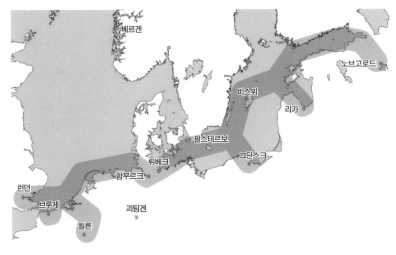

한자동맹의 무역 경로

비중이 큰 교역 품목이었다. 독일이 영국을 제치고 맥주 종주국으로 위상을 굳힌 것도 한자동맹 덕분이었다.

독일 도시들에서 생산한 맥주는 멀리 노르웨이 베르겐까지 진출했다. 당시 노르웨이의 수도였던 베르겐은 13세기에 독일 상인들이 몰려가 정착하면서 한자동맹에 가입했다. 상인들은 노르웨이 연안에서 잡은 청어를 독일 도시에 팔고, 독일에서 곡물, 모피, 소금, 맥주를 들여왔다. 이런 식으로 시장이 열리자 한자동맹 소속 독일 도시들은 사활을 걸고 '수출용 맥주'의 개발과 품질 향상에 힘을 쏟았다. 당시 가장 인기 있는 맥주는 영국의 에일이었지만 장기간 보관이 어려웠다. 독일 도시들은 장기 보존이 가능한 독자적인 라거 맥주를 개발해 영국 에일을 몰아내고 맥주 시장에서 우위에 섰다. 또 영주들의 '그루트 독점'에 맞서 보존성이 뛰어난 홉을 넣은 맥주를 개발해 그루트 첨가 맥주를 밀어냈다.

독일 양산 브랜드 가운데 수출량 1위인 벡스Beck's(1873년 생산 시작. 2002년 벨기에의 앤하이저부시 인베브에 인수됨)가 브레멘에 둥지를 튼 것도 우연이 아니다. 1874년 독일 황제 프리드리히 3세로부터 금메달을 받은 데 이어 1876년 미국 필라델피아 국제맥주대회에서 최고상을 수상해 품질을 인정받은 벡스의 병에는 열쇠 로고가 새겨져 있다. 이 열쇠는 한자동맹 주요 회원국이었던 자유도시 브레멘을 상징한다. 돈 있는 시민계급은 천국에 들어가듯 도시에 살 수 있는 권한인 열쇠를 부여받았다.

그밖에도 한자동맹은 역사에 많은 흔적을 남겼다. 중산층 시민 내지 자본가를 뜻하는 부르주아bourgeois란 단어의 유래도 그렇다. 'bourg'는 프랑스어로 '성城'을 뜻한다. 사방에서 침략을 받을 위험에 노출돼 있으며 춥고 척박한 지역인 북부 독일에서 자본을 축적한 상공인들은 스스로를 보호하기 위해 성을 쌓았다. 한자동맹 소속 자유도시의 성안에 거주했던 이들이 자치권을 가진 시민계급이 되어 자본가로 성장했다.

마르틴 루터가 좋아했던 아인베크Einbeck 맥주도 한자동맹 시기에 전성기를 누렸다. 독일 북부에 있는 작은 도시인 아인베크에서 생산된 아인베크 맥주는 한자동맹을 통해 유럽 전역으로 수출됐고 멀리 예루살렘까지 진출했다. 시 당국이 생산을 독점하기 위해 맥주 장비의 개인 소유를 금하고 엄격하게 품질을 관리할 정도였다. 당시 아인베크에는 한자동맹을 통한 수출용 맥주 생산을 위한 양조장이 700여 곳에 달했다. 그러나 루터의 종교개혁에 따른 신구교 간의 종교전쟁인 30년 전쟁으로 독일 북부 지역이 초토화되고 해양국가인 영국과 네덜란드의 성장으로 한자동맹이 붕괴되면서 아인베크 맥주도 몰락의 길을 걷게 된다. 다행히 그 명맥은 남부 독일 뮌헨으로 이어졌다. 당시 아인베크를 좋아했던 바이에른의 공

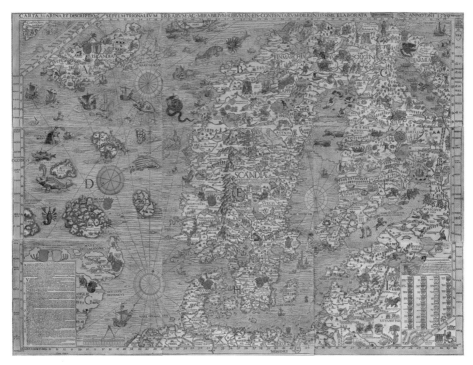

16세기 한자동맹이 활발할 당시 발트해를 그린 해도(1539)

한자동맹 시기 항구 풍경

독일 맥주 지도

작 빌헬름 5세가 1591년 아인베크 양조사를 초빙해 뮌헨 한복판에 왕궁 직영 맥주 공장인 호프브로이하우스Hofbräuhaus를 세워 아인베크를 생산했기 때문이다. 그는 보통 맥주보다 품질이 뛰어나고 독한 맥주를 주문했는데 이것이 바로 아인베크의 전통을 잇는 보크비어Bockbier의 탄생이다. 보크비어는 춥고 긴 겨울에 주로 마시는 독한 맥주다. 보크Bock의 의미는 두 가지로 해석된다. 하나는 아인베크의 베크Beck에서 유래했다는 설이고, 다른 것은 힘센 숫염소를 뜻하는 Bock에서 나왔다는 주장이다.

요즘 세계인들이 즐기는 맥주의 80퍼센트는 라거다. 홉이 첨가돼 향이 부드럽고 쓴맛이 나는 라거 맥주가 맥주의 표준으로 자리를 잡은 건 한자동맹의 활약 덕분이다. 상인들은 영주의 영향력에서 벗어나기 위해 그루트가 아니라 홉을 넣었고, 교역을 염두에 두고 보존성 향상을 위해 하면 발효 라거 맥주를 개발했다.

한자동맹의 영향으로 독일 자체의 맥주 양조 산업도 북부와 남부가 뚜렷이 구별되는 특징을 띠게 되었다. 함부르크, 브레멘 등 북부 도시들에는 홀스텐Holsten과 벡스 같은 맥주를 생산하는 대형 양조장이 발달했다. 주로 도시 테두리 안에서 소비되는 전통이 있는 남부 독일보다 양조장 수는 적지만, 수출품을 제조하던 상업적 양조의 전통이 이어져 생산량은 거의 두 배에 이른다. 바이에른 등 독일 남부에서는 소규모 양조장을 중심으로 마을과 도시 안에서 생산, 유통, 소비가 모두 이루어지는 지역 맥주의 형태로 발전했다. 독일인들은 "맥주는 양조장 굴뚝 그림자가 비치는 곳에서만 마셔라"라는 말로 지역 맥주에 대한 자부심을 드러낸다.

처음 독일 출장을 갔을 때 이런 사정을 모르고 맥주를 주문했다가 낭패를 본 적이 있다. 1995년 서부독일방송Westdeutscher Rundfunk 방문차 쾰른에 도착해 맥줏집을 찾았다. 여행 잡지를 통해 이름을 접한 파울라 너 맥주를 달라고 하자 그때까지 미소를 지으며 주문을 받던 직원이 "이곳은 바이에른이 아니니 다른 맥주를 주문하라"고 무뚝뚝하게 말하는 게 아닌가. 얼굴까지 붉히면서 말이다. 결국 지역 맥주인 쾰슈Kölsch를 주문해 맛있게 마셨지만 직원의 태도가 왜 돌변했는지 그때는 알지 못했다. 친절하게 독일의 맥주 사정을 설명한 뒤 맛있는 지역 맥주를 추천해줬으면 좋았으련만.

나중에서야 그 원인이 독일의 지역감정이라는 걸 알게 되었다. 독일에서는 맥주와 축구 얘기가 나오면 숨겨진 지역감정을 자기도 모르게 드러내는 이들이 많다. 베를린과 하노버를 중심으로 한 프로이센 제국과 뮌헨이 중심이 된 바이에른 제국 간의 경쟁의식이 아직도 독일 사람들에게 남아 있다. 맥주의 종가를 자처하는 북독과 맥주의 주도권을 잡고 있는 남독의 보이지 않는 경쟁은 여전히 계속되고 있다. 특히 축구가 맥주와 결합하면 상승 작용을 낳는다. 분데스리가Bundesliga 축구를 보며 맥주를 마시는 날에는 서로를 '프로이센 돼지' '바이에른 촌뜨기'라고 놀린다. 외국인의 입장에서는 다소 당황스러웠지만, 제 고장에서 나는 맥주에 대한 자부심이 부럽기도 했다. 쾰른에서는 쾰슈를, 뒤셀도르프에서는 알트비어Altbier를, 뮌헨에서는 파울라너를 마시는 것은 내 고장에 대한 사랑을 증명하는 방식이다.

2014년을 기준으로 독일에서는 1300개의 양조장에서 대략 5500종의 맥주가 생산된다. 그 맥주들을 모두 맛볼 수는 없지만 다양한 맥주를 마실 수 있는 것은 애주가에게 큰 행운이다. 한자동맹의 전통과 독일의 분권화가 준 선물이다.

맛있는 맥주를 위해 똥을 싸지 마라!
맥주 순수령

공기가 맥주만큼 순수하다면 우리는 더 행복할 것이다.
_리하르트 폰 바이츠제커(1920~2015. 전 독일 대통령)

"시장의 명령이다. 토요일과 일요일에는 시냇가에서 똥을 누지 말라. 월요일에 맥주를 빚어야 하느니라."

19세기 북부 독일의 한 도시에서 시장이 내린 포고령이다. 신선한 맥주를 빚기 위해 시민이 똥 싸는 것까지 막아야 했으니 시장님의 고충이 이만저만이 아니었다. 열 사람이 한 도둑 못 잡는다고, 관리들이 눈에 불을 켜고 단속을 했건만 한밤중에 실례하는 사람들 때문에 상수원 보호는 시장님 뜻대로 되지 않았다.

맥주의 신선함을 지키는 건 커다란 사회적 과제였다. 독일 남부 바이에른의 작은 마을에서 벌어진 사건이 대표적인 사례다. 사냥 축제 때 맥주를 마신 뒤 13명이 숨지고 여러 명이 앓아눕는 사건이 발생했던 것. 상한 맥주가 주범이었지만 맥주를 만든 사람도 숨지는 바람에 과연 어

19세기 말 맥주 장비를 운반하는 모습

떤 재료를 썼는지 미궁에 빠졌다. 이는 일부 지역의 문제가 아니었다. 북부 독일 전역에서는 맥주의 순수성과 품질을 지키지 못할까봐 근심이 하늘을 찌를 정도였다.

맥주는 단맛과 신맛도 함께 어우러져야 하지만 결정적인 건 쓴맛이다. 중세 양조사들은 쓴맛을 내기 위해 로즈마리, 쑥, 생강, 파슬리, 호두나무 열매를 맥주보리와 함께 삶았다. 소 쓸개즙과 삶은 달걀, 심지어 뱀 껍질을 첨가하는 기막힌 실험 정신까지 발휘했다. 이렇게 만들어진 다양한 엉터리 맥주가 단속을 피해 유통되곤 했다.

지금이야 뮌헨 하면 맥주의 본고장으로 인식되지만, 중세 시대만 해도 남부 독일의 대표적인 술은 와인이었다. 북부 독일에서는 12세기부터 아인베크 같은 질 좋은 맥주가 생산되었지만, 양조 시설이 부실했던 남부 지방에서는 값이 비싼 아인베크를 수입해야 했으므로 귀족과 성직자, 부유한 시민 계급만이 맛볼 수 있었다. 주머니가 가벼운 서민들은 엉터리로 제조된 값싼 맥주로 목을 축일 수밖에 없었다. 수단과 방법을 가리지

브레멘

슐레스비히
홀슈타인

메클렌부르크어포어포메른

함부르크

베를린

니더작센

브란덴부르크

하노버

작센안할트

노르트라인베스트팔렌

작센

쾰른

드레스덴

튀링겐

헤센

프랑크푸르트

라인란트팔츠

마인츠

자를란트

레겐스부르크

바이에른

뉘른베르크

슈투트가르트

바덴뷔르템베르크

뮌헨

독일 지도

않고 돈을 벌려는 양조업자와 값이 싸다면 양잿물 맥주라도 마시려는 사람들의 이해관계가 맞아떨어져 엉터리 맥주가 암암리에 유통되었다.

가짜 맥주가 서민의 생명과 건강을 심각하게 위협하자 성의 영주와 도시의 시장들도 팔짱만 끼고 있을 수 없게 되었다. 북부에 비해 맥주의 품질이 떨어지는 남부 도시들이 적극적으로 나섰다. 뉘른베르크에서는 "맥주가 발효되는 최소한의 기간인 8일 이전에 판매해서는 안 된다"는 포고령을 내렸고, 레겐스부르크에서는 정체 모를 향료나 이물질을 맥주에 넣지 못하도록 법으로 금지했다. 1970년대 초 우리나라에서도 커피와 위스키가 유행하자 커피 안에 담배꽁초를 섞은 가짜 다방 커피, 싼 술로 위스키를 제조한 짝퉁 도라지 위스키가 판을 쳤던 시절이 있었다. "돈이 있으면 귀신을 시켜 맷돌도 갈게 한다"는 중국 속담은 동서고금을 막론하고 통한다.

중세와 근대를 가른 루터의 종교개혁을 계기로 신 중심의 세계관과 교황이라는 절대 권력이 무너졌다. 모든 것을 지배했던 종교, 전통, 신분의 자리를 인간, 이성, 자본이 대신하게 되었다. 종교 권력의 급속한 몰락은 사회경제 구조의 변화를 가져왔다. 무엇보다 근대 자본주의 정신이 싹트기 시작했다. 그 그늘에서 엉터리 맥주 제조로 한몫 챙기려는 사람들도 급속히 늘어났다.

남부 도시들이 맥주 품질에 신경을 곤두세운 것도 따지고 보면 돈이 문제였다. 북부에서 맥주를 수입해 마시려니 비용이 너무 많이 들었다. 품질 기준을 강화하고 엉터리 맥주를 만드는 양조업자들을 단속해 좋은 맥주를 생산하면 그런 돈을 쓸 필요가 없었다. 영국에서 셰익스피어의 아버지가 맥주의 품질을 검사하는 맥주 시음관인 에일 코너Ale conner

로 활약했듯, 뮌헨에서 가장 먼저 나서서 시의원들에게 맥주 감찰권을 부여했다. 이어 뮌헨은 맥주 제조 과정의 품질을 규정한 조례를 제정하고 "맥주는 보리와 홉, 물로만 만들어야 한다"고 못박았다. 맥주 생산의 불문율이 된 '맥주 순수령Reinheitsgebot für das Bier'의 원조인 셈이다. 뮌헨이 조례를 제정하자 다른 도시들도 너도나도 맥주 시음관을 임명해 맥주 제조 과정을 엄격하게 관리하게 되었다. 맥주 하면 바이에른, 뮌헨이 떠오를 정도로 독일이 맥주 산업의 주역으로 도약하는 토대가 이때 마련되었다.

맥주의 품질을 높이기 위한 노력은 실로 눈물겨웠다. 질 나쁜 맥주나 물 탄 맥주를 팔 경우 중형에 처한다는 포고령이 연이어 발표되었다. 하지만 가짜 맥주는 좀처럼 근절되지 않았다. 판매하다 적발된 질 나쁜 맥주를 가난한 사람들에게 공짜로 나눠주는 경우도 있었는데, 받아 마시려는 사람들이 길게 줄을 섰다. 자칫 목숨을 잃을 수도 있다는 걸 알면서도 가난한 사람들은 상한 맥주를 마시려고 했다. 근대 맥주 발전사의 서글픈 한 장면이다.

당국의 노력에도 가짜 맥주가 근절되지 않자 분노한 사람들은 맥주 양조장을 찾아가 집기를 부수고 불매운동도 벌였다. 단속을 소홀히 한 당국을 성토하기도 했다. 공국이나 시 입장에서도 맥주 산업을 규제해 세수를 확보하는 게 중요했다. 마침내 1516년 바이에른의 공작 헤어초크 빌헬름 4세가 맥주 순수령을 발표했다.

우리는 농촌이든 도시의 시장이든 정갈하고 맛난 맥주를 빚어 마셨으면 하는 것이 간절한 소망이라 (···) 어디에서도 보리와 홉과 물로만 만든 것

Reinheitsgebot

Wir verordnen, setzen und wollen mit dem Rat unserer Landschaft, dass forthin überall im Fürstentum Bayern sowohl auf dem Lande wie auch in unseren Städten und Märkten, die keine besondere Ordnung dafür haben, von Michaeli (29. September) bis Georgi (23. April) eine Mass oder ein Kopf Bier für nicht mehr als einen Pfennig Münchener Währung und von Georgi bis Michaeli die Mass für nicht mehr als zwei Pfennig derselben Währung, der Kopf für nicht mehr als drei Heller (gewöhnlich ein halber Pfennig) bei Androhung unten angeführter Strafe gegeben und ausgeschenkt werden soll.

Wo aber einer nicht Märzen sondern anderes Bier brauen oder sonstwie haben würde, soll er es keineswegs höher als um einen Pfennig die Mass ausschenken und verkaufen. Ganz besonders wollen wir, dass forthin allenthalben in unseren Städten, Märkten und auf dem Lande zu keinem Bier mehr Stücke als allein Gersten, Hopfen und Wasser verwendet und gebraucht werden sollen.

Wer diese unsere Androhung wissentlich übertritt und nicht einhält, dem soll von seiner Gerichtsobrigkeit zur Strafe dieses Fass Bier, so oft es vorkommt, unnachsichtig weggenommen werden.

Wo jedoch ein Gastwirt von einem Bierbräu in unseren Städten, Märkten oder auf dem Lande einen, zwei oder drei Eimer (enthält etwa 60 Liter) Bier kauft und wieder ausschenkt an das gemeine Bauernvolk, soll ihm allein und sonst niemanden erlaubt und unverboten sein, die Mass oder den Kopf Bier um einen Heller teurer als oben vorgeschrieben ist, zu geben und auszuschenken.

Auch soll uns als Landesfürsten vorbehalten sein, für den Fall, dass aus Mangel und Verteuerung des Getreides starke Beschwernis entstünde, nachdem die Jahrgänge auch die Gegend und die Reifezeiten in unserem Land verschieden sind, zum allgemeinen Nutzen Einschränkungen zu verordnen, wie solches am Schluss über den Fürkauf ausführlich ausgedrückt und gesetzt ist.

Wilhelm IV. Herzog
Bavaria dux

바이에른의 공작 헤어초크 빌헬름 4세와 맥주 순수령

을 구입해서 마실 수 있기를 원하노라. 우리의 이 법을 일부러 무시하거나 지키지 않을 경우 법을 지키는 최고 권력자는 그런 맥주를 빚은 자들을 가차 없이 처벌하고 압수할 것이다. (…) 맥주를 가난한 농부에게 팔 때는 큰 잔이든 대접이든 1페니히 이상을 받아서는 안 된다.

맥주 순수령에는 질 좋은 맥주를 열망하는 시대적인 요구가 담겨 있다. 독일 남부 지방은 주로 와인을 마시던 지역이어서 북부에 비해 맥주의 품질이 낮았다. 귀족들이 북부에서 맥주를 수입해 마시는 비용을 절감할 필요가 있었다. 엉터리 맥주로 인한 인명 사고를 막아야 한다는 당위성도 있었다.

하지만 자세히 들여다보면 다른 의도가 숨어 있다. 이는 맥주 순수령의 규제 대상을 살펴보면 알 수 있다. 맥주 순수령은 맥주의 재료를 보리, 홉, 물로 규정했으므로 밀을 첨가해 만드는 것은 맥주라는 이름으로 유통될 수 없다는 뜻이다. 이렇게 해서 당국은 밀을 사용하는 바이스비어의 양조권을 독점했다. 서민은 보리로 만든 맥주를 마셨지만 귀족들은 밀 맥주를 즐겼기에, 궁정 양조장 및 순수령의 예외로 규정한 수도원 양조장에서 밀 맥주를 판매해 수입을 늘렸던 것이다. 1000년 넘게 역사를 이어오며 가장 오래된 양조장으로 기네스북에 이름을 올린 바이엔슈테판의 주력 맥주가 밀 맥주인 것도 그런 이유에서다. 현재 바이엔슈테판 수도원의 양조장은 뮌헨공대 내 양조학과가 되어 독일 전통 맥주를 생산하는 양조사 양성기관으로 명성이 높다.

맥주 순수령 이후 독일 남부의 맥주 품질은 눈에 띄게 좋아졌다. 독일 북부의 맥주 양조권은 길드를 중심으로 시민들이 갖고 있었지만, 바이에른에서는 영주가 절대 권력을 행사했다. 그래서 오히려 순수령의 효과가 더 좋았다. 시민들의 합의에 따르려면 시간이 많이 걸리고 절차가 복잡했지만 군주의 명령은 즉시 효과를 냈기 때문이다.

맥주 순수령은 양날의 칼로 작용했다. 맥주의 원료를 제한해 최소한의 품질을 지킬 가이드라인을 마련했다는 점에서 오늘날 식품위생법과 같은 역할을 했지만, 다양한 종류의 맥주를 생산할 수 있는 길을 막아 전통적인 방식의 맥주만을 정착시켰다. 벨기에가 '맥주 박람회장'이라 불릴 정도로 다양한 종류의 맥주를 자랑하는 것과는 정반대다. 벨기에 맥주는 오렌지 껍질, 코리앤더(고수), 과일 주스, 커피, 초콜릿 등 다양한 재료를 넣어 독특한 맛과 향을 낸다.

맥주 순수령은 1919년 독일의 국법으로 채택되어 오늘날 독일 맥주의 맥을 잇는 전통으로 발전했다. 1988년 유럽사법재판소에서 맥주 순수령 폐지를 권고했지만 수입 맥주가 아닌 독일 국내 제조 맥주는 순수령을 지켜야 했다. 현실과 법의 괴리 탓에 1993년 독일 정부와 양조사가 맥주 순수령을 놓고 맞붙어 '브란덴부르크 맥주 전쟁Brandenburger Bierkrieg'을 벌이기도 했다. 정부는 브란덴부르크에 있는 한 양조장에서 만드는 '슈바르처 압트Schwarzer Abt'라는 흑맥주가 시럽을 넣어 양조한다는 이유로 시정 명령을 내렸다. 하지만 양조장 측에서는 당을 첨가하는 전통이 양조장의 전신인 노이첼레 수도원 양조장의 전통적 제조법이라고 맞섰고, 12년이나 법정 공방을 벌인 끝에 2005년 정부에 승소했다.

맥주 제조법과 관련해 유럽사법재판소까지 나선 건 독일이 맥주 순수령을 무역 장벽으로 이용했기 때문이다. 독일 정부는 벨기에나 영국 맥주 등이 홉 이외의 다른 것을 첨가했다는 이유로 맥주 순수령 및 순수법을 핑계 삼아 수입을 금지했다. 결국 1987년 프랑스가 "독일이 맥주 원료를 맥주 순수령으로 제한한 것은 공정 무역을 방해하는 행위"라며 유럽공동체EC 분쟁조정위원회에 문제를 제기해 승소했다. 하지만 수입 맥주는 여전히 독일에서 맥을 못 춘다. 맥주 종주국이라는 자부심이 강한 독일인들은 향료 등이 첨가된 외국 맥주를 비웃고 경멸한다.

독일, 특히 남부 뮌헨이 맥주의 천국이 된 결정적인 계기는 루터의 종교개혁으로 촉발된 30년 전쟁(1618~1648)이다. 가톨릭을 지지하는 남부와 루터를 지지하는 북부가 대립해 벌인 이 치열한 전쟁은 오스트리아와 프랑스뿐 아니라 스페인과 덴마크, 스웨덴까지 몰려와 전쟁에 가담하면서 독일 국토는 말 그대로 초토화됐다. 이 전쟁으로 신성 로마 제국 남성의 절반 이상이 죽었다고 한다. 1648년 전쟁이 끝나자 한자동맹으로 융성했던 북부의 양조 산업 시설은 모두 파괴됐고, 전쟁 통에 방치됐던 남부의 포도 농장도 쑥대밭이 됐다.

포도 농사를 포기한 바이에른은 질 좋은 맥주보리와 홉을 기반으로 새롭게 맥주 양조 산업을 일으켰다. 그 주인공이 맥주 순수령을 발포한 빌헬름 4세의 손자 빌헬름 5세다. 그는 할아버지의 뜻을 받들어 아인베크 공장을 바이에른에 만들기로 하고, 란츠후트에 궁정 양조장을 세운 뒤 1591년 뮌헨 한복판에 왕궁 직영 공장도 만들었다. 이것이 맥줏집의 대명사가 된 뮌헨 호프브로이하우스다.

왕과 귀족만 드나들 수 있었던 호프브로이하우스는 1830년 시민들에게 개방되면서 뮌헨의 명소가 되었다. 누구나 맛있는 맥주를 즐길 수 있는 '맥주 민주주의' 시대가 열린 것이다. 이때부터 호프브로이하우스에서는 브라스밴드 음악과 함께 "프로스트Prost"(건배)와 "춤볼Zum Wohl"(위

19세기의 뮌헨 호프브로이하우스

하여)을 외치는 소리가 끊이지 않게 되었다.

　한때 호프브로이하우스 가까이에 살았던 모차르트는 이곳에서 영감을 얻어 오페라 「이도메네오Idomeneo」를 작곡한 것으로 알려져 있다. 제1차 세계대전 전에 뮌헨에 거주했던 블라디미르 레닌은 호프브로이하우스의 단골손님이었고, 아돌프 히틀러가 밤마다 대중 연설을 하며 나치당의 기반을 닦은 곳도 호프브로이하우스였다.

동네 사람들아, 와서 한잔하시오
명화 속 맥주

한 모금만 마셔도 맥주의 질을 알 수 있지만,
쭉 마셔서 확실히 맛을 아는 게 좋다.
_ 체코 속담

역사상 수많은 화가가 그림에 맥주를 남겼다. 기원전 4000년경 메소포
타미아에 살았던 수메르인들은 수확한 보리를 방아로 찧은 뒤 맥주를
빚어 풍요의 여신에게 바치던 풍습을 인류 역사상 가장 오래된 점토판
에 남겼다. 1000년 뒤 고대 이집트인들은 맥주를 만들고 남녀가 취해 토
하는 모습을 새겼다.

중세 시대 화가들은 맥주를 즐기는 왕과 맥주를 만드는 수도사들의
모습을 주로 그렸다. 16세기 지금의 벨기에인 플랑드르 지방에서 활동
한 피터르 브뤼헐Pieter Brueghel(1525?~1569)은 결혼식과 추수 등 중요
한 행사 때 서민들이 맥주를 즐기는 모습을 경쾌한 방식으로 화폭에 담
았다. 역시 플랑드르에서 17세기에 활약한 아드리안 브라우어르Adriaen
Brauwer(1606~1638)는 농부와 여인숙, 담배 피는 사람 등 서민들의 일상

막스 리베르만, 「뮌헨의 비어가르텐」, 뮌헨 노이에피나코테크, 1884

에 등장하는 맥주를 소재로 그림을 그렸다.

브뤼헐과 브라우어르의 풍속화는 18세기 초까지 지배적인 유럽 미술 사조였던 바로크 회화로부터 독립적인 영역을 구축했다. 풍경화와 인물화로 특징지어지는 그들의 화풍은 인상주의에 큰 영향을 끼쳤다. 클로드 모네, 에두아르 마네, 빈센트 반 고흐, 막스 리베르만 등 인상주의 화가들의 작품 속에도 맥주가 종종 등장한다.

독일에서는 햇살이 따뜻해지는 5월부터 본격적인 맥주의 계절이 시작된다. 길고 긴 겨울 동안 문을 닫았던 야외 카페 비어가르텐Biergarten이 테이블과 의자를 내놓고 손님을 맞는다. 마로니에 꽃이 피는 5, 6월이 되면 온 가족이 비어가르텐으로 소풍을 온다. 이런 모습을 담은 작품이 독일 인상파 화가 막스 리베르만Max Liebermann(1847~1935)의 「뮌헨의 비어가르텐」이다. 개인적으로는 이 그림에 대한 애정이 남다르다. 2003년 언론사 선배인 조선일보 이중식 국장으로부터 선물 받은 그림이기 때문이다. 동아일보사를 그만두고 독일 맥주를 생산하는 '옥토버훼스트'를 만들었을 때였다. 이중식 선배는 내가 하우스맥주를 직접 만드는 맥줏집을 열었다는 소식을 듣고 아끼던 뮌헨 비어가르텐 대형 액자를 손수 들고 찾아왔다. 옥토버훼스트 사무실에 걸려 있는 이 그림을 볼 때마다 독일 비어가르텐의 모습이 떠오른다.

리베르만의 그림에서 가장 먼저 시선이 가는 건 화면 앞쪽의 꼬마들이다. 한 아이가 인형을 던져두고 흙을 만지며 놀고 있다. 옆에 선 다른 아이는 작은 물동이와 부삽을 손에 쥔 채 그 아이를 물끄러미 보고 있고, 놀다가 목이 말랐는지 엄마에게 달려온 꼬마는 물을 마시고 있다. 꼬마들 뒤편에는 모자를 쓴 신사들과 양산을 받쳐든 여인들이 빽빽이

막스 리베르만, 「자화상」, 베를린 국립미술관, 1925

앉아 있다. 맥주잔을 앞에 놓고 한참 대화에 빠져 있다. 나비넥타이에 흰색 앞치마를 두른 여직원의 표정이 힘겨워 보인다. 잡고 있는 맥주잔이 넘칠 것만 같다. 맥주 창고 옆 간이 무대에서 소박한 브라스밴드가 연주하는 흥겨운 음악 소리가 화면에 가득하다. 요한 슈트라우스나 바그너의 경쾌한 곡일 것만 같다. 울창한 나무 그늘이 오히려 밝은 여름 햇살을 강조한다.

「뮌헨의 비어가르텐」은 막스 리베르만이 뮌헨 중앙역 바로 옆에 있는 뮌헨 6대 메이저 중 하나인 아우구스티너 맥주 회사Augustiner Brewery가 운영하는 비어가르텐을 그린 것이다. 19세기 후반 휴일을 맞아 맥주를 즐기는 뮌헨 사람들의 모습이 담겨 있다. 당장 그림 속으로 뛰어들어가 맛있는 맥주를 한 잔 마시고 싶은 생각이 든다. 시원한 나무 그늘에서 좋은 사람들과 어울려 맥주를 마시는 뮌헨의 낭만이 잘 표현돼 있다.

리베르만은 유대계 독일인이다. 베를린 사업가의 아들로 태어난 그는 베를린대학에서 법학과 철학을 전공했지만 그림이 좋아 바이마르 미술학교를 거쳐 파리에서 회화를 공부했다. 1878년부터 6년간 뮌헨에 살다가 고향으로 돌아와 그곳에서 남은 생애를 보냈다. 독일의 전원 풍경과 사람들의 생활상을 그려 독일 인상파를 대표하는 화가로 꼽힌다.

리베르만은 1920년부터 프로이센 예술원 원장을 지내다가 나치가 집권하자 1932년 사퇴하고 낙향했다. '독일의 밀레'라고 불렸던 그는 초기에는 직조공과 농부 등 주로 인물을 그렸지만 베를린 근교 호숫가에 집을 짓고 정착한 뒤에는 전원 풍경에 천착했다. 초기의 사실주의적 붓놀림에 인상주의의 밝은 색조와 빛을 더해 독자적인 화풍을 확립했다. 리베르만은 60년이 넘게 화가로 살아오면서 꾸준히 자신의 자화상을 그린 것으로도 유명하다. 나치에 의해 '퇴폐적인 화가'라고 낙인찍히는 시련을 겪기도 했지만 비교적 부유하고 평탄한 삶을 살았다.

에두아르 마네의 작품 「폴리베르제르의 술집」 속 주문을 기다리는 여성 바텐더의 얼굴은 무표정하다. 웃음기 없는 얼굴, 공허한 눈에서 삶의 고단함이 묻어난다. 검은색 유니폼을 입은 그녀는 가슴 한가운데 화려한 꽃을 꽂고 있다. 목에 건 검은색 벨벳 목걸이와 굵은 동 팔찌는 주인공의 공허함을 오히려 강조할 뿐이다. 테이블보 위에는 고급 술집답게 은박지로 포장한 샴페인과 로제 와인, 영국에서 수입한 배스 에일 맥주가 놓여 있다.

그림의 실제 모델이 된 여성 바텐더의 이름은 쉬종Suzon이다. 그녀의 뒷모습이 거울을 통해 비스듬하게 비친다. 코가 빨갛게 취한 손님이 무언가를 말하지만, 쉬종은 술 취한 손님의 이야기가 안 들리는지 무표정하게 앞을 응시하고 있다. 주인공 뒤로 비친 거울 속에는 사람들이 술잔을 앞에 두고 와자지껄 대화를 나누고 있다. '군중 속의 고독'처럼 그녀와 손님들의 모습이 대비를 이룬다. 화려한 샹들리에 아래 우아하게 차려입은 쉬종은 일을 마치면 평소 입는 허름한 옷으로 갈아입고 삐걱대

에두아르 마네, 「폴리베르제르의 술집」, 런던 코톨드미술관, 1882

는 나무계단을 올라 좁은 자취방으로 향할 것이다.

이 작품은 인상주의의 창시자 에두아르 마네Édouard Manet(1832~1883)의 마지막 작품으로, 그가 사망하기 1년 전 파리 살롱전에서 전시한 마네의 대표작이다. 가장 왼쪽 술병에 '마네, 1882'라는 서명이 남아 있다. 폴리베르제르는 상류층이 찾았던 19세기 파리를 대표하는 술집이다. 레스토랑, 공연장, 주점을 결합해 운영하는 폴리베르제르는 한꺼번에 2000명을 수용할 수 있는 엄청난 규모다. 1869년 개업한 이래 지금도 영업 중이다. 19세기는 프랑스가 번영을 향해 팽창하던 시기였다. 그 중심에 폴리베르제르가 있었다. 마네도 단골이었을지 모른다. 어느 날 술 취한 그의 눈에 파리의 밑바닥 인생을 사는 한 여성의 공허한 표정이 포착되었던 걸까? 마네는 쉬종을 통해 고독한 현대인의 모습을 표현하고자 했다. 어쩌면 그가 그리고 싶었던 것은 성공을 갈망했던 마네 자신의 모습인지도 모른다.

법무성 고급 관리인 아버지와 외교관의 딸인 어머니 사이에서 태어난 마네는 법률가가 되길 바라는 아버지와 심한 갈등을 겪었다. 법률가 대신 해군 장교가 되는 것으로 타협을 봤지만 연거푸 사관학교 시험에 떨어지면서 결국 화가의 길을 걷게 되었다. 토마 쿠튀르Thomas Couture(1815~1879)에게 사사한 마네는 1858년 첫 작품인 「압생트를 마시는 사람」을 살롱전에 출품했지만 낙선했다. 이후 스무 번이나 낙선하는 좌절을 맛봐야 했다. 1863년 살롱전 심사가 편파적이었다는 여론이 들끓자 떨어진 작품들을 따로 모아 전시하는 낙선전Salon des Refusés이 열리게 됐다. 마네는 여기에 두 명의 신사와 벌거벗은 여인을 대비시킨 「풀밭 위의 식사」를 출품해 파란을 일으켰다. 이 사건을 계기로 화단은 그를 저

에두아르 마네

속화가라고 공격했지만 마네는 몸 파는 여인을 모델로 한 누드화 「올랭피아」를 발표하면서 정면으로 맞섰다. 그가 그림을 통해 고발하려 한 것은 프랑스 사회에 감춰진 이중적인 도덕성이었다.

마네는 그림에 색채미와 열정을 강조한 인상주의라는 새로운 영역을 개척했다. 1881년 그는 평생 고대했던 살롱전에 2등으로 입상한 뒤 이듬해 「폴리베르제르의 술집」을 마지막으로 출품하고는 이듬해 숨을 거두었다. 평생 소원했던 살롱전의 입상도 임박한 죽음 탓에 더욱 허망하게 느껴진다. 평소 맥주를 좋아한 마네는 「좋은 맥주」 「비어홀의 여종업원」 「압생트 마시는 사람」 「늙은 음악가」 등 술을 소재로 한 그림을 많이 남겼다.

화면을 가득 채운 사람들이 맥주 파티를 벌인다. 모자를 쓴 남자와 수건을 두른 여인들이 한데 어울려 대화를 나누고, 그림 앞쪽의 술 취한 남자는 아예 오크통 위에 머리를 파묻고 잠들어 있다. 옆에는 땅바닥에 주저앉은 여인이 술을 마시며 닭에게 무언가를 주고 있다. 뒤편에서는 한 남자가 무슨 잘못을 저질렀는지 팔이 꺾인 채 신발로 매를 맞고 있다.

아드리안 브라우어르, 「마을의 하루」, 프랑스 상들랭미술관, 1630

그림 오른쪽에서는 취기가 한참 오른 사람들이 신이 난 표정으로 말타기를 하고 있다. 2층 창문에서는 술 취한 남자가 먹은 것을 토하는 중이다. 술에 취하면 발생할 수 있는 모든 상황이 아드리안 브라우어르의 「마을의 하루」에 다 담겨 있다.

아드리안 브라우어르는 플랑드르 지방에서 활약한 풍속화가다. 성姓 브라우어르는 양조업자, 양조기술자라는 뜻이다. 이름이 운명이 된 것처럼 그는 인간의 감정과 고통, 공포를 나타내기 위해 주로 술과 관련된 사람들의 모습을 그렸다. 인간의 방탕과 어리석음이 그의 주제였다. 프랑스와의 국경인 아우데나르더에서 태어난 브라우어르의 유년과 청소년기는 알려져 있지 않다. 1628년 22세 때 17세기를 대표하는 네덜란드의 풍속

아드리안 브라우어르, 「카드게임 중 싸우는 농부들」, 드레스덴 국립미술관, 1635

화가 겸 초상화가인 프란스 할스에게 그림을 배운 뒤 1631년 루카스 길드Lukasgilde에 가입했다. 바로크 미술의 거장 루벤스에게 영향을 받아 빛과 투명성을 가진 그만의 색채를 개발했다고 한다.

그의 그림에는 농부와 여인숙, 농민, 춤, 연주자, 담배 피고 술 마시는 사람이 나온다. 특유의 생동감과 치밀한 구도에서 그의 천재성을 엿볼 수 있다. 말년에 그린 풍경화 몇 점을 제외하면 술집에서 머리채를 쥐고 싸우는 사람들, 돌팔이 의사의 수술 장면 등 그 시대의 생활상을 충실하게 재현했다. 하루하루 힘겹게 살아가는 서민들의 모습에 집중했다.

화가 자신의 삶도 평탄하지 못했다. 1633년 정치적인 이유로 투옥되기도 했고, 무엇보다 무절제한 생활이 문제였다. 그림의 주인공들처럼 번 돈을 몽땅 술 마시는 데 탕진해 급기야 외상 빚으로 살아갔다. 그는 빚쟁이들에게 쫓겨 다니다 벨기에 안트베르펜을 거쳐 고향에 정착했다. 1638년 32세의 나이로 요절해 공동묘지에 묻혔다가 친구였던 렘브란트의 기부와 화가 길드조합의 도움으로 안트베르펜에 있는 가르멜 수도원에 묻혔다. 묘비에는 "가난으로 죽었다"는 문구가 새겨져 있다. 술을 그토록 좋아했던 그를 기념해 고향 아우데나르더에서는 '아드리안 브라우어'라는 에일 맥주를 판매하고 있다.

세 남자가 쓰러져 자고 있다. 이들의 머리맡에 나무 한 그루가 서 있고 중간에 선반이 끼워져 있다. 선반 위에는 세 사람이 실컷 먹고 마신 음식들이 남아 있다. 맥주를 담는 주둥이가 작은 도기 항아리가 쓰러져 있다. 세 사람은 군인, 농민, 귀족이다. 제각각 다른 계급을 상징한다. 배가 불룩하다 못해 터질 듯하지만 세 사람은 가장 편안한 자세로 잠이 들었다. 이 가운데 관심을 끄는 것은 붉은 옷을 입은 귀족이다. 농부와 군인은 배부르게 먹은 뒤 포만감에 행복하게 잠들었지만 귀족은 뭔가 불만스러운 표정으로 하늘을 쳐다보고 있다. 음식을 배불리 먹은 포만감으로는 부족하다는 표정이다. 빵보다 지식이 더 소중하다는 것을 상징하는 것인지 그의 옆자리에는 책 한 권이 놓여 있다.

왼쪽에 누운 병사의 눈은 작은 오두막을 향하고 있다. 오두막 지붕에는 빵이 널려 있다. 그림 정면에는 발 달린 달걀이 숟가락을 꽂은 채 걸

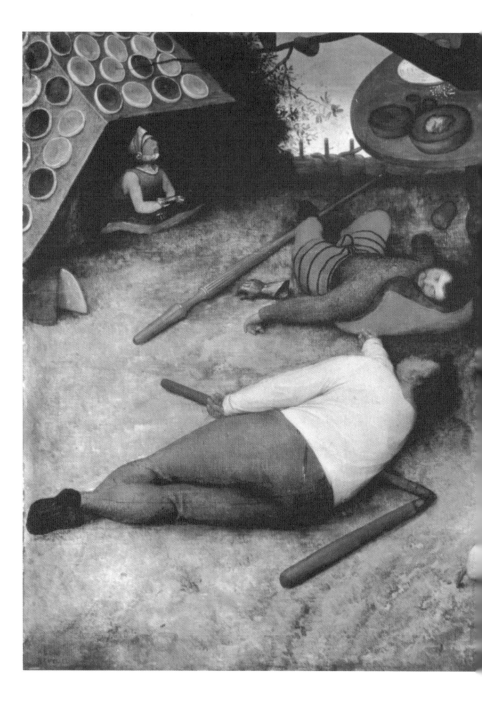

피터르 브뤼헐, 「게으름뱅이의 천국」, 뮌헨 알테피나코테크, 1567

어 다니고 돼지는 옆구리에 칼을 차고 어디론가 분주하게 가는 중이다. 구운 거위가 쟁반 위에 있는가 하면 우유가 연못을 이루고 있다. 현실과 상상이 뒤엉켜 있다.

대부분의 사람이 배곯던 16세기에는 배가 터질 듯 먹을 수 있는 곳이 천국이었을 것이다. 그래서 이 그림의 제목이 「게으름뱅이의 천국」이다. 원제는 'The Land of Cokaigne'이다. 코카인이라면 지금 마약이니 그럼 '마약 천국'인지도 모르겠다. 천국은 부족함이 없는 곳이다. 하루 종일 귀족의 영지에서 노동에 시달리고, 마을길을 고치고 성벽 쌓는 부역에 동원되었던 서민들은 늘 춥고 배고팠다. 이들에게 꿈이 하나 있다면 내일 죽더라도 원 없이 배부르게 먹고 한숨 늘어지게 자는 것이었다. 16세기 플랑드르뿐 아니라 유럽을 대표하는 최고의 화가였던 피터르 브뤼헐의 작품이다.

누구나 게으름을 꿈꾼다. 부지런하다고 칭찬받는 사람일수록 그의 마음속에서는 늘 게으름을 동경한다. 그게 바로 사람이다. 화가는 먹을 것이 지천으로 널렸고 배불리 먹은 뒤 아무것도 하지 않고 게으름을 피우는 곳이 천국이라고 역설한다. 그림에 담긴 것이 절절한 소망인지, 아니면 식탐이 많고 게으른 사람들에 대한 경고인지는 화가만이 알 것이다. 브뤼헐은 풍자 화가다. 「추수하는 사람들」 「농가의 결혼식」 「농부들의 춤」 「눈 속의 사냥꾼」 등 풍자와 해학이 있는 풍속화를 그렸다. 그의 그림 속에는 맥주를 먹고 싸우고 잠자고 결국에는 바닥에 모두 드러누워 널브러진 서민들이 있다. 브뤼헐은 이들을 통해 사람들이 정말 원하는 것이 무엇인지 보여준다. 그러면서 서민보다 더 게으르고 더 본능적이면서도 위선으로 똘똘 뭉친 귀족을 조롱하고 고발한다.

피터르 브뤼헐의 자화상으로 여겨지는 작품. 피터르 브뤼헐, 「화가와 감정인」, 알베트리나박물관, 1565

16세기 이탈리아를 중심으로 한 남부 유럽 화가들이 고대 로마와 그리스에서 이상적인 모습을 발견하고 종교화나 인물화를 그렸다면, 브뤼헐이 중심이 된 북부 화가들은 함께 웃고 울며 살아가는 사람들의 모습을 통해 그 시대상을 알리려고 노력했다. 농부의 삶을 그리기 위해 소작농의 옷을 입고 그들과 함께 생활했던 브뤼헐은 위대한 풍속화가였다. 브뤼헐은 종교개혁이 일어나고 신교와 구교로 나뉘어 피비린내 나는 살육전이 벌어지자 "정치적으로 위험한 그림은 모두 태워버리라"는 유언을 남겼다. 다행히 그 유언은 지켜지지 않았고, 그의 그림들은 벨기에 왕립미술관과 빈 미술사박물관 등에 전해져 오늘날까지도 사람들에게 감동을 주고 있다.

궁리와 시행착오가 만든 맛
맥주사의 4대 발명품

독일 바이에른 최북단의 작은 도시 쿨름바흐에서 기원전 8세기의 것으로 보이는 무덤을 발굴했는데 그 안에서 토기로 된 손잡이가 있는 맥주잔이 함께 출토되었다. 고대 그리스·로마 시대의 몸통이 불룩 나온 항아리Amphora였다. 망자가 저승길을 가는데 맥주로 목을 축이라고 함께 넣은 것으로 추정된다. 그만큼 맥주는 유럽에서 산 사람뿐 아니라 죽은 사람에게도 중요한 음료였다. 핀란드의 국민 서사시 「칼레발라Kalevala」는 예언자 베이네뫼이넨, 대장장이 일마리넨, 협객 레민케이넨 세 사람이 북쪽 나라 여왕의 딸을 둘러싸고 구혼 경쟁을 벌이는 이야기다. 총 50편의 시가에는 천지창조, 질병의 탄생 등 신화가 나오고, 음식을 준비하고 집을 단장하는 등 일상생활도 자세하게 묘사되어 있다. 그런데 맥주 빚기에 관한 내용이 이 세상의 탄생에 관한 부분보다 분량이 2배나 많다!

체코 플젠에서 전통 방식으로 맥주를 빚는 데 사용되는 맥주통

현재 세계 각국에서 사용하고 있는 알루미늄 맥주통

이처럼 인류의 역사와 함께한 술을 더욱 맛있게 마시기 위해서 수많은 실험과 시행착오가 있었다. 오크통과 홉의 발견, 효모에 대한 이해, 저장 기술의 발전, 운송 수단과 맥주 장비의 개발 등 거듭된 궁리 끝에 오늘날 우리는 더욱 맛있는 맥주를 마실 수 있게 되었다.

오크통

고대 수메르인과 이집트인은 흙으로 빚은 항아리에서 발효된 맥주를 작은 그릇에 따라 마셨다. 이집트 벽화 속 남성은 길쭉한 항아리에 갈대로 만든 빨대를 꽂아 맥주를 마시고 있다. 당시 마시던 맥주는 지금과 같은 액체가 아니라 죽처럼 걸쭉한 형태였다.

로마 제국 시대를 연 카이사르는 기원전 58년 갈리아(지금의 프랑스와 벨기에, 스위스 서부, 라인강 서쪽 독일 등) 정복에 나서 8년 동안 그곳에 머물렀다. 그는 비교적 날씨가 따뜻한 이탈리아 북부와 남프랑스 지역을 순시하다가 이상한 점을 발견했다. 야만족 켈트인들이 저녁만 되면 둥그런 통 주위에 둘러앉아 맥주를 마시는 장면이었다. 무뚝뚝한 켈트인들이 오크통 안에 든 말 오줌 같은 누런 음료를 마시고는 기분이 좋아져 웃으며 노래를 불렀다. 카이사르가 『갈리아 전기』에 남긴 기록을 보고 로마인들은 불로 내부를 그슬려 만든 오크통에 술을 담아두면 은은한 훈제향이 날 뿐 아니라 쉽게 변질되지 않는다는 것을 깨달았다.

켈트족의 오크통 발명은 맥주를 생산지에서뿐 아니라 다른 지역에서 소비할 수 있는 기틀을 마련했다. 특히 전쟁 중 군인들의 사기를 높이기 위해 맥주를 지급하는 것이 필수적이었는데 오크통은 맥주의 이송을 가능하게 만들었다.

켈트족의 오크통에서 영감을 받은 로마군은 기술을 배워서 오크통 안에 와인을 담기 시작했고, 이런 기술이 중세 시대로 전해져 와인과 맥주를 숙성 보관하는 용기로 발전했다. 근대로 접어들면서, 무거운 오크통을 굴려서 운반해야 했기 때문에 손상되기 쉬웠고 맥주가 변질되기 쉬웠다. 이 과정에서 굴려도 부서지지 않고 공기가 완전 밀폐될 수 있는 알루미늄 케그Keg가 발명되었다. 이후 운반용 맥주 오크통은 완전히 사라졌다. 와인의 경우, 현재도 오크통을 사용하고 있는데 켈트족의 전통이 살아 있는 프랑스 서부 보르도를 중심으로 50여 개의 업체는 지금도 매년 약 60만 개의 와인 오크통을 제작하고 있다.

홉

맥주에 들어가는 홉은 맥주가 상하는 것을 막고 쓴맛을 내는 역할을 한다. 맥주를 물보다 많이 마실 수 있는 건 쌉싸름한 쓴맛 때문이다. 고대 이집트에서 약으로 쓰였던 맥주는 중세 시대 홉의 발명으로 맛과 향이 훨씬 좋아졌을 뿐 아니라 보존 기간도 늘어났다. 보관 기간이 늘어나면서 멀리 떨어진 곳까지 보낼 수 있게 되었으며 상한 맥주를 마시고 병들거나 죽는 사례가 크게 줄었다.

중세 시대에는 맥주의 변질을 막고 쓴맛을 얻기 위해 쑥과 생강, 파슬리, 심지어 썩은 달걀까지 사용했지만 실제로 쓴맛은 별로 나지 않았고 맥주의 변질도 막지 못했다. 그러나 여러 약초와 향초를 혼합해 만든 야생 허브 그루트Gruit를 사용하면서 보존력이 강하고 쓴맛이 나는 맥주가 탄생했다. 그루트 생산지는 맥주를 많이 마시는 중북부 유럽의 습지였으며, 수도원들이 그루트 독점권을 갖고 막대한 수입을 올렸다. 중세 시대를

바이에른 밤베르크를 중심으로 재배되고 있는 홉 농장

거치면서 민간인들이 수도원으로부터 맥주 양조권을 사들이기 시작했다. 수도원이 독점한 그루트보다 값이 싸고 쓴맛이 강한 무언가가 필요했던 이들은 홉으로 눈을 돌렸다. 홉은 8세기부터 독일 뮌헨 근교에서 재배되고 있었지만 맥주 첨가물로 인정받기까지는 오랜 시간이 걸렸다. 홉을 넣은 맥주가 서민들에게 큰 인기를 누리자 맥주의 판도가 바뀌었다. 1517년 종교개혁을 계기로 양조업자들이 가톨릭교회가 가진 그루트 독점권에 대항해 일제히 홉을 사용하면서 그루트는 점점 자취를 감추었다.

홉은 각각 다른 나무에서 암꽃과 수꽃이 피는 덩굴성 식물이다. 맥주의 쓴맛과 아로마 향을 만드는 것은 암꽃으로, 이것을 압착해 맥아와 함

께 끓인 뒤 발효 숙성시킨다. 홉에는 쓴맛을 내는 성분뿐 아니라 산화를
방지하고 맥주 거품을 유지하게 만드는 성분이 있다.

맥주병

또한 유리병의 발명은 맥주의 혁명을 몰고 왔다. 중세 시대까지 귀족
의 전유물이었던 유리는 18세기 유리 원료의 개발과 강한 화력을 낼 수
있는 석탄의 보급으로 대량생산체제를 갖추게 되었다. 이런 변화는 음료
문화의 새로운 변화를 가져왔다. 그전까지는 양조장에서 생산된 맥주를
큰 오크통에 담고 말이 끄는 수레에 실어 동네 술집에 배달하는 식이었
다. 그러면 시민들은 술집을 찾아 맥주를 즐기거나 코르크 마개가 달린
1, 2리터들이 도자기인 사이펀Siphon을 들고 가게를 찾아가 맥주를 사야
했다. 하지만 쉽게 발효되는 특성 때문에 맥주를 가능한 한 빨리 마셔야
하는 문제가 있었다. 유리병이 보급되면서 맥주는 가정에서도 원하는 때
언제든 즐길 수 있게 되었으며 소비량도 기하급수적으로 증가하기 시작

포터   위트   라거   에일   스타우트   마르첸   라이트

맥주 종류에 따른 다양한 맥주잔

했다.

1780년 세상에 처음 등장한 병맥주는 0.75리터 용량의 진한 갈색 병에 코르크 마개로 밀봉하는 형태였다. 1892년 아일랜드 출신 미국인 윌리엄 페인터William Painter가 상한 소다수를 마시고 탈이 나자 완전 밀봉이 가능한 21개의 톱니를 가진 병뚜껑을 개발했다. 독일을 비롯한 유럽에서는 1리터 맥주병이 유행했으며 우리에게 '1664 블랑Blanc'이라고 알려진 프랑스 크로낭부르(독일 발음 크로넨버그)의 대표 맥주인 제롬 하트가 1949년 미국에서 0.33리터의 작은 병맥주를 출시하면서 병맥주는 선풍적인 인기를 얻기 시작했다. 병의 규격은 점점 작아져 0.25리터 병맥주 6개를 묶어 판매하기 시작하면서 맥주가 식탁을 차지하는 기호음료로 각광받는 시대가 열렸다.

유리의 대중화는 맥주잔으로 이어져 맥주의 색과 향을 즐길 수 있는 다양한 형태의 맥주잔이 등장했다. 맛과 향이 진한 에일 맥주를 즐기는 사람들은 주둥이가 넓은 잔을 선호했고, 필스너와 바이첸 팬들은 향이 날아가는 것을 막기 위해 주둥이가 좁고 날씬한 잔을 골랐다. 다양한 맥주잔 수요에 힘입어 독일에서는 1900년 잠Sahm이라는 회사가 설립돼 지금까지 500여 종의 맥주잔을 생산하고 있다.

맥주캔

1910년 브뤼셀에서 제1차 맥주양조회의가 열리면서 호황기에 접어드는가 싶었던 맥주 산업은 제1차 세계대전으로 직격탄을 맞았다. 이때 맥주 산업을 침체에서 구해낸 것이 캔맥주다. 1935년 미국에서 캔맥주가 등장한 이후 1950년대부터 맥주 시장은 폭발적으로 성장했다.

병맥주의 출현으로 보관과 이송이 쉬워지긴 했지만 한계도 있었다. 병에 든 맥주가 서서히 발효된다는 것과 병을 여러 번 세척해 재활용하는 과정에서 이물질이 들어가는 게 문제였다. 무엇보다 무겁고 잘 깨져서 불편했다. 본래 병조림은 전쟁 중 음식이 상하는 것을 막으라는 나폴레옹의 요구로 발명됐다. 캔의 원형이 된 병조림은 1810년 런던 출신의 기계공 피터 듀랜드Peter Durand에 의해 주석 깡통을 이용한 금속제 통조림으로 발전했지만 실용화되기까지 시간이 필요했다. 제1차 세계대전 당시 병사들의 사기를 돋우기 위해 병맥주를 공급하려 했으나 쉽지 않았다. 총탄이 빗발치는 전쟁터에서 무겁고 잘 깨지는 맥주병을 들고 움직이는 건 무리였다.

1935년 병 무게의 10퍼센트 수준인 주석캔이 개발됐고 1950년대 들어 알루미늄으로 캔을 만드는 기술이 개발되면서 캔맥주는 현대인의 삶과 밀접해졌다. 20세기 후반에는 각각 20리터, 50리터, 100리터 맥주를 담을 수 있는 알루미늄 케그가 발명됐다. 와인과 달리 쉽게 산화되고 값이 싼 맥주는 보관과 이동이 간편한 캔의 등장으로 세계에서 가장 많이 소비되고 사랑받는 술로 자리 잡았다.

유럽
맥주
산책

한 번은 가봐야 할 맥주 축제
옥토버페스트

'독일' 하면 떠오르는 것이 축구와 자동차, 그리고 맥주다. 독일은 2014년 브라질 월드컵 우승을 비롯해 역대 월드컵에서 4번 우승, 4번 준우승이라는 위업을 달성해 5번 우승을 차지한 브라질과 함께 축구 최강국의 위용을 자랑한다. 2015년 독일축구협회DFB의 통계에 따르면 전체 국민 8000만 명 중 690만 명이 2만6000개의 크고 작은 축구 클럽에 소속돼 있고, 여성 회원도 87만 명이나 된다. 학교와 마을 구장에서 축구를 즐기는 사회체육이 활성화되어 있기 때문에 독일은 영원한 축구 강국일 수밖에 없다.

개인기와 팀워크를 바탕으로 공격과 수비를 하고 상대 팀의 가장 약한 부분을 파고들어 골로 연결하는 축구는 전쟁과 닮았다. 독일 팀의 경기를 보고 있자면, 선전포고와 동시에 파죽지세로 유럽 대륙을 정복하고 소련을 침공한 독일군의 전쟁 기술을 보는 것 같은 착각에 빠질 때가 있다. 고대 로마 제국을 무너뜨리고 중세 유럽을 통일한 게르만 군단의 막강한 위력을 전쟁 대신 축구로 과시하는 듯하다.

벤츠, BMW, 아우디로 대표되는 자동차도 독일의 상징이다. 독일 사람들은 인간이 만든 최고의 명품이 벤츠600이라고 자부한다. 인류 최고의 명품이 독일인의 손에서 만들어졌다는 자부심이다.

20년 전 독일 유학 시절 자동차 탓에 이런저런 경험을 했다. 당시 에어컨이 달린 자동 변속기 자동차는 1000대당 1대꼴이었다. 불편을 불편으로 여기지 않고 즐기는 독일 사람들은 연비가 좋고 금방 속도를 올릴 수 있는 수동 변속기 자동차를 선호했다. 자동 변속기에 에어컨 달린 자동차를 구하는 것은 하늘의 별 따기였다. 며칠 동안 뮌헨의 중고차 시장을 헤맨 끝에 겨우 원하던 차를 살 수 있었다. 그런데 고장이 문제였다. 자동차에 조금만 문제가 생겨도 바로 정비소로 달려가는 우리와 달리 독일 사람들은 타이어 교체는 물론 전기 플러그 같은 웬만한 부품은 제 손으로 척척 교체했다.

수십 년 된 고물 벤츠를 타고 다녔던 이웃집 할아버지는 자동차 부품이 고장 나면 직접 밀링머신을 돌려 부속품을 만들어냈고, 주말이면 영화배우처럼 잘 차려입은 할머니와 함께 지붕이 없는 '앤틱 카'로 고속도로를 질주했다. 나는 이웃집 독일인 노부부의 모습에 깊은 인상을 받았다. 자동차를 스스로 고치고 가족이 살 집을 직접 짓는 것을 보면서 '이곳이 정말 기술자의 나라구나' 하고 실감했다. 일상생활에서 작은 것 하나에도 완벽을 추구하는 독일의 기술력에 감탄했고, 우리나라의 경쟁력이 한참 뒤떨어져 있다는 생각이 들어 우울하기도 했다. 폭스바겐의 배출가스 조작 사태가 기술력과 정직을 생명처럼 여기는 독일인들에게 큰 상처를 주긴 했지만 자동차에 대한 독일인의 사랑과 자부심은 여전하다.

이렇게 축구와 자동차라면 자다가도 벌떡 일어나는 독일인들도 가장 중요한 맥주 앞에서는 맥을 못 춘다. 독일 사람들은 "마누라 없이는 살아도 자동차 없이는 못 산다"는 우스갯소리를 종종 하는데 내가 보기에 '자동차와 축구 없이는 살아도 맥주 없이는 살 수 없다'는 쪽이 사실에 더 가깝다. 맥주는 바이킹 시대부터 게르만족의 피를 끓게 했으며 독일 정신의 맥을 이은 영혼의 음료이기 때문이다.

지금은 꼭 그렇지도 않지만, 20년 전만 해도 코끼리처럼 발목이 굵은 독일 할머니를 길거리에서 흔히 볼 수 있었다. 석회가 녹은 뿌연 수돗물을 수십 년 동안 마신 탓에 석회가 다리에 침전돼 발목이 굵어졌다고 한다. 통풍과 관절염에 시달리는 할머니들은 계단을 오르내리기 힘들어서 아파트나 연립주택의 베란다나 창문을 내다보면서 많은 시간을 보낸다. 주차하다 남의 차를 긁거나 신호 위반이라도 하면 어김없이 벌금 고지서나 경찰 출석 요구서를 받게 되는데, 그 뒤에는 코끼리 할머니들의 투철한 신고 정신이 숨어 있다.

그런데 이상하게 독일 할아버지에게서는 코끼리 발목을 거의 발견할 수 없다. 할아버지들은 "코끼리 발목이 되기 싫어서 젊은 시절부터 치료제 삼아 맥주를 물보다 많이 마신 덕분"이라고 말한다.

맥주를 물처럼, 때로는 물보다 많이 마시는 독일 사람들. 그들은 왜 맥주에 열광할까? 예술과 낭만의 도시 뮌헨에서 열리는 맥주 축제에 그 답이 있다.

2012년 옥토버페스트 축제 때 운영된 하커 프쇼르 맥주 회사의 텐트

독일에서는 3월이 되면 메르첸비어Märzenbier를 빚는다. 옥토버페스트 Oktoberfest가 시작되는 9월 맥주 축제에 대비해 봄에 새로 수확한 보리와 밀로 빚는 옥토버페스트 맥주다. 메르첸비어는 더운 여름을 버틸 수 있도록 홉을 많이 넣어 진하게 만드는 것이 특징이다. 드디어 가을. 독일 바이에른주는 맥주 향기에 취한다. 매년 9월 셋째 주 토요일부터 10월 첫째 주 일요일까지 바이에른의 주도 뮌헨은 독일은 물론 세계 전역에서 몰려든 사람들로 인산인해를 이룬다. 세계 최대의 맥주 축제 옥토버페스트가 열리기 때문이다.

꽃으로 아름답게 장식한 마차와 200명이 넘는 거대한 브라스밴드, 뮌헨을 상징하는 6대 메이저 맥주 회사가 생산한 맥주 오크통을 실은 거대한 마차 행렬이 뮌헨의 도심을 통과해 축제가 열리는 테레지엔 광장으

2007년 옥토버페스트에서 슈파텐 오크통의 마개를 따고 있는 크리스티안 우데 뮌헨 시장

로 향한다.

축제 광장에는 뮌헨 시장이 기다리고 있다. 뮌헨 시장이 그해 가장 좋은 보리로 담근 거대한 오크 맥주통 마개를 망치로 딴 뒤 콸콸 쏟아지는 맥주를 마시면 12발의 축포가 터지는 것으로 축제의 막이 오른다. 이때 마시는 맥주는 뮌헨의 6대 맥주 회사의 하나인 슈파텐Spaten에서 맥주 축제를 위해 특별 제조한 메르첸비어다. 전통적으로 상면 발효법을 사용해 에일 맥주를 주로 생산했던 19세기 초에 슈파텐의 사장 가브리엘 제들마이어Gabriel Sedlmayr가 하면 발효로 제조한 라거 맥주를 기념하기 위한 것이다.

뮌헨은 '작은 수도사'란 뜻이다. 수도사인 '뮌크Moench'와 작다는 뜻의 '헨chen'이 합쳐진 도시명이다. 검은색 수도복에 빨간 신발을 신은 깜찍한 수도사의 모습이 16세기부터 뮌헨시 문장紋章으로 사용되고 있다.

수도사는 왼손에 빨간 성경을 들고, 오른손으로 신을 가리키고 있다. 이처럼 뮌헨을 상징하는 수도사 복장을 한 미녀가 맥주 축제 둘째 날 퍼레이드의 주인공이다. 뒤를 이어 바이에른 전통 복장을 한 젊은 남녀와 민속 무용단의 행렬이 축제의 현장까지 이어진다.

옥토버페스트에 몰려든 사람들이 마시는 맥주는 2017년 행사 때만 해

뮌헨시 문장

도 700만 리터가 넘는다. 16일간의 축제 동안 닭 63만 마리, 소 127마리, 송아지 59마리, 소시지 20만 개가 팔린다. 맥주에 취하려고 이 기간 뮌헨을 찾는 관광객만 680만 명을 웃돈다니 그야말로 세계 최대의 축제다. 뮌헨 인구 145만 명보다 몇 배나 많은 관광객이 일시에 몰려드는 셈이다. 흥이 오르는 저녁 시간 대에 호프브로이하우스 등 유명 맥주 회사들이 운영하는 맥주 텐트에 들어가려면 두세 시간 기다려야 할 정도다. 그러다보니 단속반의 눈길을 피해 암표 거래까지 이뤄지기도 한다.

7000명을 수용할 수 있는 텐트에 들어가면 단연 눈길을 끄는 건 전통 바이에른 옷을 입은 여성 종업원들이다. 바로 초록색과 붉은색으로 된 전통 의상 드린딜Drindl이다. 남성은 촌티가 줄줄 흐르는 털을 꽂은 모자에 가죽 반바지를 입는데 레더호젠Lederhosen이라 부른다. 옥토버페스트에 맞춰 바이에른 전통 의상을 입은 사람들을 보면 설날 때 한복을 차려입고 고궁을 찾는 우리와 비슷하다.

빽빽이 사람들이 들어찬 맥주 텐트에서는 건배 소리가 끊이지 않는다. 모르는 사람이라도 눈이 마주치면 술잔을 부딪친다. 한 잔을 마시면 9월의 태양이 돌고, 한 잔 더 마시면 세상이 돈다. 가을 석양은 하늘만 붉게 물들이지 않고 사람들의 얼굴도 붉게 물들인다.

옥토버페스트는 독일 바이에른의 주도 뮌헨에서 열린 작은 결혼 축제에서 유래했다. 1810년 10월 바이에른 왕국 초대 왕 막시밀리안 1세의 왕태자 루트비히 왕자와 북쪽에 인접한 작센의 테레제 공주가 뮌헨 도심의 남서쪽 양 떼를 키우던 초원Wiese에서 결혼했다. 결혼식은 음악회와 마상 경기를 곁들여 닷새간 진행됐다. 공주의 이름을 따 경마가 열린 잔디 공원을 테레지엔 광장이라 부르는데, 전체 면적이 42만 제곱미터로 광화문 광장의 22배나 된다. 이곳이 옥토버페스트 기간에는 한순간에 맥주 텐트촌으로 바뀌고 롤러코스터 등 놀이기구도 빽빽이 들어선다.

세월이 흐르면서 결혼 기념 경마 대회에 뢰벤브로이Löwenbräu와 호프브로이Hofbräu, 슈파텐Spaten 등 뮌헨을 대표하는 6개 맥주 회사가 축제 후원사로 나섰고, 1833년부터 독일을 대표하는 명실상부한 맥주 축제로 발전했다. 2018년 185번째를 맞은 옥토버페스트에는 안타까운 역사도 있다. 1980년 신나치주의자의 소행으로 보이는 폭발 사고로 13명이 숨지고 200명이 부상을 입었다. 하지만 1870년 독일·프랑스 간의 보불전쟁과 1873년 혹심했던 콜레라 사태 등 두 번을 제외하고는 예외 없이 매년 열리고 있다.

독일의 1인당 연간 맥주 소비량은 131리터다. 전 독일 국민이 330밀리리터 작은 병맥주를 하루 한 병 이상 마시는 셈이다. 맥주 소비가 주

전통 바이에른 복장을 한 독일 노인들

로 옥토버페스트가 열리는 9월과 10월에 집중되다보니 축제 열기도 대단하다. 옥토버페스트 축제에 힘입어 독일에서는 1283개의 맥주 회사가 132억 리터의 맥주를 생산하고 있다. 독일은 세계 맥주 생산량의 15퍼센트가 넘는 23억 리터를 외국에 수출해 약 8조8500억 원의 수입을 올렸다. 세계에 수출되는 맥주 중 20퍼센트가 독일 맥주다.

옥토버페스트의 꽃은 단연 각기 다른 맛의 맥주다. 독일 전역의 맥주 양조장에서 생산하는 4000종의 맥주 중 가장 맛있는 맥주들이 경연을 벌인다. 각각 7000명이 들어갈 수 있는 14개의 대형 천막에서 10만 명이 한꺼번에 맥주를 즐길 수 있다.

맥주 맛은 각 회사를 대표하는 대형 천막에서 일하는 여성 종업원이 몇 잔의 맥주잔을 배달하느냐에 달려 있다. 무게가 2킬로그램 나가는 마스Mass잔에 1리터(1킬로그램)의 맥주를 가득 채우니, 맥주 한 잔의 무게

종업원 한 사람이 30킬로그램에 달하는 10~12개의 마스 잔을 나른다.

는 3킬로그램이다. 이곳에서 일하는 여성들은 보통 10개를 들지만 최고 16잔을 배달한다고 한다. 두 손으로 48킬로그램을 드는 셈이다. 독일 여성이 얼마나 강한지 맥주 축제 현장에서 확인할 수 있다. 독일 여성은 아기를 낳은 직후 찬물로 샤워를 한다고 한다. 이튿날 한 손에 아기를 안고, 다른 한 손에는 가방을 들고 병원 문을 나선다는 등의 말이 있다. 산부인과와 옥토버페스트는 독일 여성이 얼마나 강한지 확인할 수 있는 곳이다.

그렇다면 옥토버페스트에서는 어느 곳의 맥주가 가장 맛있을까? 바로 가장 많은 잔을 배달하는 텐트의 맥주다. 일제 강점기의 냉면 맛도 그랬다. 당시 냉면 맛은 종업원이 한 손으로 자전거 손잡이를 잡고, 다른 손으로 층층이 쌓아올린 쟁반 위에 냉면 몇 그릇을 얹을 수 있느냐에 달려 있었다. 자전거를 타고 눈 덮인 골목을 달려 냉면을 가장 많이 배달해야 그 집 냉면이 맛있다고 소문이 났다.

최근 들어 맥주 텐트들도 차별화되고 있다. 음악을 들으며 맛있는 음식을 맛볼 수 있는 캐퍼Kaefer(딱정벌레) 텐트, 젊은이들이 주로 모이는 히포드롬hippodrom(경기장) 텐트, 주로 나이 든 사람들이 찾는 호프브로이, 뢰벤브로이 텐트 등으로 구분이 생겼다. 텐트마다 맥주 맛과 분위기가 다르다.

질서를 생명으로 여기는 독일 사람들도 옥토버페스트 기간에는 흐트러진 모습을 보인다. 평소에는 맥주를 아무리 마셔도 눈 하나 깜짝하지 않는 사람들이 옥토버페스트 때는 취한 채 축제 현장 여기저기에 널브러져 있다. 쓰러진 사람들을 '맥주 시체'(비어라이헨Bierleichen)라고 부른다. 1리터들이 맥주를 몇 잔씩 들이켜니 안 취할 재간이 없다. 가끔 맥주를 마시고 정신을 잃어 병원 응급실로 실려 가는 사람들까지 나온다. 늘 빈틈없는 독일 사람들도 이 기간에는 일탈을 즐긴다.

이탈리아를 여행하는 독일 사람들은 국경을 넘자마자 제일 먼저 외진 곳을 찾아 한 줄로 서서 노상 방뇨를 한다는 말이 있다. 독일에서는 결코 볼 수 없는 풍경이다. 로마 시내에서 술에 취해 쓰러져 있는 사람들도 대부분 독일인들이다. 강박적으로 질서를 지키는 독일 사람들의 의식 속에는 이처럼 일탈에 대한 열망이 담겨 있다. 그 열망을 맥주를 통해 표출하는 게 옥토버페스트다.

여기저기서 건배를 외치는 소리가 들리고, 신나는 바이에른 전통 음악에 맞춰 춤을 추다보면 모두 하나가 된 듯한 기분이 된다. 이것이 바

스페인 식당 제로제 외관

로 독일 맥주 축제의 묘미다. 옥토버페스트와 때를 같이해 독일 전역의
술집과 야외 주점인 비어가르텐에서도 맥주 축제가 벌어진다.

　뮌헨 도심을 가로질러 흐르는 이자르강과 영국 공원Englischer Garten 근
처에는 『그리고 아무 말도 하지 않았다』의 저자 전혜린(1934~1965)이 단
골이었던 스페인 식당 '제로제Seerose'가 있다. 호수 위에 핀 장미라는 뜻
이지만 독일어로는 백합을 의미한다. 유학 생활 중 독일어로 쓴 이미륵
박사의 『압록강은 흐른다』를 발굴해 우리말로 소개한 전혜린은 가끔 이
곳의 창가에 앉아 해산물이 듬뿍 들어간 스페인 요리를 즐겼다고 한다.
우연일까. 이 집 2층에는 1929년 노벨문학상을 받은 토마스 만이 24세
청년 시절인 1899년부터 3년간 살았다. 발트 해안가의 항구도시인 뤼베
크에서 태어난 토마스 만은 1901년에 출간한 그의 대표작인 『부덴브로
크가의 사람들』을 이곳에서 구상하고 집필한 것으로 알려져 있다.

옥토버페스트 대형 텐트에서 건배를 외치는 사람들

멀지 않은 곳에는 1789년 5층 목조로 지어진 유명한 중국 탑Chine-sischer Turm이 있고, 탑 아래에는 수백 명이 앉을 수 있는 비어가르텐이 있다. 해질녘 하늘이 붉게 물들면 브라스밴드의 연주 소리가 은은하게 들리곤 한다. 이곳이 뮌헨 사람들이 사랑하는 맥주 주점이다.

중국 탑을 빠져나오면 중세풍의 거대한 건물들이 보인다. 1472년 개교한 뒤 1826년 이곳에 자리 잡은 뮌헨대학이다. 대학 중심에는 촛불 모양의 두 개의 분수가 있다. 히틀러에 저항한 '백장미 사건'으로 유명한 뮌헨대학 총장이었던 후버 교수와 숄 남매의 희생을 기념하기 위해 두 개의 광장을 조성했고 광장 가운데에는 자유와 진리를 뜻하는 분수를 만들었다.

숄 광장이 있는 대학 본관을 중심으로 그 뒤편에는 음식점과 술집이

빼곡히 들어서 있는데, 이곳이 바로 그 유명한 슈바빙Schwabing 지역이다.

1872년 문을 연 셸링 살롱Schellingsalon과 추어브레즌Zur Brez'n 같은 오래된 카페와 주점 벽면에는 역사에 이름을 남긴 이들의 흔적이 남아 있다. 20세기 초 뮌헨에서 활동했던 극작가 베르톨트 브레히트, 소설가 토마스 만과 하인리히 뵐, 시인 라이너 마리아 릴케와 그의 연인 루 살로메, 화가 바실리 칸딘스키와 가브리엘 뮌터 같은 예술가와 문인들은 슈바빙에서 흑맥주를 마시며, 밤새워 전쟁으로 황폐해진 독일 정신을 어떻게 복원할 것인지 토론했다.

나는 독일에 사는 동안 세 차례 옥토버페스트 축제에 갈 기회가 있었다. 그중 한 번은 독일 사람들과 함께 갔다. 1리터 큰 잔을 비우고 화장실에 가려는 순간, 한 사람이 "독일에서는 1리터 마스를 3잔 비우기 전에 화장실에 가는 것은 실례"라고 했다. 나는 예의를 지키기 위해 소변을 죽기 살기로 참았다. 나중에서야 농담이라는 것을 알고는 바지춤을 움켜쥐고 화장실로 뛰어갔던 기억이 난다. 화장실까지 거리가 300미터쯤 됐는데 순례자가 되어 스페인 산티아고의 길을 걷는 것처럼 정말 멀게 느껴졌다.

옥토버페스트에 참가하기 위해 휴가를 내고 매일 축제 현장에 출퇴근하는 독일 사람을 많이 볼 수 있다. 이처럼 옥토버페스트는 단조로운 일상에 지친 독일인들에게 맥주 축제 이상의 의미가 있다. 그들에게 옥토버페스트는 맥주 한 잔을 앞에 놓고 나이와 성별, 국경을 넘어 모두가 세상 근심을 잊고 하나가 되는 장이다. 그들은 맥주 한 잔으로 영웅이 되기도 하고, 때로는 왕이 되기도 한다. 고대부터 독일인들에게 세상 근심을 잊게 하는 맥주가 묘약이 되는 순간이다.

지금도 9월이 되면 옥토버페스트 축제가 열리고 하늘 높이 "프로스트 Prost"(건배)와 "춤 볼zum Wohl"(위하여) 소리가 끊이지 않는다.

맥줏집에 문화가 있다
영국 펍과 독일의 비어가르텐

좋은 펍은 교회와 공통점이 많다.
펍이 더 따뜻하고 더 활발한 대화가 오가지만.
_ 윌리엄 블레이크(1757~1827, 영국 시인·화가)

맥주를 가장 좋아하는 민족을 꼽으라면 앵글로색슨족과 게르만족일 것이다. 이집트와 그리스·로마같이 연중 햇볕이 비추는 비옥한 지역에서는 신이 선사한 포도주를 즐겼지만, 여름조차 서늘한 서북부 유럽에서는 포도가 잘 자라지 않기 때문에 보리로 빚은 맥주를 마셨다.

예로부터 유럽에서는 가축 사료인 보리로 빚은 맥주를 서민이 먹는 천한 술로 여겼다. 맥주는 맛도 없고 몸에 해롭다는 편견이 지배적이었다. 로마에서는 임무를 제대로 수행하지 못하거나 군율을 어긴 군인에게 벌로 보리를 배급할 만큼 보리와 맥주는 말 그대로 '하질'로 취급받았다. 그러나 게르만족의 대이동으로 로마가 무너지고 중세가 시작되면서 야만인들이 즐겨 먹던 천박한 맥주는 멀리 서쪽 끝 영국과 아일랜드에서부터 동쪽 러시아와 우크라이나에 이르기까지 전 유럽을 지배하게

아일랜드 벨파스트 거리에서 만난 맥주 마차. 마차를 전세 내서 맥주 축제를 벌인다.

되었다. 그리하여 앵글로색슨의 영국에서는 펍 문화를, 게르만족의 독일에서는 숲속 야외 테이블에서 맥주를 즐기는 비어가르텐(맥주 정원)을 탄생시키기에 이른다.

영국과 아일랜드 맥줏집인 '펍pub'은 퍼블릭 하우스Public House, 즉 우리말로 표현하면 '선술집'이다. 이곳에서 영국 사람들은 가족과 마을의 대소사를 나누고 정치 토론을 하며 여론을 형성한다. 펍이 '공공장소'로서 기능을 하기 때문에 영국 내무장관을 지낸 윌리엄 하코트 경은 "펍은 영국 역사에서 하원 역할을 했다"고 말했다. 의자도 몇 개 없는 펍에서, 퇴근길과 휴일에 만난 동네 사람들은 피로를 풀고 삶의 이야기를 나눈다. 한 주를 살아갈 수 있는 원동력을 얻는 곳이 바로 펍이다.

영국의 한 대학에서 시골 거주자 2800명을 10년에 걸쳐 조사한 결과,

펍이 없는 지역보다 펍이 있는 지역의 공동체 의식이 더 높았다고 한다. 통계적으로 펍의 존재가 주민회관이나 스포츠센터보다 공동체 의식과의 상관관계가 더 높다는 것이 연구팀의 결론이다. 하지만 슈퍼마켓에서의 염가 주류 판매, 펍에서의 금연 정책, 펍 임대료 및 운영 비용 상승 등으로 펍의 자리가 점점 좁아지는 것도 사실이다. 1979년 영국 펍의 하루 맥주 판매량은 2920만 파인트였는데 2013년에는 1090만 파인트로 줄었다.

영국 펍의 기원은 고대 로마 시대까지 거슬러 올라간다. 영국을 정복한 고대 로마 군인들이 도로 정비에 나섰을 때 그들에게 술을 파는 선술집에서 펍이 생겨났다. 중세 시대 십자군 전쟁에 참가해 동방 원정에 나선 기사들이 묵었던 여인숙도 훗날 펍으로 발전했다.

영국 중앙에 있는 도시 노팅엄에는 1189년 세워진 '오래전 예루살렘 여행Ye Olde Trip to Jerusalem'이라는 펍이 있다. 사자왕 리처드 1세의 십자군 원정에서 유래한 이름이라고 한다. 우리로 치면 고려 시대 주막이 아직 영업을 하고 있는 셈이다.

런던 도심에는 셰익스피어가 장기간 투숙하며 집필한 곳으로 알려진 조지 인George Inn, 우리말로 조지 여관이 있다. 마차를 타고 온 손님들을 위한 16세기의 숙소 겸 펍이었다. 맥주와 음식이 제공됐고 역마차를 세워둘 넓은 마당, 마부들이 묵을 숙소가 있었다. 조지 인은 런던을 통과해서 남북으로 통행하거나 버러 마켓Borough Market(전통 시장)에 드나드는 상인들로 늘 북적였다. 셰익스피어는 역마차들을 세워놓는 넓은 마당을 공연장으로 사용하기도 했다. 조지 인은 1388년 제프리 초서가 『캔터베리 이야기』를 쓰기 시작한 곳으로도 유명하다. 『펍, 영국의 스토리를 마시다』에 따르면 찰스 디킨스부터 조지 오웰에 이르기까지 많은 영국 작가, 아일랜드 출신 시인 윌리엄 버틀러 예이츠, 극작가 사뮈엘 베케트 등도 펍을 즐겨 찾았다. 공산주의를 창시한 카를 마르크스와 프리드리히 엥겔스도 펍의 열렬한 팬이었다. 독일 본대학 시절부터 펍 모임을 주도했던 마르크스는 브뤼셀을 거쳐 런던으로 망명한 뒤 주로 펍이 즐비한 소호 거리에서 지냈다. 그는 소호 거리에 있는 열여덟 개 펍의 단골로 알려져 있다. 마르크스는『자본론』을 도서관이 아닌 펍에 앉아 집필했으며, 그곳에서 사람들에게 행한 강연을 묶어『공산당 선언』을 출판했다. 리버풀의 매슈가Mathew Street라는 작은 골목에는 비틀즈가 공연했던 '포도송이The Grapes'라는 펍이 있다. 비틀즈 팬들의 순례지 목록에서 빠지지 않는 곳이다.

런던 거리를 걷다보면 포도와 사슴, 담쟁이넝쿨 등이 새겨진 펍의 간판을 쉽게 볼 수 있다. 세금을 쉽게 거두기 위해 '맥주를 팔고자 하는 사람은 말뚝 위에 간판을 내걸어야 한다'는 리처드 2세의 칙령(1393년)에서 그 유래를 찾을 수 있다. 1960년대 말 약 7만5000개에 달했던 펍은 2013년에 약 4만8000개로 줄었지만 여전히 영국인들의 사랑을 받고 있다.

런던 세인트폴 대성당을 지나는 길인 플리트가Fleet Street에는 1666년 런던 대화재로 불탄 뒤 새로 재건된 펍이 들어서 지금까지 명맥을 유지하고 있다. 이름은 '오래된 체셔 치즈Ye Olde Cheshire Cheese'다. 18세기 시인이자 영문학자로 유명한 새뮤얼 존슨은 이 펍의 단골손님으로 "만약 당신이 런던에 싫증을 느낀다면 당신은 삶에 싫증을 느낀 것이다"라는 유

헬프Help라는 펍에서 맥주를 마시는 비틀즈

케임브리지대학의 이글 펍

명한 말을 남겼다. 펍에 싫증을 느꼈다면 죽을 일만 남았다는 뜻이다. 존 슨이 사랑했던 이 펍은 찰스 디킨스, 코넌 도일, 윌리엄 버틀러 예이츠, 에 드워드 모건 포스터, 마크 트웨인, 조지 버나드 쇼, 알렉산더 포프 등 19, 20세기를 대표하는 영국 문인들이 모이는 장소였다.

독일과 마찬가지로 영국의 유서 깊은 대학 앞에 있는 펍들도 문화 를 선도하는 장소였다. 옥스퍼드대학 근처 '이글 앤 차일드The Eagle and Child'는 문인들의 아지트였다. 소설 『반지의 제왕』으로 유명한 존 로널 드 톨킨과 『나니아 연대기』의 작가 클라이브 스테이플스 루이스가 대표 적인 인물이다. 1926년 옥스퍼드대학의 고대언어학 교수였던 톨킨과 문 학 강사였던 루이스가 영국 전설과 고대 문학을 주제로 대화를 나눈 것 이 계기가 돼 맥주를 마시는 문학 서클로 발전했다. 이곳에서는 문학을 놓고 토론하는 것에서 그치지 않고 톨킨의 첫 작품인 『호빗』과 『반지의 제왕』, 루이스의 『침묵의 행성 밖으로』 등 시대를 대표하는 소설의 초고 가 처음 낭독된 것으로 유명하다. 대부분이 영국 문학을 전공했던 이들 은 켈트족과 앵글로색슨족의 전설과 신화에 대해 토론하면서 서로 영향 을 끼쳤고 결국에는 위대한 대작들이 이곳을 통해 잉태됐다.

고풍스런 케임브리지대학의 한 건물에서 불과 20미터도 채 떨어지지 않은 곳에 흑맥주가 맛있는 펍이 하나 있다. 1953년 2월 21일 한 청년 이 펍으로 뛰어들며 "우리가 생명의 신비를 풀었다"고 소리쳤던 역사적 인 장소다. 그 주인공이 바로 DNA 구조를 발견한 미국 인디애나 출신의 제임스 왓슨(당시 25세)이다. 그 옆에는 왓슨의 연구 파트너였던 프랜시 스 크릭(당시 37세)이 웃으며 서 있었다. 이곳이 케임브리지의 '이글 펍The Eagle Pub'이다. 두 사람은 가끔 이글 펍을 찾아 유전물질을 다음 세대에

전하는 세포가 어떤 모습일까 토론했고 왓슨은 어느 날 기네스 맥주의 거품이 아래로 쏟아지는 것에서 영감을 얻어 DNA가 이중나선형 구조라는 것을 발견했다고 전해진다. 왓슨과 크릭은 생명의 신비를 풀 열쇠인 DNA 이중나선 구조를 발견한 공로로 1962년 노벨 생리의학상을 수상했다. 왓슨과 크릭이 앉았던 자리에는 노벨상을 수상하는 사진과 이곳에서 DNA 구조를 발견했다는 액자가 붙어 있다.

이글 펍 인근에 있는 고색창연한 건물이 바로 케임브리지대학이 자랑하는 캐번디시 연구소Cavendish Laboratory다. 캐번디시 연구소는 무려 28명의 노벨상 수상자를 배출했다. 그들 대부분은 제임스 왓슨과 프랜시스 크릭처럼 이글 펍의 단골손님으로 흑맥주를 마시며 과학에 대한 영감을 얻었다고 한다.

영국 펍이 주로 서서 간단히 맥주를 마시며 대화를 나누는 곳이라면 독일의 맥줏집은 맥주와 요리를 함께 즐기는 음식점의 형태로 발전했다. 맥주의 본고장인 뮌헨의 경우 시내 한복판에는 맥주만 파는 곳도 있지만, 대부분의 맥줏집에서는 돼지 뒷다리 요리인 슈바이네학센Schweine-haxen, 돼지 갈비인 슈바이네리펜Schweinerippen, 소시지와 감자튀김 등의 음식을 긴 테이블과 의자가 갖춰진 야외 식당에서 즐길 수 있다.

1812년 바이에른 주정부가 지하에 맥주 저장고를 갖춘 업체에 한해 맥주를 공급한다는 조건으로 음식 판매를 허가한 것이 비어가르텐의 시작이다. 울창한 나무 그늘 아래에서 음식을 주문해 먹을 수 있는 바이에른의 전통적인 맥주 음식점이 탄생했고, 그 전통이 지금까지 이어지고 있다.

뮌헨 도심 북부에 있는 슈바빙 지역에는 19세기 이후 수많은 맥줏집이 들어섰다. 한 집 건너 하나 꼴로 밀집해 있다. 뮌헨대학 바로 뒤편에는 1872년 문을 연 '셸링 살롱'이라는 맥줏집이 있다. 보기에도 고풍스러운 이 집에 들어서면 나무로 된 벽면과 높은 천장, 대리석 바닥이 눈에 띈다. 벽면에는 다녀간 사람들이 자신들의 이름과 낙서를 남겼는데 극작가 브레히트를 비롯해 소설가 만, 뵐, 시인 릴케 등 다양한 문인의 흔적을 찾을 수 있다. 칸딘스키와 뮌터 같은 예술가와 문인들은 이곳 슈바빙의 맥줏집을 중심으로 활동했으며 저녁이면 술집을 찾아 밤새워 토론했다고 한다.

뮌헨 중심에 있는 '호프브로이하우스'는 아돌프 히틀러가 1919년부터 나치당을 만들기 위해 연설했던 곳으로 유명하다. 맥줏집을 집회 장소로 이용한 히틀러는 연설 말미에 맥주를 단숨에 들이켠 뒤 맥주잔을 바닥에 내동댕이쳐 깨뜨리는 쇼맨십을 발휘하며 독일 사람들을 선동했다. 러시아 혁명의 주역인 블라디미르 레닌도 호프브로이하우스의 단골이었다. 그는 3년 동안 시베리아 유형생활을 한 뒤 뮌헨으로 망명했는데 이곳을 찾을 때마다 "이 집 맥주 맛이 최고"라고 극찬했다고 한다. 소련의 개방을 이끈 미하일 고르바초프도 뮌헨에 오면 꼭 들렀던 곳이 이 집이다.

나는 독일 통일 문제를 공부하기 위해 뮌헨대학 정치학과 Geschwister Scholl Institut의 방문연구원 자격으로 1996년부터 2년간 뮌헨에 머물렀다. 그리스·로마의 정치철학과 어려운 학술 용어가 난무하는 강의실에 앉아 진땀을 흘렸다. 강의가 없는 시간이면 도서관에서 책을 읽으며 시간을 보내곤 했는데 오후 5시가 되면 어김없이 찾아오는 이들이 있었다. 정치학이나 법학을 공부하는 유학생들과 철학과 신학을 공부하기 위해 유학 온 신부·수녀님들이었다. 나를 발견한 그들의 첫마디는 으레 "날이

영국 공원의 낮과 밤

비어가르텐의 마이바움

좋은데 계속 책을 읽을 겁니까?"였는데 이 말은 곧 '맥주를 마시자'는 제안이었다. 의기투합한 우리는 가방을 싸들고 도서관에서 멀지 않은 비어가르텐으로 자리를 옮기곤 했다.

도서관 바로 옆에 뮌헨에서 가장 큰 영국 공원Englischer Garten이 있었고, 그곳 중국 탑 아래 수백 명이 앉을 수 있는 큰 비어가르텐이 있었다. 노을이 하늘을 붉게 물들인 뒤 서서히 어둠이 내리면 비어가르텐 주변의 가로등이 하나둘 노란 불빛을 밝혔다. 거기서 마시는 맥주 맛은 얼마나 일품이었는지 모른다. 파울라너 필스비어와 하커 프쇼르 흑맥주, 에르딩거 바이스비어를 한 잔씩 마시고 집으로 돌아오는 길, 어둠 속에서 브라스밴드의 연주가 은은히 들렸다. 마로니에 나무에 핀 꽃들도 등불을 달아놓은 것처럼 아름다웠다. 맥주 한 잔의 가격이 보통 3마르크, 우리 돈으로 2000원 정도였으니 요리를 곁들여 먹더라도 서너 명이 5만원이면 배불리 먹었던 행복한 시절이었다.

독일의 비어가르텐을 찾는 사람들은 대부분 가족 단위의 지역 주민들이다. 영국에서는 손님이 카운터나 바에 직접 가서 주문하고 계산하는데Cash on Delivery, 독일에서는 종업원들이 주문을 받고 맥주를 배달해준다. 술집이 붐빌 경우 주문하거나 계산할 때 시간이 걸리기 때문에 대개 여러 잔을 한꺼번에 주문하곤 한다. 단골인 경우 예약석을 뜻하는 스탐티슈Stammtisch, 즉 손님용 식탁이 지정돼 있다. 비어가르텐에서는 소소한 일상의 이야기부터 정치에 이르기까지 다양한 주제의 이야기꽃이 핀다.

비어가르텐은 도심 한복판에 있는 곳을 제외하면 겨울에는 문을 닫는다. 대부분 봄부터 10월까지만 운영한다. 건물에 딸린 마당이나 넓은 정원이 있을 경우, 비어가르텐 입구나 마당 한가운데에 마이바움Maibaum

이라는 큰 나무 기둥이 세워져 있다. 원래는 5월 1일 봄이 온 것을 축하하기 위해 독일 남부와 오스트리아 지방에서 바이에른의 깃발인 흰색과 파란색 띠를 두른 기둥을 세운 전통이 이제는 비어가르텐을 알리는 중요한 상징으로 자리 잡았다.

인도로 떠난 맥주, 미국에서 부활하다
IPA와 APA

맥주 첫 모금보다 더 맛있는 건 이 세상에 없다.
_ 존 스타인벡(1902~1968. 미국 작가)

19세기 인도에는 거대한 식민지에서 한몫 잡으려는 영국인들이 몰려들었다. 식민지 수탈의 일선에 섰던 관료, 군인, 경찰은 물론이고 황금시장을 노리고 상륙한 상인, 면화와 차를 재배해 수출하려는 플랜테이션 농장주, 본국을 오가며 몇 달씩 배에 갇혀 지내는 선원들로 북적거렸다. 이들은 심한 갈증에 시달렸다. 바로 조상 대대로 내려온 영혼을 적셔줄 '에일'에 대한 강한 목마름이었다. 그들에게 에일 맥주는 그리운 고국의 맛이었다. 하지만 30도가 넘는 더운 나라 인도에서는 발효가 어려워 맥주 양조가 불가능했다. 그렇다고 영국에서 맥주를 들여올 수도 없었다. 영국에서 인도까지 가려면 대서양을 통해 아프리카 남단까지 내려갔다가 인도양을 통해 다시 북쪽으로 들어가야 했다. 적도를 두 번이나 건너는 4개월에 걸친 항해 동안 맥주는 모두 상하고 말았다.

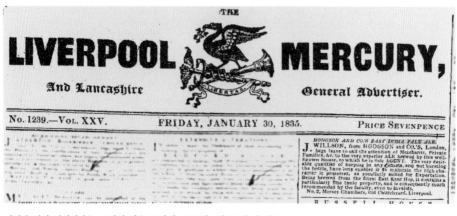

인디아 페일 에일이라는 표현이 처음 등장한 1835년 1월 30일 자 신문

1709년 처음으로 런던에 등장한 엷은 색깔의 맥주(페일 에일Pale Ale)가 인도로 수출됐지만 상해서 판매가 불가능했다는 소식이 들려왔다. 런던의 양조업자 조지 호지슨George Hodgson은 바로 여기에 착안했다. 알코올 농도를 높이고 방부 효과가 있는 홉을 듬뿍 넣은 인도 맞춤형 맥주인 '인디아 페일 에일India Pale Ale, IPA'을 만들어 수출하기 시작했다. 페일, 곧 옅은 색이라는 말을 추가한 것은 당시 유행했던 짙은 색 포터 맥주와의 차별성을 강조하기 위해서였다. 도수가 높고 홉이 많이 들어간 인디아 페일 에일은 쓰고 강렬한 맛을 냈으며 길고 무더운 뱃길에서도 부패하지 않았다.

1839년 아일랜드 앞바다에서 선박 침몰 사고가 났다. IPA를 싣고 인도로 출항하던 배였다. 배는 부서졌지만 다행히 오크통에 실렸던 IPA는 무사히 인양되어 경매를 통해 영국 시장에서 판매됐다. 수출용 IPA를 맛본 영국 사람들은 그 강렬한 쓴맛에 단번에 매혹되었다. 해상 사고를

맥주를 싣고 인도로
향한 동인도회사의
뱃길

계기로 영국 본토에서도 식민지용 쓴 맥주인 IPA가 선풍적인 인기를 끌기 시작했다.

IPA를 소개하는 글에는 대개 이런 전설 내지 일화가 빠짐없이 등장한다. 특히 IPA가 더운 나라 인도로 수출하기 위해 개발된 맥주라는 주장은 거의 정설로 굳어진 듯하다. 하지만 역사적인 사실과는 다소 다른 점이 있다. 영국이 인도까지 맥주를 실어 보낸 건 맞다. 인도는 너무 무더워 맥주를 양조할 수 없었기 때문이다. 냉장 기술이 없던 때라 인도에서 일했던 영국인들은 본토에서 수송된 맥주를 기다려야 했다. 여기까지만 사실이다.

IPA는 인도로 보내진 최초의 페일 에일도 아니었고 처음부터 인기를 모았던 것도 아니었다. IPA 이전에 사이더, 포터, 스콜 비어 등 다른 술들이 선박 편으로 인도로 수출되었다는 기록이 있다. IPA 발명가로 알려진 호지슨이 한 일은 단지 최초로 상표를 붙인 페일 에일을 인도로 수출했다는 것뿐이다. 상표명은 '호지슨스 옥토버 비어Hodgson's October

Beer'였다. 호지슨의 옥토버 비어는 실제로 인도에서 인기가 높았다. 별도의 상표를 붙인 맥주라는 점에서 호기심을 자극했거니와 무엇보다 맛이 좋았다. 여기에도 호지슨의 양조 기술보다는 우연이 더 크게 작용했다. 적도를 두 번이나 넘으며 극심한 온도 변화를 겪는 동안 호지슨의 맥주는 오크통의 풍미를 흡수해 단기간에 숙성되면서 맛이 더 깊어진 것이다. 같은 배에 실렸던 다른 스타일의 맥주에는 이런 마법이 작용하지 않았지만 이상하게도 호지슨의 맥주만 아주 맛있게 변했다고 한다.

선박 침몰 사고를 계기로 영국인들이 처음으로 IPA를 맛보고 반했다는 것도 근거 없는 이야기다. 1839년 IPA를 싣고 리버풀에서 출항한 배가 침몰한 건 역사적 사실이지만, 인도 시장을 겨냥해 만든 페일 에일은 그보다 훨씬 전인 1822년부터 런던에서 판매되고 있었다.

엷은 색깔을 띤 페일 에일은 17세기에 등장했다. 당시 영국 사람들이 많이 마셨던 포터porter 맥주는 나무와 지푸라기로 맥주보리를 볶아 만들었다. 연기가 많이 나고 온도 조절이 쉽지 않아 까맣게 타기 일쑤여서 자연히 맥주 색깔이 짙었다. 태울 정도로 볶기 때문에 당이 익어버려 맥주 맛도 지금과는 많이 달랐다. 미처 발효되지 못하고 남은 당의 단맛이 맥주에 남아 있었다. 한마디로 포터는 색이 짙고 달달한 맥주였다.

17세기 들어 석탄에서 나오는 코크스로 보리를 볶는 방식이 개발되면서 페일 에일이 탄생했다. 코크스로 볶은 보리로 만든 맥주는 포터 맥주에 비해 훨씬 색이 밝았다. 그래서 이름도 색이 옅다는 뜻의 페일 에일이 되었다. 비슷한 시기에 맥주에 홉을 첨가해 쓴맛을 내는 방식도 유럽 대륙에서 영국으로 들어왔다. 밝은 색깔의 페일 에일에 홉을 넣어봤더니 포터와는 전혀 다른 새로운 차원의 맛을 냈다. 그래서 맛이 쓰다는 뜻의

'비터 에일Bitter Ale'이라는 별명도 붙었다.

페일 에일의 명가는 버밍엄 근처 작은 마을인 버턴 어폰 트렌트에 있는 배스 양조장Bass Brewery이었다. 석회암층에 바다가 융기한 때문인지 배스 양조장에서 만든 맥주에는 소금기가 녹아 있었다. 소금에 있는 황산염과 칼슘, 마그네슘이 홉의 쌉싸름한 맛을 더욱 강하게 만들었는데, 이것이 새로운 맛과 색깔을 가진 페일 에일의 탄생 계기가 됐다.

호지슨의 옥토버 비어가 비싼 가격으로 인도 맥주 시장에서 거래되자 윌리엄 배스William Bass에 의해 1777년 건립된 배스 양조장에서도 본격 수출에 나서며 경쟁을 벌였다. 승자는 배스 양조장이었다. 이후 배스에서 만든 맛이 쓰고 향이 진한 페일 에일이 호지슨의 맥주를 누르고 인디아 페일 에일IPA로 정착하게 되었고 배스 양조장은 붉은색 삼각형 로고를 가진 영국에서 가장 큰 에일 맥주 회사로 성장했다.

IPA의 전성기는 1800년대 중반이었다. 영국에서 금주 운동이 일어나고 루이 파스퇴르의 양조 과학이 도입되는 등 양조 기술이 전반적으로 발달하면서 IPA는 조금씩 밀려났다. 그 와중에 세금 폭탄까지 떨어졌다. 1880년 글래드스턴 총리가 맥아의 무게가 아닌 알코올 도수에 따라 세금을 부과하자 도수가 높은 IPA는 내리막길을 걸었다.

하지만 페일 에일과 IPA는 최근 들어 세계적인 수제 맥주

페일 에일을 대표하는 영국 배스사의 맥주

열풍과 함께 화려하게 부활했다. 현지 재료로 독특한 개성을 살린 맥주를 선보이는 양조장들이 늘면서 맥주의 향을 강조하는 에일이 수제 맥주의 중심으로 떠올랐다.

특히 미국 양조사들의 적극적인 노력으로 아메리칸 페일 에일American Pale Ale, APA이 인기를 끌고 있다. 도수를 높이고 홉의 쓴맛과 향기가 더 많이 느껴지도록 만든 것이 APA의 특징이다. 이렇게 홉의 개성을 강조한 맛을 '호피하다Hoppy'라고 표현한다. 홉의 쓴맛을 더 강조하고 알코올 도수를 8~10도로 만든 에일을 DIPA(Double IPA), 알코올 도수를 10~12도로 높이고 쓴맛을 페일 에일의 세 배나 강화한 맥주를 TIPA(Tripple IPA)라고 부른다. APA 바람은 캐나다와 호주를 통해 전 세계로 확산돼 2010년 이후 우리나라에서도 소규모 양조장Micro Brewery에서 생산하는 중요한 품목이 되었다.

발효 방식으로 만들어지는 라거와는 달리 에일은 상면 발효 맥주다. 상면 발효 맥주는 효모가 발효하면서 거품과 함께 위로 떠오르는 성질을 이용한 것으로, 라거보다 짧은 시간에 발효되고 높은 온도에서 숙성된다. 라거와 비교하면 맥주 특유의 씁쓸하고 무거운 맛이 도드라진다. 영국식 페일 에일의 대표적인 맥주가 배스 페일 에일인데 칼슘과 황화염, 마그네슘 등 미네랄이 풍부한 경수를 사용해 호박색의 진한 색깔을 띤다. 상표에 그려진 삼각형 레드 트라이앵글은 영국의 맥주 상표 1호로 등록돼 영국 왕실뿐 아니라 침몰한 타이태닉호에도 납품되었다. 미국을 대표하는 APA 맥주는 샌프란시스코 북쪽 나파밸리Napavalley에 있는 라구니타스 양조장Lagunitas Brewery에서 생산하는 라구니타스 IPA이며 씁쓸하고 향긋한 홉의 특성을 강조했을 뿐 아니라 은은한 송진 향의 상쾌한 맛이 특징이다.

영국의 인도 식민지 벵골에서 태어나 5년 동안 인도와 미얀마에서 경찰 생활을 한 조지 오웰George Orwell(1903~1950)은 누구보다 IPA를 사랑했던 작가다. 그가 쓴 소설『동물농장』과 자전적 에세이『나는 왜 쓰는가』에는 맥주가 자주 등장한다.『동물농장』에서는 독재자 스탈린으로 풍자된 돼지 나폴레옹이 동물들과 맥주를 마시며 인간처럼 행세한다. 맥주와 관련된 대표적인 에세이「물속의 달The Moon under Water」에서 그는 완벽한 맥줏집의 열 가지 요소를 다음과 같이 꼽았다.

1. 펍의 테이블과 벽, 천장 등은 모두 19세기의 빅토리아 양식이어야 한다.
2. 1층에는 일반 바와 살롱 바, 여성용 바, 병맥주 코너가 있고 2층에는 식당이 있어야 한다.
3. 라디오나 피아노가 없어서 조용하게 대화 나누기 좋아야 한다.
4. 여성 바텐더는 손님들의 이름을 알고 손님에게 관심을 보여야 한다.
5. 담배와 아스피린, 우표를 판매하며 전화를 무료로 쓸 수 있어야 한다.
6. 간으로 만든 소시지 샌드위치와 홍합, 치즈, 피클 절임 및 향신료인 캐러웨이 씨가 박힌 비스킷을 사먹을 수 있어야 한다.
7. 2층 식당에서는 점심으로 쇠고기 구이와 채소, 잼을 바른 롤빵 등을 사먹을 수 있어야 한다.
8. 점심에는 흑생맥주가 딸려 나와야 한다.
9. 분홍빛 도자기 머그에 맥주를 따라야 한다.
10. 아이들이 뛰놀 수 있는 그네와 미끄럼틀을 갖춘 안뜰이 있어야 한다.

황제가 사랑한 맥주
필스너 우르켈

'가장 좋아하는 맥주가 무엇이냐?'는 질문을 가끔 받는다. 나는 망설임 없이 체코의 '필스너 우르켈Pilsner Urquell'(체코어로는 플젠스키 프라즈드로이Plzeňský Prazdroj)을 꼽는다. 맥주는 처음 마실 때의 맛과 향보다 마신 뒤 혀와 목젖, 코에 남는 여운이 중요하다. 다양한 맥주를 마셔봤지만 필스너 우르켈만큼 보리의 고소함과 홉의 쓴맛이 어우러져 강한 여운을 남기는 맥주는 없었다. 전쟁의 참화와 인생의 역경을 경험한 작가에게서 대하소설 같은 대작이 나오듯, 방금 따서 압착한 쓰디쓴 홉의 강한 뒷맛이 맥주의 풍미를 돋운다.

필스너 우르켈은 체코 서부에 있는 플젠Plzen 양조장에서 1842년 처음 제조됐다. 과거 프로이센의 영토였던 플젠은 독일어로 필젠Pilsen이라 불렸다. 필젠에서 제조된 라거 맥주란 뜻에서 필스너비어란 이름을 얻었

플젠에 있는 필스너 우르켈 공장

필스너 우르켈 공장 정문

다. 필스너 우르켈은 말 그대로 필스너비어의 원조Urquell(영어로 Original)
란 뜻이다.

이전까지의 맥주가 모두 상면 발효 방식의 진하고 무거운 에일 맥주였
다면 담백하면서도 가벼운 라거 맥주로 세상에 첫 선을 보인 것이 필스
너 우르켈이다. 독일 남부에서 유행하는 밀 맥주인 바이첸비어Weizenbier
혹은 바이스비어Weissbier, 밤베르크에서 먹는 라우흐비어Rauchbier, 에일
등은 효모를 거르지 않아 뿌옇게 보이는 반면 필스너비어는 단시간에
가열하거나 냉동시켜서 효모를 모두 죽인 뒤 걸러내기 때문에 투명하고
맑은 황금색을 띤다.

이 기법은 '파스퇴르 우유'로 우리에게 친숙한 루이 파스퇴르의 연구
에서 나왔다. 저온 살균법과 광견병 및 콜레라의 백신을 발명한 파
스퇴르는 프로이센과 프랑스의 보불 전쟁(1870~1871)에서 승리한
프로이센이 프랑스의 알자스로렌 지방을 점령하자 복수를 다짐
하며 독일 맥주를 뛰어넘기 위해 양조 기술을 연구했다고 한다.
파스퇴르는 프랑스 맥주를 맛있게 만들기 위해 프랑스 중부 샤
말리에르에 있는 퀸Kuehn 양조장에서 효모를 배양하는 방법을,
영국 런던에 있는 횟브레드Whitbread 양조장에서 효모의 열처
리 기법을 개발했다. 파스퇴르의 연구로 맥주의 변질을 막고
오랫동안 보관할 수 있는 획기적인 방법이 나온 덕분에 맥주
는 좁은 지역 간 유통을 벗어나 국가 간 교역품으로 발전하
게 되었다.

필스너 우르켈

나는 1997년 처음 플젠에 가보았다. 독일 뮌헨을 출발한 자동차가 바이에른 제2의 공업도시 뉘른베르크를 지나 체코 국경에 접어들자 1970년대의 흑백사진처럼 버려진 공장과 갈라지고 빛바랜 농가들이 하나둘 나타나기 시작했다. 보수하지 않은 지방 도로는 요철처럼 여기저기 움푹 파였고 체코의 국민차인 낡은 '스코다Skoda'가 매연을 내뿜으며 도로를 달리고 있었다. 하얀색 보자기를 뒤집어쓴 여인들은 표정이 없었다. 체코는 소련 지배를 받다 소련의 구체제가 붕괴하면서 자유를 되찾았다. 바츨라프 하벨 대통령의 신생 체코 공화국이 아직 군건한 방향을 잡지 못하고 있을 때였다. 체코로 떠나기 전 독일인 친구는 체코의 치안이 불안하기 때문에 독일제 자동차를 세워두면 바퀴를 빼간다고 잔뜩 겁을 주었다.

지방 도로가 끝나고 플젠 시내로 접어들자 스산한 시골 풍경이 사라지고 도시의 활기가 느껴졌다. 플젠 구시가지 중심에 있는 레퍼블리카 광장은 마치 동화 속 마을 같았다. 17세기 바로크와 18세기 로코코 양식이 혼합된 아름다운 집들이 광장을 둘러싸고 있었다. 1층은 모두 식당이나 맥줏집이었다. 거짓말처럼 플젠 사람들의 손에는 모두 필스너 우르켈이 들려 있었다. 옆자리에 앉은 중년 부부에게 "우르켈도 맛있지만 독일 맥주는 왜 없느냐?"고 물었더니 정색을 하며 "우르켈을 독일 맥주와 비교할 수 없다. 우르켈은 황제가 마시던 최고의 맥주다"라고 했다. 우리가 방문한 1997년은 체코가 독립한 지 4년째에 접어드는 시기여서 필스너 우르켈이 독일에 알려지지 않았을 뿐 아니라 공장 투어는 생각도 할 수 없던 때였다. 플젠을 거쳐 프라하를 여행하는 동안 나는 내내 필스너 우르켈을 마셨고 그 맛에 반해버렸다. 우르켈의 쓴맛에 중독됐다는 표현이 맞을 것이다.

필스너 우르켈의 기원은 중세 유럽을 통일한 신성 로마 제국의 황제 카롤루스 대제에게로 거슬러 올라간다. 병사들의 사기 진작을 위해 전쟁터에도 오크 맥주통을 들고 다니게 했던 카롤루스 대제는 유럽 곳곳에 수도원을 세운 뒤 이 중 30곳에 맥주 양조 시설을 설치하도록 지시했다. 그 전통이 1140년 프라하에 세워진 스트라호프Strahov 수도원의 양조장으로 전해졌다고 한다.

카롤루스 대제를 계승한 카롤루스 4세가 1347년 신성 로마 제국의 황제로 즉위하면서 보헤미아의 왕을 겸하게 되었다. 그는 흑사병이 확산되지 않은 프라하를 제국의 수도로 정한 뒤 신시가지 노베메스토Nové Město와 자신의 이름을 딴 카렐대학을 설립했다. 그는 또한 엄청난 맥주광이어서 스트라호프 수도원의 양조장을 적극 지원했다. 1842년 독일 바이에른 출신의 양조기술자 요제프 그롤Josef Groll을 초빙해 출시한 맥주가 바로 필스너 우르켈이다.

체코에서는 전국을 네 지역으로 나눠 플젠과 프라하, 체스케부데요비체, 모라비아에서 맥주를 생산하고 있다. 이 중 플젠의 필스너 우르켈과 프라하의 스타로프라멘, 체스케부데요비체의 부드바이저는 세계적인 브랜드로 발전했고 코젤Kozel도 흑맥주 열풍을 일으키고 있다. 미국을 대표하는 맥주 버드와이저는 체스케부데요비체의 독일식 지명인 부트바이스Budweis에서 유래한 것으로 '부트바이스에서 온From Budweis'이라는 뜻이다.

2014년 두 번째로 플젠을 찾았다. 17년 사이 체코인의 자존심 필스너 우르켈은 세계 10대 맥주가 됐고 우리나라에도 많은 마니아층을 만들었

컨베이어 시스템을 통해 자동으로 움직이는 플젠의 필스너 우르켈 공장

다. 동네 편의점에서 가장 많이 팔리는 맥주가 필스너 우르켈이다.

두 번째 플젠 여행의 목표는 필스너 우르켈 공장을 견학하면서 우르켈의 참맛을 즐기는 것으로 정했다. '맥주는 공장 굴뚝이 보이는 곳에서 마시라'는 격언에 따라 필스너 우르켈 공장 건너편에 있는 안젤로 호텔에 여장을 풀었다. 우르켈 공장과 공장에서 운영하는 지하 직영 맥줏집에서 불과 100미터 거리였다. 낮에는 102미터의 첨탑을 자랑하는 성 바르톨로메오 성당과 르네상스 양식의 시청사, 보헤미아 미술관 등 플젠의 명소를 둘러본 뒤 오후에는 어김없이 맥주 공장과 직영 맥줏집으로 향했다.

필스너 우르켈 공장 입구에는 두 개의 아치로 된 고대 로마의 개선문 모양의 문이 있는데 공장 설립 50년을 기념해 1892년에 세워진 것이라고 한다. 맥주 공장 투어는 하루 네 차례 버스를 타고 들어가 공장과 지하 양조장을 견학하는 방식이었다. 공장 건물들은 밖에서 보면 빨간 지붕과 첨탑으로 이루어진 유럽 중세 대학이나 연구소 같았다. 우르켈의 역사와 생산 과정을 대형 스크린에 재현한 여행자 센터를 거쳐 맥주잔 모양의 버스 손잡이에 매달려 우르켈 병맥주와 캔맥주를 생산하는 공장에 도착했다. 비행기 격납고 같은 대형 건물이었다.

병을 씻고 라벨을 붙이고 맥주를 주입하고 포장하는 일련의 과정이 엄청난 규모의 컨베이어 시스템으로 연결돼 있었다. 수만 제곱미터 공장 안에 보이는 것은 맥주를 저장한 대형 탱크들과 자동화된 기계뿐이고 일하는 사람들은 채 50명이 넘지 않을 것 같았다. 맥주 생산량은 한 시간에 10만 병. 세계인이 얼마나 우르켈을 많이 마시는지 짐작할 수 있다. 공장 견학을 마치고 150년도 더 된 지하 저장고로 내려갔다. 미로 같은 좁은 통로를 통해 도착한 곳은 옛날 방식으로 맥주를 발효·숙성시키는 창고였는데 2미터가 넘는 오크통들이 나란히 세워져 있었다. 저장된 통에서 효모를 여과하지 않은 맥주를 따라 즉석에서 시음할 수 있었다. 인생에서 맛볼 수 있는 가장 쓴맛과 고소한 맛이 어우러진 맥주를 이곳에서 즐길 수 있다. 중세의 오크통 속에서 숙성된 맥주는 수백 년 전의 맥주 맛을 여과 없이 선사한다.

13세기에 만들었다는 지하 저장고는 플젠에 있는 많은 맥줏집과 좁은 터널을 통해 연결돼 있어 길이가 총 20킬로미터에 달한다. 플젠 아래 또 하나의 거대한 지하도시가 존재하는 셈이다. 현재는 750미터만 개방하는데 매년 2만 명이 넘는 관광객이 지하 저장고를 견학한다. 한국인 관광객도 우리 가족을 포함해 세 팀이나 됐다. 평소 맥주를 좋아한다는 젊은 부부는 대견하게도 신혼여행지로 이곳을 골랐다고 했다. 우리 가족은 공장 투어를 마치고 지하에 있는 직영 맥줏집으로 향했다. 아치형의 천장과 투박한 테이블이 마치 중세 시대의 맥줏집처럼 느껴졌는데 갓 숙성된 맥주와 빵을 파내고 그 안을 채워 넣은 쇠고기와 야채로 끓여낸 헝가리 스튜 굴라시Goulash가 일품이었다. 처음에는 데면데면했던 직원도 우리가 사흘 내내 맥줏집으로 출격하자 "한국으로 돌아가지 않고 이곳에 살기로 했느냐?"고 농담을 건넬 정도로 친해졌다. 중세 시대의 굴 같은 맥줏집에서 코에 거품을 잔뜩 묻히고 마시던 필스너 우르켈의 깊은 맛과 빵과 조화를 이룬 담백한 굴라시가 가끔 생각난다.

1989년 평화적인 시위로 체코 공산당의 붕괴를 이끈 벨벳 혁명Sametová revoluce의 영웅 바츨라프 하벨 대통령도 필스너 우르켈을 사랑했다. 1993년 체코의 초대 대통령에 선출된 하벨은 유명한 맥주 마니아다. 10년의 재임 기간 동안 프라하에 있을 때뿐 아니라 외국을 방문할 때도 틈만 나면 맥줏집을 찾았다고 한다.

1968년 소련의 침공으로 체코가 독재정권의 지배를 받게 되자 하벨은 사회 부조리를 고발한 희곡을 쓰며 공산정권에 저항했다. 공산당의 감시로 더 이상 글을 쓸 수 없게 된 하벨은 폴란드 국경 지역에 있는 작은 도시 흐라데츠크랄로베로 이주했고, 집 근처에 있는 트루트노프 양조장에서 200킬로그램이 넘는 맥주통을 옮기는 노동자 생활을 했다. 공산당의 압력으로 더 이상 양조장 일마저 할 수 없게 되자 그는 양조장 경험을 바탕으로 「관객」이라는 단막극을 만들었다. 그 연극이 유명해지며 그는 반체제운동의 기수로 떠올랐다.

하벨은 소련의 개방정책으로 체코 민주화운동에 숨통이 트이자 프라하의 맥줏집에서 토론하면서 새로운 조국을 꿈꿨다고 한다. 대통령이 된 후, 체코 프라하 출신 미국 이민자인 매들린 올브라이트 미국 국무장관과 영국 출신 록그룹 롤링 스톤스를 프라하의 단골 맥줏집 '나 르바르네 Na Rybarne'로 초청했다. 빌 클린턴 전 미국 대통령이 체코를 방문했을 때에도 '황금 호랑이'란 뜻의 프라하의 유명 맥줏집 '우 즐라테호 티그라U Zlateho Tygra'에서 대접할 정도로 그는 맥주를 사랑했다. 그리고 그 모든 자리에는 필스너 우르켈이 빠지지 않았다. 하벨 대통령은 외국을 방문할 때는 체코 대통령이란 것을 숨기고 저녁마다 맥줏집으로 출동해 손님들과 어울리곤 했다. 맥주를 사랑하는 체코 공화국의 대통령답다.

실제로 체코 사람들은 전 세계에서 맥주를 가장 많이 마신다. 2014년 통계에 따르면 1인당 연간 맥주 소비량은 체코가 142.6리터로 가장 높고 이어 세이셸 114.6리터, 오스트리아 104.8리터, 독일 104.7리터, 아일랜드 97리터, 미국 75.8리터, 한국 45.8리터, 일본 42.6리터 순으로 나타났다. 체코인이 한국인에 비해 세 배 이상의 맥주를 마시는 셈이다.

19세기 후반 처음으로 유럽으로 수출되기 시작한 필스너 우르켈은 2002년 핀란드 헬싱키 맥주 축제에서 올해의 맥주로 선정될 만큼 세계인의 사랑을 받고 있다. 사브밀러SABMiller(남아프리카공화국의 사우스 아프리칸 브루어리스)가 소유했던 필스너 우르켈은 2016년 아사히 맥주에 인수돼 현재는 일본 회사가 됐다.

120초의 기적
기네스

더운 여름날 영국의 먼지투성이 길을 10마일만 걸어보라.
왜 맥주가 만들어졌는지 깨닫게 될 것이다.
_ 길버트 K. 체스터턴(1874~1936. 영국 작가)

기네스에는 황금 하프harp가 새겨져 있다. 아일랜드 국가 문양인 하프는 아일랜드의 유구한 역사와 예술가, 아름다운 전통을 상징한다. 기네스와 아일랜드 국가 문양 하프는 모양이 같지만 자세히 살펴보면 손잡이가 반대로 그려져 있다. 좌우를 뒤집은 모양이다. 기네스는 19세기 중반 아일랜드 정부로부터 국가 상징인 하프를 사용할 수 있다는 허가를 받은 뒤 1960년 최초의 병맥주인 아이리시 하프 라거Irish Harp Lager를 출시했다. 이때부터 황금 하프는 기네스를 상징하는 표지가 됐다.

기네스 맥주는 100파운드의 유산을 물려받은 아서 기네스Arthur Guinness(1725~1803)가 1752년 더블린 서쪽 15킬로미터 떨어진 작은 마을 레익슬립Leixlip에 에일 양조장을 세운 데서 유래했다. 당시 그의 나이 27세였다. 7년 뒤인 1759년 그는 버려져 있던 더블린 도심의 양조장을 9000년

기네스 맥주의 창시자 아서 기네스

동안 단돈 45파운드에 빌린다는 내용의 계약을 더블린 시청과 체결했다. 전설처럼 내려오는 기네스 역사의 시작이다.

맥주 양조에는 풍부한 물과 좋은 맥주보리를 공급할 수 있는 편리한 교통이 중요하다. 아서의 기네스 공장은 더블린을 동서로 흐르는 리피강에 인접해 최적 조건을 갖추고 있었다. 1799년 기네스 사는 런던 항구에서 일하는 부두 노동자들이 맥주를 즐겨 마신다는 사실에 착안해 포터 맥주를 출시했고, 이를 발판으로 비약적으로 발전했다. 그는 그때까지 주력 상품이었던 에일 맥주 생산을 중단하고 포터 맥주 생산에만 집중했다.

아버지의 뒤를 이어 1803년 경영을 맡은 벤저민 리 기네스Benjamin Lee Guinness, 즉 아서 기네스 2세는 사업을 확장하면서 큰 모험을 단행했다. 전통적인 맥주 제조법을 바꾼 것이다. 영국은 헨리 2세가 1171년 아일랜드를 정복한 이후 아일랜드에 세금을 엄격하게 부과했다. 맥주를 만드는 데 사용된 맥아에는 특히 무거운 양조세를 매겼다. 본국인 영국의 과중한 세금 부과에 반발한 기네스 2세는 싹을 틔운 보리 대신 양철판 위에 볶은 보리를 사용하면 세금을 내지 않아도 된다는 데 착안했다. 큰 드럼

기네스 드라우트

1877년의 리피강. 바지선을 이용해 맥주를 운송하는 모습

통을 옆으로 누인 뒤 맥주보리를 가득 채워 로스팅하는 기법을 개발했다. 이때부터 쓰고 탄 맛이 나는 흑맥주가 기네스를 대표하는 브랜드로 각광받기 시작했다.

기네스 사는 1858년 뉴질랜드에 맥주를 수출하는 것을 시작으로 아일랜드 최대 맥주 회사로 성장했다. 생산량이 가파르게 증가해 1885년 1851만 리터에 불과했던 것이 21년 만인 1906년에는 7배에 가까운 1억2378만 리터로 늘었다. 기네스 사는 밀려드는 수요에 행복한 비명을 지르며 곳곳에 대규모 양조장을 지었다. 19세기 말에는 유럽에서 가장 큰 맥주 회사가 됐으며 1924년에는 세계 최대의 맥주 회사로 성장했다. 현재 기네스 맥주는 전 세계 60개국 양조장에서 연간 8억5000만 리터를 생산한다. 150개국의 사람들이 매일 1000만 잔이 넘는 기네스를 마시고 있다.

유명한 '기네스북'이 탄생한 것은 1955년이다. 당시 기네스 사 사장이었던 휴 비버Hugh Beaver는 사냥을 나갔다가 세계에서 가장 빠른 사냥용 새가 무엇인지를 두고 사냥클럽 회원들과 논쟁이 붙었다. 그는 이 사건을 계기로 세계의 진기한 기록들을 정리한 책을 발간하겠다고 마음먹고 옥스퍼드대학을 졸업한 로스와 노리스 맥허터McWhirter 형제에게 책 출간을 맡겼다. 형제는 인간과 자연에 관한 진기한 기록들을 묶어서 '기네스북'이라는 이름으로 세상에 선보였다. 기네스북은 1975년 이후 매년 1억 부 이상 팔리는 세계적인 베스트셀러가 됐으며 기네스북 자체가 기네스북에 오르기도 했다.

기네스 맥주의 특징은 씁쓸하면서도 부드러운 맛이다. 로스팅한 보리의 은은한 아로마 향과 아이스크림처럼 진하고 부드러운 크림색 거품이 풍미를 더해준다. 이 두 가지가 합해져 '흑맥주' 하면 기네스를 가장 먼저 떠올리게 된다.

일반적인 캔맥주가 500밀리리터인 데 비해 기네스는 60밀리리터가 적은 440밀리리터다. 캔맥주 맛을 유지하기 위해 질소볼인 '플로팅 젯floating jet'을 안에 넣었기 때문이다. 볼이 움직일 때마다 10억 개의 미세한 거품이 만들어져 생맥주통에서 막 따른 것과 같은 신선함을 더한다. 기네스 사는 캔맥주의 신선함을 유지하기 위해 100억 원을 들여 플로팅 젯을 개발했다. 기네스 맥주를 따를 때에는 2분 동안 서서히 따라야 한다. 이를 '120초의 기적'이라고 부른다. 하느님의 은총이 하늘에서 내리듯, 짙은 크림색 거품이 서서히 아래로 가라앉으면서 반짝이는 검은색 맥주로 변하기 때문이다. 기네스는 1980년대 말 '좋은 것은 기다리는 사람에게 찾아온다'라는 광고 카피로 이 120초의 기적을 강조했다.

더블린 기네스 스토어 하우스에 마련된 기네스 초창기 담금 탱크

더블린 기네스 스토어 하우스 내부

아서 기네스가 세운 낡은 양조장 자리인 세인트 제임스 게이트St. James Gate에는 현재 8층 높이의 거대한 건물이 들어서 있다. 기네스 맥주의 역사와 생산과정을 재연한 전시장 '기네스 스토어 하우스'다. 기네스의 파인트 맥주잔을 형상화한 전시장에 가면 맥주의 4대 요소인 맥주보리와 홉, 물, 효모가 재배·생성되는 과정을 볼 수 있다. 2000여 개의 오크통과 맥아를 삶는 거대한 구리탱크Brewhouse에 250년 기네스 역사가 살아 숨쉰다. 이 건물의 백미는 맨 꼭대기 층에 있는 전망대와 식당이다. 20미터가 넘는 발효숙성탱크와 수만 평에 이르는 맥주 공장은 물론 멀리 더블린 시내까지 한눈에 들어온다. 그곳에 앉아 맥주를 한 잔 들이켜면 작은 양조장에서 시작된 기네스의 전설이 생생하게 되살아나며 새로운 감동을 준다.

영원한 라이벌
하이네켄과 칼스버그

종교는 변한다. 맥주와 와인은 그대로다.
_ 하비 앨런(1889~1949, 미국 작가·역사가)

'맥주 종주국'으로 자부심이 대단한 독일인들도 세계적인 맥주 브랜드 이야기가 나오면 씁쓸하게 입맛을 다신다. 독일 맥주는 대개 생산과 소비가 같은 지역 내에서 이루어지므로 세계적으로 알려진 브랜드가 많지 않다. 외국으로 대량 수출되는 독일 맥주는 북부 브레멘에 본사를 둔 벡스Beck's, 중부 쾰른 인근의 크롬바커Krombacher, 남부 뮌헨의 에르딩거Erdinger 정도다.

대신 유럽 맥주의 대표 선수는 네덜란드의 하이네켄Heineken과 덴마크의 칼스버그Carlsberg다. 2016년 기준으로 세계 맥주 시장 점유율에서 상위 5대 기업은 벨기에 국적으로 버드와이저와 우리나라 OB, 카스의 소유 회사인 앤하이저부시 인베브AB InBev(18퍼센트), 아사히 맥주에 의해 인수돼 필스너 우르켈을 생산하는 사브밀러(10퍼센트), 하이네켄(9퍼센

하이네켄   칼스버그

트), 칼스버그(5퍼센트)와 쉐화 맥주華潤 雪花啤酒(5퍼센트) 순이다.

하이네켄과 칼스버그는 전통적인 라이벌이면서 공통점도 많다. 첫째, 잡다한 향이 없고 산뜻한 맛을 내는 라거 맥주가 주력 생산품이다. 둘째, 두 기업은 부드러운 맥주를 생산해 남성뿐만 아니라 여성들도 끌어들여 맥주 소비층을 넓혔다. 셋째, 녹색 바탕 위에 빨간색의 별과 왕관으로 강조한 디자인이 주는 느낌이 유사하다. 끝으로 놀랍게도 두 곳 모두 20대 초반의 젊은이가 창업한 기업이다.

하이네켄의 창업자 헤라르트 아드리안 헤이네컨Gerard Adriaan Heineken(1841~1893)은 1863년 스물두 살 때 맥주 사업에 뛰어들었다. 부유한 집안 출신인 어머니가 사업 자금을 댔다고 한다. 당시 네덜란드 사람들이 흔히 마시던 술은 맥주가 아니라 40도가 넘는 독한 싸구려 진gin이었다. 급격한 산업혁명기에 고된 노동에 시달리던 사람들은 고통을 잊기 위해 그저 취하려고 진을 마셨다. 거리에 넘쳐나는 알코올 중독자들 때문에 정부가 나서야 할 정도로 문제가 심각했다. 헤라르트 헤이네컨은 여기에서 기회를 찾았다. 그는 독일에서 즐겨 마시는 맥주를 대량생산해 네덜란드의 레스토랑과 술집에 공급하려는 계획을 세웠다. 암스테르담의 오래된 양조장 '데 호이베르크De Hooiberg'를 인수한 뒤 새로운 설비를 도입하고, 취하는 것 자체가 목적이 아니라 유쾌하고 편안하게 즐기는 술을 만드는 것을 목표로 삼았다. 이렇게 해서 1869년 네덜란드 최초의 프리미엄 라거 맥주가 시장에 나왔다.

헤라르트가 만든 하이네컨 맥주는 당시 일반적이었던 상면 발효가 아닌 독일 바이에른의 하면 발효 방식을 채용했다. 깔끔하고 고급스러운 맛을 내세워 맥주의 품격을 높이는 데 주력해 취하기 위해 마시는 노동자의 술에서 맛과 향을 즐기는 신사의 술로 맥주의 지위를 격상시켰다. 하이네컨 맥주는 입소문을 타고 금세 유명해졌다. 주문량이 폭발적으로 증가하자 헤라르트는 1873년 로테르담에 대규모 양조장을 지었다. 하이네컨 제품에 새겨진 'est 1873'은 바로 이 시기를 뜻한다.

사업이 성공하기 위해서는 창업자보다 계승자가 중요하다. 똑똑한 자식들이 대를 이으면서 창업뿐 아니라 수성守成에도 성공했다. 헤라르트의 아들 헨리 피에르 헤이네컨Henry Pierre Heineken은 1914년 경영권을 이어받아 사세를 확장시켰다. 그는 맥주병 색깔을 과감하게 바꾸었다. 이전까지의 맥주병은 모두 갈색이었는데 이때 하이네컨이 처음으로 차별화된 녹색 병을 사용했다. 녹색 병에 트레이드마크인 빨간 별을 넣어 바로 눈에 띄고 기억에 남도록 만들었고, 이는 하이네컨이 세계적인 브랜드로 발전하는 계기가 되었다. 그 영향으로 유럽 맥주 회사들은 대부분 녹색 병을 사용하고 있다. 1933년 때마침 미국에서 금주령이 풀리자 하이네켄은 미국으로 날개 돋친 듯 팔려나갔다. 손자 알프레드 헨리 헤이네컨Alfred Henry Heineken은 전국 양조장에서 같은 공법으로 균일한 맛을 지닌 하이네켄을 생산하는 데 힘을 쏟았고, 네덜란드에서 가장 큰 경쟁사였던 암스텔Amstel을 인수하는 데 성공했다.

창업자 헤라르트 헤이네컨

현재 4대째까지 내려온 하이네켄은 헤라르트 시대에 찾아낸 효모 'A 이스트A-yeast'를 그대로 쓰고 있다. A 이스트는 파스퇴르의 제자인 미생물학자 하르토흐 엘리온Hartog Elion이 개발한 것으로, 하이네켄 특유의 쌉쌀하고 상쾌한 맛을 내는 비결이다. 지금도 하이네켄은 전 세계 양조장으로 A 이스트를 공수해 품질을 유지하고 있다.

또 하이네켄은 암스테르담의 양조장을 세계 최초로 맥주 박물관으로 개조해 방문객들이 체험할 수 있는 투어 서비스를 제공하고 있다. 이를 통해 하이네켄의 역사뿐 아니라 맥주가 단순히 마시는 술이 아닌 생활 속에 필요한 기호 식품이라는 점을 강조한다.

하이네켄은 중국을 중심으로 세계시장 확대에 힘쓰고 있지만 본국에서의 평가는 엇갈리는 모양이다. 2015년 암스테르담에 갔을 때의 일이다. 저녁을 먹으러 식당에 갔는데 마침 크리스마스 직전이라 빈자리가 없을 만큼 사람들로 붐볐다. 네덜란드에 갔으니 나는 당연히 하이네켄을 주문했다. 그런데 옆자리에 앉은 젊은이들이 웃으며 "하이네켄은 노인용 맥주"라는 것이 아닌가. 주위를 둘러보니 과연 할머니와 할아버지들만 하이네켄을 주문했지, 젊은이들은 흐롤스Grolsch나 암스텔을 즐기고 있었다. 그때 네덜란드의 젊은이들은 부드럽고 깔끔한 하이네켄 대신 쓴맛 나고 강한 맥주를 마신다는 것을 알았다.

칼스버그는 하이네켄보다 17년 앞서 탄생했다. 덴마크의 양조사 야코브 크리스티안 야콥센Jacob Christian Jacobsen(1811~1887)이 24세에 창업했다. 덴마크 왕 프레데리크 7세가 양조사들을 불러 덴마크를 대표할 '국가 브랜드 맥주'를 만들라고 지시한 것이 계기가 됐다. 1847년 야콥센은 다섯 살 된 아들의 이름인 카를Carl과 공장이 위치한 언덕Berg에서 이름을 딴 칼스버그 맥주를 만들어 왕실에 바쳤다. 이 맥주는 당시 유행했던 상면 발효가 아닌 독일식으로 하면 발효시킨 라거 맥주였다.

야코브는 양조사 출신답게 질 좋은 맥주를 만드는 데 주력했다. "최고의 맥주를 만들려면 당장의 이익을 좇아선 안 된다. 완벽에 가까운 제조과정 자체를 목적으로 삼아야 한다"고 강조했고, 그의 철학이 담긴 칼스버그는 1904년 덴마크 왕실의 공식 맥주로 선정됐다. 덴마크 왕실로부터 왕관 문양 사용을

칼스버그 창업자 J. C. 야콥센

허락받아 그때부터 물결치는 알파벳과 빨간색 왕관 문양을 로고로 쓰고 있다. 현재 칼스버그는 매출액 기준으로 덴마크의 모든 기업 중 5~6위를 차지한다.

야코브는 칼스버그 연구소를 설립하고 품질이 일정한 '순수 효모 배양법'을 실용화시켜 글로벌 그룹으로 도약하는 토대를 마련했다. 칼스버그 연구소는 맥주 역사에 길이 남을 중요한 기술을 개발했다. 맥주 생산과 운송 과정에서 발생하는 변질을 방지하는 획기적인 기술이었다. 돈을 벌려고 했다면 막대한 이익을 남길 수 있었지만 칼스버그는 이를 독점하지 않고 다른 맥주 회사들에 무상으로 제공했다. 칼스버그의 기술이 세계 맥주의 산업화와 대중화를 선도한 셈이다. 지금 우리가 마시는 맥주에는 칼스버그의 기술이 녹아 있다.

'칼스버그'라는 이름을 낳은 주인공인 아들 카를은 아버지와 끊임없이 충돌했다. 칼스버그의 신설 공장을 맡아 운영했던 그는 대량생산체제를 통해 급속한 도시화에 대응하려고 했다. 반면 아버지 야코브는 양보다 질을 중시해 연간 맥주 생산량을 제한했다. 갈등이 심해지자 아버지는 아들이 만든 맥주에 칼스버그라는 이름을 사용하지 말 것을 요구했다. 부자는 맥주 이름, 생산 방법, 생산량을 두고 사사건건 충돌해 돌이키기 힘들 정도로 사이가 틀어졌다. 이를 지켜본 칼스버그 연구소의 에밀 크리스티안 한센Emil Christian Hansen이 "이들 두 미치광이가 상대가 지은 이름을 가리려고 표지판 크기를 점점 더 크게 키웠다"고 말할 정도였다. 부자의 갈등은 법정으로까지 번졌지만 6년에 걸친 소송 끝에 1886년 화해해 칼스버그 브랜드를 단일하게 지킬 수 있었다.

야코브와 카를 부자는 예술품에 대한 사랑이 남달라 수집가로도 이름이 높았다. 야코브는 주로 그리스·로마 시대에 집중했고, 아들 카를은 고대건 근대건 시대를 가리지 않고 예술품을 열성적으로 사들였다. 카를은 유명 조각가인 에드바르 에릭센Edvard Eriksen에게 의뢰해 덴마크를 상징하는 안데르센 동화의 '인어공주 동상'을 만들기도 했다. 그가 개인 수집품을 모아 세운 곳이 코펜하겐의 칼스버그 글립토테크Glyptothek 미술관이다. 이곳은 해마다 40만 명이 찾는 덴마크의 명소가 되었고, 덕분에 코펜하겐은 예술 도시로 명성을 날리고 있다. 지금도 세계인들이 즐겨 마시는 칼스버그 맥주의 판매 수익금은 일정 부분 칼스버그 미술관을 운영하는 재단에 기부된다.

제국주의의 상처에 핀 꽃
칭다오

나는 민중의 힘을 굳게 믿는다.
진실이 주어지면 그들은 어떤 국가적 위기에도 대처할 수 있다.
핵심은 그들에게 진실과 맥주를 주는 것이다.
_ 에이브러햄 링컨(1809~1865. 전 미국 대통령)

19세기 말 제국주의 열강의 침략은 중국의 한적한 어촌 마을을 완전히 바꿔놓았다. 1897년 갑작스럽게 밀어닥친 독일 군대는 이빨 빠진 호랑이처럼 무력한 청나라를 윽박질러 이름도 복잡한 무슨 조약을 맺더니 마을에 사는 중국인들을 모조리 쫓아냈다. 독일은 풍광이 아름답고 기후가 온화한 이 마을을 유럽인 거주 지역으로 지정했다. 마을 사람들은 영문도 모른 채 눈물을 흘리며 정든 집에서 쫓겨났다. 얼마 뒤 이 마을 언덕에는 유럽식 별장들이 들어섰고 공원과 상점, 교회, 병원이 세워졌다. 작은 어촌 마을이었던 칭다오青島는 잘 정비된 시가지에 상수도와 발전, 항만 시설을 갖춘 번화한 도시로 변모했다.

중국인 노동자들은 독일인들의 가혹한 수탈에 시달리며 자신들은 살수 없는 아름다운 유럽 마을을 지어야 했다. 독일이 중국과 맺은 조약

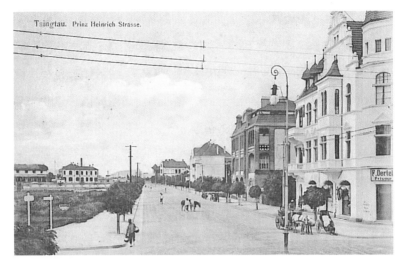

Tsingtau. Prinz Heinrich Strasse.

1910년의 칭다오 거리 풍경

은 99년간 자오저우만膠州灣을 빌린다는 내용의 조차 조약이었지만 실제로는 식민 지배나 다름없었다. 중국인들의 집회, 토지 거래 등은 엄격히 금지됐고 주민들의 일상생활까지 일일이 간섭해 야간 통행마저 금지했다. 중국인들이 말을 안 듣거나 수가 틀리면 함부로 욕하고 매질을 가했다.

독일이 중국에 진출한 것은 청일전쟁 직후로 영국, 프랑스, 러시아, 일본에 비하면 한발 늦었다. 비스마르크는 해외 식민지 건설에 소극적이었지만 이후 독일을 통치한 빌헬름 2세의 정책은 달랐다. 급속한 산업화로 인한 노동자계급과 자본가의 갈등 등 내부 위기를 돌파하기 위해서라도 해외로 눈길을 돌려야 했고, 식민지 건설이 다른 열강에 비해 뒤처졌다는 생각 때문에 마음이 급했다. 이때 그가 눈독을 들인 것이 산둥성 남부의 자오저우만이었다. 칭다오를 비롯한 자오저우만 일대는 당시 인구가 채 1만 명도 되지 않는 한적한 어촌이었다. 굳이 그곳을 침략할 만큼 경제적 가치가 크지도 않았다. 하지만 그때까지 다른 열강의 손길이 전혀 미치지 않았다는 점이 매력적으로 다가왔다. 빌헬름 2세는 자오저우만이라면 다른 열강들과 마찰 없이 중국에 거점을 확보할 수 있을 것으로 계산했다.

목표가 정해졌으니 필요한 것은 구실이었다. 마침 독일 순양함과 중국 현지인들의 충돌, 외세 침략에 반대하는 중국 비밀결사에 의한 독일인 선교사 피살 사건이 잇달아 발생했다. 독일은 기다렸다는 듯 '함포외교'를 실행에 옮겼고, 기습을 받은 무력한 청나라 군대는 저항도 못 해보고 백기를 들었다. 무혈 입성한 독일은 1898년 3월 중국과 '자오저우만 조차 조약'을 맺었다. 조차租借는 어떤 나라가 다른 나라의 땅을 일시적으로 빌린다는 것이지만 실제로는 식민 지배를 의미했다. 영국이 홍콩을 빼앗은 난징조약을 모방해 독일은 자오저우만을 99년간 조차한다는 것이었다. 이후 독일은 자오저우만을 발판으로 내륙에 철도를 개설하면서 산둥성 지역 대부분을 장악했다.

군대가 움직이면 돈도 따라 움직이는 법이다. 사실상 식민지가 된 독일 조차지 칭다오에는 독일 상인들이 몰려왔다. 칭다오에 정착한 독일 사람들이 가장 그리워한 것은 고향의 맥주였다. 외국에 나간 한국 사람들이 김치를 그리워하듯, 그들에게 맥주는 고향의 맛이었고 향수병을 달래주는 약이었다.

그때 한 독일 사람이 해안에 우뚝 솟은 라오산崂山산에서 나오는 깨끗한 광천수에 주목했다. 맥주를 빚기에 그만한 물이 없을 것 같았다. 그는 영국 상인과 합작해 1903년 '로망맥주칭다오주식회사'를 세우고 독일에서 생산 설비와 원재료를 들여왔다. 이 원조 칭다오 맥주는 생산을 시작한 지 3년 만에 독일 뮌헨 국제박람회에서 금상을 따내며 세계적인 명성을 얻었다. 칭다오 맥주는 독일의 제1차 세계대전의 패배로 일본으로 넘어갔다가 일본이 제2차 세계대전에서 패하면서 1949년 중국 공산당 정부에 의해 국영기업으로 바뀌어 지금의 칭다오맥주유한공사가 되었다.

'독일식 맥주'인 칭다오 맥주에는 식민지 시대의 슬픈 역사가 깃들어 있다. 하지만 독일의 설비와 기술로 만든 맥주는 곧 품질 좋은 맥주라는 뜻이고, 그것이 칭다오의 인기 비결이기도 하다.

역사의 아이러니가 짙게 스며 있는 칭다오 맥주는 이제 900만 칭다오 시민들의 자랑이자 도시를 대표하는 상징이 되었다. 옛날 칭다오 양조장은 현재 맥주 박물관으로 사용되고 있다. 입장권을 제시하면 두 종류의 맥주와 땅콩을 먹을 수 있다. 1903년 칭다오 맥주 설립 초기 때의 모습을 밀랍 인형으로 재현해놓았다. 초기 담금 탱크부터 라벨과 맥주병까지 칭다오 맥주의 역사를 한눈에 확인할 수 있는 박물관을 나오면 700미터가 넘는 칭다오 맥주 거리를 만날 수 있다. 50개가 넘는 맥줏집들이 일제히 칭다오 맥주의 상표가 새겨진 간판을 달고 있다. 해산물과 꼬치 등으로 맵게 만든 중국요리에 곁들여 마시는 칭다오 맥주는 별미다. 그런데 여름이면 이곳에서만 볼 수

칭다오 맥주

칭다오 맥주 박물관

있는 신기한 풍경이 있다. 칭다오 맥주를 비닐봉지에 담아 파는 '싼피散啤'다. 병맥주나 캔맥주에 익숙한 사람들에게 비닐봉지 맥주는 낯설기만 하다.

중국산이라면 품질부터 의심하는 한국 시장에서도 칭다오 맥주는 단연 인기다. '4캔 1만 원'이라는 구호를 내세워 대형마트와 편의점에서 팔고 있는 수입 맥주는 이미 맥주 전체 점유율의 50퍼센트를 넘어섰다. 이 중 칭다오 맥주는 아사히와 하이네켄, 호가든과 1위 자리를 놓고 치열한 경쟁을 펼치고 있다.

칭다오는 2017년 세계브랜드연구소가 발표한 '중국 500대 브랜드 가치'에서 14년 연속으로 맥주업계 1위를 차지했다. 150가지 맥주를 세계

70개국으로 수출하고 있으며 연간 생산량으로도 세계 6위다. 이런 브랜드 가치를 내세워 칭다오는 자국 시장에서도 고가 수입 맥주들처럼 '고급' '프리미엄'을 강조한다. 생산량에서는 쉐화 맥주에 밀리지만 높은 브랜드 이미지 덕분에 영업이익은 더 높다. 2013년 기준 중국 내 330밀리리터 캔맥주 가격은 쉐화 2.2위안(약 376원, 2018년 2월 환율 기준), 칭다오는 4위안(약 684원)이다.

쉐화 맥주는 칭다오와 여러모로 대비된다. 쉐화는 2016년 유로모니터 조사에서 시장 점유율 5.5퍼센트로 세계 1위를 차지한 브랜드다. 한 해 반짝한 것이 아니라 9년 연속 1위에 올랐고, 10년간 매출 증가율이 573퍼센트에 달했다. 중국은 2012년부터 미국을 제치고 세계 1위 맥주 소비국이 되었는데, 가장 맥주를 많이 마시는 나라 중국에서 가장 많이 팔리는 쉐화 맥주의 하루 판매량은 올림픽 수영장 12개를 가득 채운다고 한다.

칭다오와는 달리 쉐화는 내수시장을 중심으로 성장한 브랜드다. 1995년 설립돼 100개 가까운 양조장을 갖고 있으며 중국 시장 점유율은 20~25퍼센트다. 쉐화의 성장 비결은 박리다매 전략으로, 리터당 가격이 1달러 선이다.

하지만 박리다매 전략은 한편으로 쉐화의 발목을 잡고 있다. 취향이 고급스러워진 젊은이들에게 '싸구려 맥주'로 외면당하고 있기 때문이다. 한때는 '맥주가 물보다 싸다'는 인식이 있었지만, 지금은 중국에서도 프리미엄 맥주가 인기다. 수입 맥주의 가격이 중국산보다 3~5배 비싼데도 소비량은 계속 늘고 있다. 주링허우90后(1990년대 출생자) 세대와 월수입 1만 위안(171만 원) 이상의 고액 봉급자들은 호가든을 비롯한 수입 맥주를 선호한다. 쉐화, 옌징燕京, 하얼빈哈爾濱 맥주가 이들에게 가장 인기 없는 3대 브랜드라는 조사 결과도 있다. 많이 팔리면서도 소비자들에게 후한 점수를 받지 못한다는 점에서 한국 맥주와 비슷하다.

맥주는 아일랜드의 영혼
아일랜드 문학과 맥주

'아일랜드' 하면 가장 먼저 떠오르는 단어가 문학과 맥주다. 아일랜드가 유럽의 서쪽 끝에 위치한 나라라는 걸 모르는 사람들도 『걸리버 여행기』와 『행복한 왕자』는 읽었을 것이다. 황금색 하프 문장이 들어간 흑맥주가 기네스라는 건 알 것이다. 1845년부터 7년 동안 계속된 기근으로 인구 400만 명 중 100만 명이 굶어죽고 100만 명은 살길을 찾아 조국을 등지고 떠났지만, 그 척박한 섬에 남은 사람들은 맥주에서 영감을 얻어 빛나는 아일랜드 문학을 꽃피웠다. 파도가 부서지는 깎아지른 언덕 위로 끝없이 펼쳐진 초원에서, 아일랜드 사람들이 사랑하는 아름다운 문학이 영글고 맛있는 맥주를 빚는 보리가 자랐다.

아일랜드 사람들은 기네스를 마실 때마다 영혼을 마신다고 자랑한다. 기네스 맥주에는 노벨문학상을 수상한 예이츠와 버나드 쇼, 사뮈엘 베

아이리시 펍

케트, 셰이머스 히니의 문학이 녹아 있고, 조너선 스위프트와 오스카 와일드, 제임스 조이스의 정신이 깃들어 있다고 자랑한다.

아일랜드의 풍광에서 기네스가 나왔고, 기네스의 감동이 모여 아일랜드 문학을 탄생시켰다는 것이다. 그런 점에서 아일랜드에서는 국가와 맥주와 문학이 동격이다. 아일랜드 사람들에게 기네스를 마신다는 것은 단순히 맥주를 마시는 것이 아니라 그 땅에서 자라난 민족혼을 갈고 볶고 끓이고 숙성시켜서 들이켜는 작업이다. 그래서 아일랜드 사람들은 맥주를 아일랜드의 영혼이 담긴 술이라고 생각한다.

나는 외국을 여행할 때마다 아일랜드의 영혼을 마시기 위해 헤매는 순례자가 된다. 방문하는 곳이 아일랜드건 다른 나라건 간에 고풍스런 펍 자체의 분위기에 취하기 위해 그 도시의 아이리시 펍이 어디에 있는지 확인한다. 호텔에 도착하면 제일 먼저 하는 일이 아이리시 펍과 그

고장에서 가장 맛있는 맥줏집의 위치를 묻는 것이다. 그 도시가 자랑하는 고성이나 성당, 미술관, 박물관도 중요하지만 맥주를 맛보는 것도 그 못지않게 중요하다. 명소를 둘러본 뒤 오후 6시가 되면 어김없이 내 발길은 아이리시 펍으로 향한다. 고풍스러운 빅토리아 양식으로 장식된 아이리시 펍이면 더 좋다. 대부분의 펍은 아름다운 창문을 가진 외벽에서부터 딱딱한 의자에 이르기까지 모든 것에 고급 티크 목재를 사용한 것이 특징이다. 화려한 황동으로 장식한 맥주를 따르는 손잡이는 왕관 못지않고, 수백 개의 술병을 전시한 고급 장식장, 고풍스런 테이블, 심지어 화장실 거울에도 역사와 품격이 묻어 있다. 아일랜드의 정신과 숨결이 느껴진다. 웨스트라이프와 U2, 엔야 같은 아일랜드 출신의 세계적인 가수들의 노래도 좋지만 한적한 시골길을 느릿느릿 걷는 듯한 아일랜드 전통 음악이 흘러나올 때가 더 좋다. 또한 아이리시 펍에서는 일정한 시간대에 늘 라이브 공연이 있어 즐겁다. 맥주 한 잔으로 행복해진다.

2013년 아내와 함께 아일랜드로 맥주 여행을 떠났다. 타이태닉호의 마지막 정박지였던 코브Cobh를 출발한 우리 부부는 동쪽 해안선을 따라 웩스퍼드Wexford라는 작은 도시에 도착했다. 대서양의 물결이 물고기 비늘처럼 눈부신 곳이었다. 300년이 넘은 고색창연한 구시가지와 산뜻하게 새로 들어선 신시가지가 제방 하나로 연결된 아름다운 곳이었다. 호텔에서 맥주가 가장 맛있다는 펍을 소개받았는데 제방 너머 구시가지 끝에 있다고 했다. 묻힌 성배를 찾아가는 마음으로 다리가 불편한 아내가 탄 휠체어를 밀며 좁고 울퉁불퉁한 골목길을 지나 드디어 목적지에 도착했다. 예쁜 꽃이 매달린 낡고 소박한 펍이었다.

더블린 시내에 있는 기네스 숙성 탱크

골웨이에서 만난 아이리시 펍

반가움에 문을 열고 들어섰더니 웬걸, 손님들이 모두 백발의 파파노인들이었다. 노인들을 위한 천국은 없어도 노인들을 위한 맥줏집이 그곳에 있었다. 손님들은 반백의 초로가 아니라 족히 일흔은 훨씬 넘겼을 할머니 할아버지들이었다. 유럽인들은 젊을 때는 청바지 한 벌로 검소하게 생활하다가 나이가 들면 화려한 옷을 입고 멋을 부리는데, 내 눈에는 그것이 참 좋아 보인다. 길을 가다 멋쟁이 노인들을 만나면 젊은 날 고생을 보상받고 있는 것 같아 반갑다. 그날 펍에서 만난 할머니들도 연두색과 분홍색 옷을 아름답게 차려입고 립스틱까지 곱게 칠해 새색시 같아 보였다. 낡은 양복이지만 잘 갖춰 입고 지팡이를 짚은 할아버지들의 얼굴에는 기품이 흘러넘쳤다.

저녁 무렵 시골 펍에 동양인 부부가 들이닥치자 노인들은 적지 않게 놀란 눈치였다. 내가 기네스 두 잔을 주문하자 옆에 앉은 할머니가 왜 하필이면 그 맛없는 맥주를 시키느냐, 이 동네에서는 머피스Murphy's나 킬케니Kilkenny를 마셔야 한다고 추천했다. 할머니가 권한 킬케니가 아일랜드에서는 기네스 못지않게 인기가 많은 레드 에일 맥주라는 것을 나중에 알았다. 1710년 세인트 프란시스 수도원에서 처음으로 킬케니를 양조한 이후 아일랜드를 대표하는 맥주로 성장했으며 무엇보다 향과 맛이 너무 강하지 않아 누구나 편하게 마실 수 있는 맥주다. 1856년 제임스 머피에 의해 탄생한 머피스는 기네스와 쌍벽을 이룰 정도로 아일랜드에서 인기가 높다. 코크Cork주에서 생산하고 있으며 80여 개국으로 수출한다.

맥주를 추천한 할머니에게 고맙다는 인사를 하자 물끄러미 지켜보던 노인들은 아예 우리 테이블로 건너왔다. 이때부터 동양 사람들과는 처음

미아 펑크가 그린 아일랜드 문인들. 맨 앞 줄이 제임스 조이스와 사뮈엘 베케트, 담배를 든 오스카 와일드 오른쪽이 조지 버나드 쇼다.

앉아보는데 어디서 왔느냐, 몇 살이냐, 아내의 다리는 왜 다쳤느냐 등 질문 공세가 이어졌다. 우리는 짧은 영어에 손짓 발짓을 섞어가며 웩스퍼드 노인들과 밤늦도록 대화를 나눴다.

아일랜드는 영국 주간지 『이코노미스트』가 2004년 전 세계 111개국을 대상으로 '가장 살기 좋은 나라'를 조사했을 때 1위를 차지한 나라다. 안정된 가정과 공동체 생활 같은 옛 가치를 중시하고 거기에 실업 해소, 정치적 자유 같은 젊은 세대의 요구가 성공적으로 결합된 사례라고 평가받았다. 친절한 사람들이 서로 어울려 행복하게 살아가는 나라가 아일랜드라는 뜻이다. 정말로 그랬다. 아마 지구상에서 가장 살가운 사람들이 아일랜드 노인들일 것이다.

대화가 무르익고 맛있는 맥주가 목을 타고 내려가면서 우리와 마주한 할머니 할아버지의 코와 볼은 점점 빨개져갔다. 불금이 따로 없었다. 아이리시 펍에서는 맥주를 주문할 때 술값을 미리 내야 하는데, 내가 맥주 값을 계산하려들면 노인들은 벌컥 화를 내거나 손사래를 치면서 손님이 사는 것은 경우가 아니라며 서로 지갑을 열고 계산하려고 실랑이를 벌였다. 그 펍의 맥주 한 잔 가격은 5000원 정도였다. 마음껏 맥주를 마실 수 있는 경제력을 가진 것도, 난생처음 만난 동양의 이방인을 위해 맥주를 사겠다고 다투는 모습도 부럽고 아름다웠다.

밤이 이슥해서야 우리는 아쉬운 마음으로 자리를 털고 일어났다. 노인들은 우리를 호위해 멀리 떨어진 숙소까지 데려다주었다. 아일랜드를 생각할 때마다 웩스퍼드의 작은 펍에서 지갑을 움켜쥐고 서로 맥주를 사겠다고 다투던 노인들이 떠오른다.

더블린의 작은 박물관에서 만난 조이스의 『율리시스』 초간본, 베케트의 안경, 예이츠의 편지도 아름다운 추억으로 남았다. 작은 벽돌 건물이었지만 아일랜드 문학의 정수를 느낄 수 있었다. 그 박물관 복도에는 미아 펑크Mia Funk라는 화가의 그림이 걸려 있었다. 200년이라는 시간을 뛰어넘어 아일랜드 문학을 꽃피운 문인들이 한데 모여 앉은 모습을 그린 그림이었다. 담배를 쥔 오스카 와일드, 심각한 표정의 제임스 조이스, 뚫어질 듯 앞을 응시하고 있는 사뮈엘 베케트…… 그들이 맥주잔을 높이 들고 건배를 외치는 장면이었다면 더 좋았을 것이다. 아일랜드 맥주가 나를 부르는 것 같다.

여섯 개의 천국
뮌헨 6대 맥줏집

완벽하게 행복한 사람의 입안에는 맥주가 가득 차 있다.
_ 고대 이집트 속담

스페인 그라나다에 있는 알람브라 궁전은 이슬람 문화를 상징하는 대표적인 건축물이다. 1238년에 지어지기 시작해 건축 기간만 120년에 이르는 알람브라 궁전은 높이 3470미터의 시에라네바다산맥에 둘러싸인 천연의 요새 위에 서 있다. 당시 이슬람 왕이었던 무함마드 13세는 이 왕궁을 완공하면서 "사랑하는 백성이여! 너희가 살아서 지상의 천국을 볼 것이다"라고 선언했다. 그러나 그는 아라곤 왕국의 페르난도 2세와 카스티야 왕국의 이사벨 공주의 결혼으로 시작된 가톨릭의 국토회복운동(레콩키스타)으로 불과 10년 뒤 가톨릭교에서 쫓겨났다. 그는 시에라네바다산맥을 넘으면서 "스페인을 잃은 것은 아깝지 않지만 알람브라를 다시 볼 수 없는 것이 원통하다"라며 눈물을 흘렸다. 이곳은 훗날 '통한의 언덕'이라고 불리게 된다.

700년 전 무함마드 13세는 눈물을 흘리며 '지상의 천국' 알람브라를 잃은 것을 슬퍼했지만 나는 처음 독일 뮌헨에 갔을 때 '지상의 천국'을 발견하고 기뻐했다. 그곳은 바로 뮌헨을 대표하는 6개 맥주 회사가 운영하는 맥줏집Keller이었다. 게르만족 신화집 『에다Edda』에 "맥주를 마시고 하는 말은 진심이다"라는 말이 있다. 뮌헨 맥줏집에서는 나이와 성별, 인종, 지위를 뛰어넘어 처음 보는 사람과도 친구가 될 수 있다. 맥주는 언어를 뛰어넘어 소통을 가능케 해준다. 맥주를 한잔 마시면 옆 사람과 눈인사를 나누게 되고 브라스밴드의 음악이라도 흘러나오면 어깨가 들썩이기 시작한다. 세상의 시름을 잊고 웃을 수 있는 곳이 뮌헨의 맥줏집이다.

호프브로이하우스Hofbräuhaus는 맥주 순수령을 발표한 빌헬름 4세의 손자 빌헬름 5세가 1591년 뮌헨 한복판에 세운 왕궁 직영 맥주 공장이다. 처음에는 왕과 귀족만이 출입할 수 있었지만 1830년 시민들에게 개방되면서 오늘의 독일 맥주를 있게 한 뮌헨의 명소가 되었다. 초창기 시민들은 줄을 서서 맥주를 산 뒤 서서 마셔야 했다. 더 마시려면 잔을 직접 씻은 뒤 다시 맥주를 받아왔다. 일반 시민들이 테이블에 앉아 맥주를 즐길 수 있게 된 건 18세기 말부터였다. 1층은 맥주 하우스, 2층은 레스토랑 겸 무도회장으로 사용하고 있는데 현재는 3000명을 수용할 수 있는 세계에서 가장 큰 상설 맥줏집이다.

호프브로이하우스는 모차르트와도 인연이 깊다. 아버지 손에 이끌려 처음 유럽 연주 여행을 나섰던 여섯 살의 모차르트는 뮌헨에 도착해 막시밀리안 3세 앞에서 연주해 천재성을 인정받았다. 빈 궁정에서 오스트리아 왕후 마리아 테레지아 앞에서 연주하기 이전의 일이다. 3년 뒤 다시

모차르트가 사랑한 호프브로이하우스의 외관과 내부

유럽 연주 여행을 떠난 모차르트는 런던, 파리, 헤이그를 거쳐 다시 뮌헨을 방문했다. 이때 뮌헨이라는 도시에 깊은 인상을 받았다. 모차르트는 스무 살이 되던 1775년 직장을 구하기 위해 아예 뮌헨으로 이주한 뒤 호프브로이 근처에 살며 단골이 되었다. 크레타왕을 소재로 한 최초의 오페라 「이도메네오Idomeneo」와 「가짜 여정원사La finta giardiniera」를 이때 작곡했는데, 호프브로이 맥주 맛이 음악에 담겨 있다.

오스트리아의 마지막 왕후인 엘리자베트(시시 공주)도 이곳을 자주 찾았다. 시베리아 유형생활을 마치고 뮌헨으로 망명한 블라디미르 레닌도 이곳의 팬이었다. 부인 크룹스카야Nadezhda Krupskaya와 함께 방문한 레닌은 "훌륭한 맥주는 계급 간의 모든 차이를 없애준다"는 말을 남겼다.

그러나 누구보다 호프브로이를 사랑했던 사람은 아돌프 히틀러였다. 맥주를 마시는 곳이 아니라 집회 장소로서 말이다. 독일 정부가 1878년 사회 위험 세력의 확산을 막기 위해 옥외 집회와 시위를 금지한 '사회주의 법령'을 폐지하자 대형 맥줏집은 각종 정치집회 장소로 떠올랐다. 모이면 토론하길 좋아하는 독일 사람들에게 수천 명이 한꺼번에 맥주를 마시며 집회를 할 수 있는 호프브로이는 가장 좋은 집회 장소였다. 히틀러는 새로 창당된 나치당, 즉 국가사회주의노동자당National-Sozialistische Deutsche Arbeiterpartei의 대중 연설을 이곳에서 했으며 나치당의 우파와 좌파가 노선 차이로 도자기로 된 맥주잔을 무기로 이용해 패싸움을 벌인 곳도 호프브로이하우스였다.

호프브로이 맥주의 특징은 부드러우면서도 쌉싸름한 맛이다. HB가 새겨진 왕관 마크를 1879년 공식적으로 채택한 이후 '왕관' 하면 호프브로이 맥주를 연상할 정도로 유명해졌다. 왕관은 왕궁 직영 양조장이라는 상징도 있지만 맥주잔에 맥주를 70퍼센트 따르고 30퍼센트는 반드시 왕관처럼 맥주 거품을 올려야 한다는 뜻도 담겨 있다. 평상시에는 알코올 도수 5.1의 맥주를 팔지만 옥토버페스트 축제 때는 6.3도의 맥주를 출시한다. 왕궁처럼 아치 천장 위에 벽화가 그려져 있고, 수백 개의 전구로 이루어진 샹들리에 아래에서는 매일 밤 브라스밴드의 음악이 울려 퍼진다. 맛있는 맥주와 함께 돼지 뒷다리를 훈제한 슈바에네학센과 돼지 갈비 요리인 슈바이네리펜, 소시지 등 호프브로이하우스의 대표적인 요리가 제공된다. 뮌헨 중심에 있는 시청 광장Marienplatz과 가까워서 관광객들이 찾는 명소지만 최근에는 혼자 오는 외국인 여성을 노린 범죄도 발생하고 있다고 한다.

아우구스티너 켈러Augustiner Keller는 우리에게 잘 알려지지 않았지만 뮌헨에서 가장 오래된 양조장으로 토박이들이 즐겨 찾는 맥줏집이다. "죄는 미워하되 사람은 미워하지 말라" "습관은 제2의 천성이다"라는 어록을 남긴 가톨릭 성인이 아우렐리우스 아우구스티누스인데, 그의 삶을 실천하기 위해 세워진 수도회가 '아우구스티너'다.

1328년 독일 뮌헨에 정착한 아우구스티너 수도회는 맥주 양조업을 시작했고 양조장이 성장해 뮌헨에서 가장 오래된 맥주 회사가 됐다. 수도사들은 아우구스티누스 성인의 이름을 맥주에 새겨 넣었다.

500년 전통의 아우구스티너 양조장은 19세기 초 독일을 점령한 나폴레옹의 법령에 따라 더 이상 수도원에서 양조업을 할 수 없게 되자 1803년에 민간으로 넘어갔고, 1829년 요제프 바그너Joseph Wagner가 인수해 '아우구스티너브로이 바그너 맥주주식회사Augustiner-Bräu Wagner KG'가 되었

신앙심으로 맥주를 빚은 아우구스티너 켈러

사도 바울의 전통을 잇는 파울라너 켈러

다. 뮌헨 중앙역 옆에 있는 아우구스티너 켈러는 울창한 숲속에 비어가르텐을 세웠다. 고풍스러운 실내는 목재로 두르고 박제된 사슴 조각상을 곳곳에 설치해 바이에른의 전통적인 분위기를 더했다. 망치로 쇠고기나 돼지고기를 두들겨 연하게 편 뒤 빵가루에 묻혀 튀긴 슈니첼Schnitzel과 소금이 박혀 있는 하트 모양의 빵 브레첼Brezel이 아우구스티너 맥줏집의 별미다. 옥토버페스트 축제가 열리면 7000명이 한꺼번에 들어갈 수 있는 대형 텐트를 치고 특별 제조한 알코올 6도의 맥주를 판매한다.

중세 수도원에서는 예수가 부활하기 전 고통받은 사순절 기간 동안 수도사들도 금식을 해야 했다. 하루 이틀도 아니고 무려 40일 동안 음식을 먹을 수 없었으니 고통이 이만저만이 아니었을 것이다. 금식 중에도 액체로 된 물이나 음료는 마실 수 있도록 교황과 주교로부터 허락을 받았는데 배고픔을 덜고 영양을 보충할 수 있는 방법으로 '마시는 빵'인 맥주가 인기였다. 교황청과 주교는 수도사들이 맥주를 마시는 것을 눈감아

쌍도끼 문장을 사용하는 하커 프쇼르 켈러

줬다. 수도사들은 굶주림에서 자신들을 구원한 이 소중한 맥주의 이름을 '우리를 구원한 구세주 맥주'라는 뜻으로 'Sankt Vaterbier'(성인 아버지 맥주)로 불렀고 이를 줄여 구세주란 뜻의 '살바토르Salvator'라 이름지었다.

　이탈리아의 성인 프란체스코 디파올라를 기리는 기사단 수도원이 1634년 처음 맥주를 만들기 시작한 것이 파울라너 맥주의 기원이다. 파울라너란 '성 바울을 따르는 사람들, 바울 수도회'란 뜻으로 바울 사도의 옆모습을 맥주 상표로 사용한다. 파울라너Paulaner 양조장에서는 보통 맥주보다 도수가 높은 도펠비어Doppelbier인 파울라너 슈타르크비어Starkbier를 사순절 기간 동안 생산하는 전통이 있었다. 이 맥주를 각종 축제 때 판매해 뮌헨 시민들에게 큰 인기를 끌었다.

　나폴레옹의 침략으로 수도원에서 맥주를 양조하는 것이 금지되자 1799년 양조업자 프란츠 크사버 차허를Franz Xaver Zacherl이 파울라너 수도원의 양조장을 사들였다. 파울라너는 슈타르크비어의 전통을 이어받은 살바토르Salvator 맥주를 생산했고 오늘날에도 맥주를 통해 구원받길 바라는 맥주 마니아들의 사랑을 받고 있다. 파울라너 살바토르를 마시면 구운 캐러멜 같은 달콤함과 함께 마치 위스키나 코냑을 마실 때처럼 묵직한 바디감을 느낄 수 있다. 전체적으로 담백하면서도 시가를 태운 것처럼 뒷맛이 강한 흑맥주가 일품이다. 파울라너 켈러는 정원을 갖춘 고풍스러운 맥줏집 건물 한복판에 눈이 부시도록 번쩍이는 황동 담금 탱크가 트레이드마크다. 현재는 80여 개국에 수출되는 독일의 대표적인 맥주다.

옥토버페스트 때 가장 화려한 텐트를 만드는 것으로 유명한 하커 프쇼르Hacker Pschorr는 1417년 문을 열었다. 전용 켈러인 알테스 하커하우스Altes Hackerhaus는 맥주 축제가 열리는 테레지엔 광장 바로 옆에 있다. 이 대형 맥줏집은 18세기 레스토랑 주인 딸 마리아 테레지아 하커Maria Theresia Hacker와 양조장 직원 요제프 프쇼르Joseph Pschorr가 결혼하면서 하커 프쇼르 브로이로 발전했다. 1841년 요제프 프쇼르가 사망하자 두 아들 게오르크와 마티아스가 회사를 하커 브로이와 프쇼르 브로이로 나누어 운영하다가 1972년 다시 합쳐 서로 교차하고 있는 쌍도끼 문장으로 상징되는 오늘날의 하커 프쇼르가 됐다. 하커 프쇼르는 현재 파울라너 맥주에 합병돼 운영되고 있다.

테레지엔 광장 옆에 있는 하커 프쇼르 맥줏집을 처음 찾았을 때 마치 유럽의 고풍스런 도서관에 온 듯한 높은 지붕과 사방으로 난 격자형 유리창이 인상적이었다. 도서관 같은 분위기인데 맥주를 마셔도 될까 하는 걱정도 잠시, 정중앙에 있는 육중한 황동 담금 탱크 앞에서 책 대신 맥

사자 양조장 뢰벤브로이

주잔을 들고 신나게 건배를 외치던 기억이 지금도 생생하다. 하지만 아쉽게도 하커 프쇼르 켈러는 새로운 장소로 이전해 더 이상 테레지엔 광장에서 예전의 그 정취를 느낄 수 없게 되었다.

뮌헨 중심부의 북쪽에는 알테피나코테크(고전 회화관)와 노이에피나코테크(근대 회화관), 렌바흐 미술관 등 문화 도시 뮌헨을 상징하는 미술관들이 밀집돼 있다. 그 가운데 청동색 지붕의 전통적인 바이에른 양식의 아름다운 맥줏집이 눈에 띈다. 빨간 혀를 날름거리는 황금색 사자가 노란색 벽면 곳곳에 새겨져 있는 뢰벤브로이 켈러Löwenbräu Keller다. 14세기 뮌헨에서 양조를 시작한 뢰벤브로이는 19세기 브라이Brey 가문이 인수하면서 뮌헨에서 가장 큰 맥주 회사로 성장했다.

뢰벤브로이는 1997년 슈파텐 프란치스카너Spaten-Franziskaner-Bräu와 합병해 슈파텐 프란치스카너 뢰벤브로이 그룹이 됐다. 독일어로 뢰베Löwe는 '사자'란 뜻이고, 뢰벤브로이는 '사자 양조장'이라는 의미다. 옥토버페스트에서 꼬리를 흔들며 포효하는 거대한 사자가 그려진 텐트를 운영한다. 다른 맥주에 비해 부드러우며 홉의 향기와 고소한 맥아 향이 어우러져 담백한 여운을 남기는 것이 특징이다. 뮌헨 중심부에서 가장 가까운 거리에 있어 관광객들이 많이 찾는다.

독일어로 부삽이라는 뜻의 슈파텐Spaten은 1397년에 설립돼 맥주 양조업을 산업화하는 데 큰 역할을 했다. 상면 발효법을 사용해 에일 맥주를 주로 생산했던 19세기 초에 이 양조장에서 일했던 가브리엘 제들마이어가 오스트리아 빈에서 온 기술자와 함께 라거 효모를 분리하는 데 성공했고, 그때 발명한 냉동기를 이용해 저온 숙성하는 방법의 하면 발효 맥주 제조법을 확립했다. 또한 맥아를 태우지 않고 볶는 기술을 영국

부삽이란 뜻의 슈파텐 켈러

으로부터 들여와 맑고 향이 진한 슈파텐 맥주를 생산하면서 인기가 하늘을 찔렀다. 옥토버페스트를 위한 특별 맥주인 메르첸을 처음으로 출시한 곳도 슈파텐이다. 지금까지도 이런 전통이 이어져 맥주 축제 첫날 뮌헨 시장이 큰 오크통에 잠긴 맥주통 꼭지를 내리쳐 맥주를 받아 마실 때 반드시 슈파텐 맥주를 사용한다.

1922년 프란체스코 수도회가 생산하는 프란치스카너를 합병해 슈파텐 프란치스카너가 됐고, 1997년 뢰벤브로이와 합병해 슈파텐 프란치스카너 뢰벤브로이 그룹이 탄생했다. 파울라너와 호프브로이가 해외 수출에 주력하는 반면, 슈파텐은 주로 뮌헨을 중심으로 한 바이에른 내수 시장을 중시해 이곳 맥주 애호가들의 사랑을 받고 있다. 뮌헨 중심 북쪽에 있는 직영 맥줏집은 공장과 나란히 붙어 있어 다른 곳에 비해 신선한 맥주를 마실 수 있다. 슈파텐 맥주는 맥아 향이 주는 온화한 단맛을 내며 밝고 투명한 거품에 감싸인 맥주가 목젖을 타고 부드럽게 넘어가는 것이 특징이다.

맥주를
사랑한
사람들

맥줏집을 사랑한 독재자
아돌프 히틀러

내 백성에게 맛있고 값싼 맥주를 충분히 제공하라.
그러면 그들은 혁명을 일으키지 않을 것이다.
_ 빅토리아 여왕

1910년 오스트리아 수도 빈의 조형미술아카데미. 한 청년이 어깨를 축 늘어뜨린 채 힘없이 정문을 나서고 있었다. 비쩍 마른 몸에 텁수룩한 머리카락과 다듬지 않은 수염이 그를 더욱 초라하게 만들었다. 스무 살 청년 아돌프 히틀러Adolf Hitler(1889~1945)였다. 히틀러는 화가가 되길 열망했지만 미술대학에 연거푸 세 번이나 낙방했다. 좌절감에 빠진 히틀러의 눈이 세상을 향해 이글거리기 시작했다.

히틀러는 1889년 독일과 맞닿은 오스트리아의 작은 도시 브라우나우Braunau에서 세관원 알로이스 히틀러Alois Hitler의 둘째 아들로 태어났다. 아버지가 누군지 모른 채 태어난 알로이스는 초등학교를 간신히 졸업한 뒤 구두 수선공으로 일하다 운 좋게도 국경을 감시하는 세관원이 되었다. 어린 시절 히틀러는 안정적인 직업을 가졌던 아버지 덕분에 풍족하

선동적인 연설을 연습하
는 히틀러

지는 않아도 경제적으로 어렵지 않았다. 하지만 폭군에다 술고래인 아버
지로부터 초주검이 될 정도로 얻어맞곤 했다. 히틀러의 아버지는 가족
뿐 아니라 이웃에게도 못되게 굴어서 늘 손가락질을 받았다. 아버지의
모습은 히틀러의 성격을 결정하는 데 적지 않은 영향을 끼쳤다.

　히틀러는 어린 시절부터 미술에 관심을 보였지만 수학과 과학은 질색
이었다. 수업을 따라가지 못한 히틀러는 인문계 대신 실업계 학교에 진학
했다. 하지만 거기서도 낙제해 결국 학교를 자퇴했다. 학교를 그만둔 히
틀러는 어릴 때부터 재능을 보였던 미술을 독학으로 공부했다. 그에게
남은 길은 화가가 되는 것뿐이었다. 하지만 운명은 히틀러의 편이 아니었
다. 세·번이나 미술대학 입시에 떨어지면서 노동자 합숙소와 싸구려 하
숙집을 전전했고 결국에는 노숙인 생활까지 하게 되었다. 최하층의 삶을
경험한 그는 비난할 대상이 필요했다. 잇따른 실패와 빈곤을 참을 수 없
었던 히틀러는 그 책임을 다른 누군가에게 돌려야만 했다. 내가 성공하
지 못한 건 사회적인 혼란 때문이다. 그렇다면 사회적 혼란은 누구 때문

인가? 그는 비난의 화살을 유대인들에게 돌렸다.

히틀러는 미대 입시를 준비하면서 이따금 오스트리아 제국 의회를 방문하곤 했다. 당시 오스트리아 제국은 오스트리아와 보헤미아(체코), 헝가리로 구성돼 있었다. 히틀러는 뮌헨 폭동이 실패한 후 감옥에서 쓴 『나의 투쟁Mein Kampf』에서 "독일어를 제대로 발음조차 하지 못하는 이방인들이 신성한 제국 의회의 단상을 두드리며 연설하는 것에 혐오감을 느꼈고, 그때 게르만족을 위한 위대한 조국을 건설하기로 결심했다"고 했다.

제1차 세계대전이 발발하자 전쟁의 열병을 앓던 히틀러는 곧바로 군대에 입대해 용감하게 싸웠다. 위대한 조국을 위해서 반드시 전쟁에 승리해야 했다. 그는 전령으로 총탄이 쏟아지는 최전방을 누비며 활약한 덕분에 사병으로는 드물게 1급 철십자 훈장을 받았다.

연합군과 치열하게 전투를 벌인 벨기에 북부와 프랑스 북부가 용감한 히틀러가 활약했던 무대였다. 18세의 나이로 제1차 세계대전에 참전해 전쟁의 참상 앞에서 인간이 얼마나 무력한가를 호소한 레마르크의 『서부 전선 이상 없다』의 배경이 된 곳이었다. 전쟁 막바지인 1918년 히틀러 상병은 연합군이 살포한 가스를 마시고 눈과 목에 부상을 입었는데 이로 인해 시력이 저하되고 쇳소리가 나는 독특한 목소리를 갖게 되었다. 서른 살이 된 히틀러는 훈장을 가슴에 매달고 조국이 반겨줄 것으로 기대하고 고향으로 돌아갔다. 하지만 학력도 자격증도 없었던 그가 맞닥뜨린 것은 제대 군인에 대한 냉대와 사회적 혼란이었다.

패전국 독일이 치러야 할 대가는 혹독했다. 군인과 민간인 200만 명이

히틀러, 「뮌헨에 있는 낡은 공관의 뜰」(1914)

희생된 제1차 세계대전의 결과는 높은 실업률과 천문학적인 인플레이션이었다. 하룻밤 호텔에 묵으려면 180만 마르크를 내야 했고, 저녁 식사 비용은 40만 마르크나 됐다. 돈을 수레에 가득 싣고 가야 겨우 식빵 한 개를 살 수 있었다. 무엇보다 독일은 알자스로렌 지방과 광대한 서프로이센 등 영토의 13퍼센트를 빼앗겼다. 또 오늘날로 환산하면 30조 원에 해당하는 막대한 전쟁 배상금을 물어야 했다. 독일인들은 굴욕감에 몸을 떨었다.

　사회는 분열됐고 아무런 희망이 없었다. 히틀러는 이런 혼란 속에서 독일노동자당DAP이라는 우익 정당에 가입했다. 이때부터 그동안 숨어

히틀러, 「아기 예수를 안고 있는 마리아」(1913)

있던 그의 재능이 유감없이 발휘되기 시작했다. 바로 듣는 이의 가슴을 후벼 파는 격렬한 선동이었다. 첫 무대가 된 곳이 뮌헨 사람들이 자주 찾는 맥줏집 '호프브로이하우스'였다. 1919년 9월 처음 등단한 히틀러는 노련한 배우처럼 표정을 바꾸면서 연설했다. 그는 연단을 뛰어다니며 때로는 주먹을 불끈 쥐고 발을 굴렀으며 때로는 대범한 표정과 호탕한 웃음으로 청중의 마음을 사로잡았다.

히틀러는 제국 의회를 "얼간이들이 모인 수다스러운 기관", 신문을 "황실의 당나귀 앞에서조차 굽실거리며 꼬리를 흔드는 종이호랑이"라고 맹비난했다. 처음에는 히틀러를 오스트리아의 촌뜨기 퇴역 군인 정도로 여기고 냉소했던 사람들도 점점 그의 연설에 빠져들었다.

히틀러는 청중을 하나로 만드는 탁월한 재주가 있었다. 그의 연설 특

히틀러가 1940년 2월 24일 뮌헨의 명소인 맥주 양조장 호프브로이하우스에서 연설하는 모습. 1920년 히틀러는 이곳에서 2000여 명의 지지자를 모아놓고 나치 창당을 선언했다.

징은 누구나 쉽게 이해할 수 있는 짧은 문장과 대중적인 표현, 그리고 사람을 선동하는 그의 독특한 발음과 목소리였다. 그는 연설 때마다 "당신이 바로 나이며, 내가 곧 당신입니다. 당신이 독일이며, 우리가 바로 독일입니다"라고 역설했다. 독일과 독일 민족은 위대하다고 끊임없이 강조하면서 패전 독일을 이끌어갈 민족의 지도자Führer가 히틀러 자신임을 확신시켰다. 연설이 인기를 끌자 히틀러를 보기 위해 사람들이 모여들었다. 일자리를 잃은 노동자와 퇴역 군인뿐 아니라 소상공인과 학생, 심지어 보수적인 기업가까지도 점차 그를 지지하기 시작했다.

그가 독일에서 가장 유명한 맥줏집인 뮌헨의 호프브로이하우스를 무대로 삼았다는 사실은 의미심장하다. 정작 히틀러는 맥주를 좋아하지도, 많이 마시지도 않았다. 하지만 모든 집회와 행사를 꼭 맥줏집에서 열었다. 1919년 말 독일노동자당의 본부를 맥줏집 지하실에 차린 것을 비롯해 이후 대부분의 집회를 수천 명이 한꺼번에 들어갈 수 있는 유명 맥줏집에서 개최했다.

히틀러는 왜 맥줏집을 고집했을까? 독일인에게 맥줏집은 단순히 술만 마시는 곳이 아니었다. 세상 돌아가는 정보를 교류하는 만남의 장이었다. 패전으로 좌절감에 빠진 사람들이 서로의 상처를 쓰다듬으며 격려하고 원기를 회복하는 신성한 교회 같은 역할을 했다.

독일어에 Stammtisch라는 단어가 있다. 단골손님용 식탁, 혹은 단골손님의 모임을 뜻한다. 재미있는 사실은, 독일의 작은 식당이나 맥줏집에 가면 단골손님이 앉는 자리가 정해져 있다는 것이다. 퇴근 후나 휴일이면 어김없이 사람들은 자기 자리에 앉아서 대화를 나눈다. 지역사회의 정보를 교환하고 정치적인 토론을 하는데, 이때 대화의 매개체가 되는 것이 맥주이고 대화가 막히면 물꼬를 트는 것도 역시 맥주다. 그래서 이를 '맥줏집 대담'이라고 한다.

독일 사람들에게 맥줏집 대담의 의미가 무엇인지 요슈카 피셔Joschka Fischer의 일화를 보면 알 수 있다. 녹색당 당수를 지낸 정치인이며 『나는 달린다』의 저자로 널리 알려진 그는 다혈질로 유명하다. 녹색당이 1994년 총선에서 사회민주당SPD과 적록연정을 통해 집권 여당이 되었을 때 피셔는 부총리 겸 외무장관에 취임했다. 외교 수장이 된 그는 코소보 내전 등 분쟁 지역에 유엔 평화유지군의 일원으로 독일연방군을 파견하는 내용의 헌법 개정을 사회민주당과 함께 추진했다. 이에 대해 녹색당원은 물론 일반 시민들도 전쟁 반대와 원전 폐기라는 녹색당의 핵심 이

념을 포기했다고 거세게 비난했다. 이런 와중에 피셔가 동네 빵집에 갔다가 봉변을 당했다. 평일에는 연방의회와 정부가 있던 베를린에서 머물다 주말에는 프랑크푸르트 집으로 돌아와 지냈는데, 장바구니를 들고 갓 구운 빵을 사기 위해 줄을 섰을 때 사건이 터졌다. "요슈카 피셔! 전쟁에 반대하라고 찍어줬더니 독일군을 파견하다니 넌 우리를 속인 거야. 이 나쁜 놈!" 하는 욕설이 들렸다. 피셔가 뒤돌아보니 평소 친하게 지내던 동네 사람이 고래고래 소리를 지르며 자신을 비난하는 게 아닌가. 울컥 성질이 난 피셔는 "코소보에서 수많은 사람이 학살되고 있는데 그냥 죽도록 내버려두란 말이냐?"고 맞고함을 쳤고 서로 삿대질을 하며 주먹다짐할 상황이 됐다. 싸움을 구경하러 인파가 몰려들자 그제야 주위를 의식한 두 사람은 대화를 하자며 문이 잠긴 맥줏집을 두드려 열고 들어갔다. 거의 점심 무렵에 거나하게 술에 취한 두 사람은 어깨동무를 하고 사람들 앞에 나타났다. 소식을 듣고 달려온 신문 기자가 다음 날 대문짝만 한 기사를 썼다. 두 사람이 웃고 있는 사진과 함께 제목은 '요슈카 피셔, 맥주로 이념 갈등을 해소하다'였다.

파란색과 초록색, 가끔은 회색빛 눈을 가진 독일인들은 냉정하고 차갑게 느껴질 때가 많다. 하지만 그들도 맥주 한 잔을 들이켜면 눈가의 힘이 풀린다. "맥주를 통해 웃을 수 있는 용기를 얻는다"는 농담까지 있다. 차가운 독일인도 맥주를 한 잔 마시면 미소 짓고, 두 잔 마시면 말을 걸어오고, 석 잔을 마시면 비로소 마음을 연다.

이런 분위기와 맥주의 속성을 히틀러는 교묘히 이용했다. 맥주를 마시고 알딸딸해진 청중을 상대로 초등학생도 알아들을 만큼 쉬운 단어와 비속어를 쓰며 하루에 많게는 56번이나 연설을 했다. "유대인은 냄새가 나서 기분 나쁘다. 옷이 더럽고 행색도 꾀죄죄하다. 몸은 불결하고 정신은 타락한 작자들이다. 혐오스럽다. 부정한 일, 파렴치한 일 뒤에는 언제나 유대나 유대인이 있다. 그들은 썩어가는 시체를 먹고 사는 구더기 같은 존재다."

히틀러는 패전 조약에 서명한 정치인과 무거운 배상금을 요구한 연합국을 강하게 비난하면서 위대한 독일을 위해 단결하자고 목소리를 높였다. 청중은 손뼉 치고 발을 구르며 히틀러의 이름을 연호했다. 노숙인과 하급 군인 생활을 하면서 히틀러는 많은 것을 배웠다. 무엇보다 가난하고 힘없는 사람들의 바람과 그들의 심리를 누구보다 깊이 꿰뚫어본 것이다. 히틀러는 대중이 미워하고 좋아하는 것을 적절하게 배합하면서 나치에 동조할 사람을 끌어모았다.

히틀러에 협력한 이들은 특별히 악하거나 잔인한 사람들이 아니었다. 훗날 여러 연구자가 나치에 가담했던 독일인들을 조사하고 인터뷰했더니 뜻밖의 결과가 나왔다. 그들 대부분은 지극히 평범하고 착한 사람들이었다. 개개인의 인성에 문제가 있어서가 아니라, 혼란을 극복하고 독일 중심의 새로운 질서를 세울 거라는 나치의 말을 믿고 협력한 결과가 참극으로 이어진 것이다. 히틀러는 1923년 뮌헨 폭동 실패 후 옥살이를 했다. 반란죄로 5년형을 받았지만 13개월 만에 특사로 풀려났고, 옥살이 기간에 접견한 사람도 330명이나 되었다. 극우 민족주의에 대한 독일인들의 정서가 그만큼 우호적이었다는 증거다. 덕분에 히틀러는 교도소에 있으면서도 1924년 7월 한 달 동안 맥주를 62병이나 사서 마셨고, 이후에도 비슷한 양의 맥주를 마셨다고 한다. 그의 맥줏집 연설에 감동받은 교도관과 관리들이 음으로 양으로 특혜를 베풀었던 것이다. 히틀러의

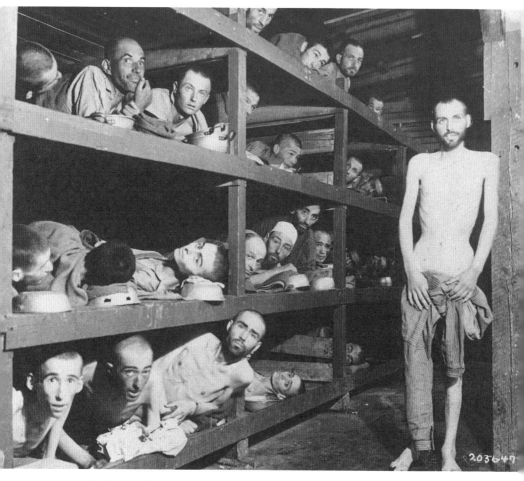

부펜바르트 강제수용소에서 살아남은 유대인들(둘째 줄 왼쪽에서 일곱 번째가 1986년 노벨문학상을 받은 유대인 작가 엘리 위젤)

동조자들은 이처럼 어디에나 있었다. 나치 독일의 역사를 만든 주연이 히틀러였다면, 조연은 히틀러에 협력한 평범한 사람들이었다.

열정적으로 연설하는 히틀러

히틀러는 나치 창당식과 중요한 정치 행사는 물론, 심지어 뮌헨 폭동을 일으킬 때도 어김없이 호프브로이하우스에서 집회를 열었다. 히틀러는 이 시기를 회상하면서 모두가 흥분하고 분노해 맥주 조끼들이 공중에서 "마치 곡사포 탄피처럼" 날아다녔다고 『나의 투쟁』에 썼다. 호프브로이하우스는 민주주의와 독일 공화국에 반대하는 나치의 근거지였다. 히틀러는 1920년 독일노동자당을 국민사회주의 독일노동자당NSDAP, 즉 나치스로 바꿔 출범시키면서 독일 사회를 되돌아올 수 없는 파멸의 늪으로 끌고 갔다.

맥줏집이라는 무대를 십분 활용했지만 정작 히틀러 자신은 알코올에 대한 결벽증이 있어서 맥주를 한 잔 정도만 마셨다고 한다. 전쟁터에서의 부상으로 인해 알코올이 몸에 맞지 않았다는 소문도 있지만, 히틀러는 게르만의 바른 정신을 유지하려면 늘 깨어 있어야 하는데 술을 마시면 정신이 흐트러질 수 있다고 믿었다고 전해진다.

하지만 실제로 건강한 채식주의자라는 금욕적 이미지는 나치스의 선전장관 괴벨스Paul Joseph Goebbels가 만들어낸 것이라고 보는 사람도 많다. 바이에른 농촌의 한 양조장에서 특별히 히틀러만을 위해 알코올 함량이 2퍼센트 미만인 라거 흑맥주를 만들어 공급했다고 한다. 그래서 영국 정보부에서 1944년 폭슬리 작전의 일환으로 맥주에 독을 타서 암살하려는 계획을 세우기도 했다는 말도 있다.

히틀러가 개인적으로 맥주를 즐겼든 아니든, 맥줏집과 맥주라는 이미지를 철저히 이용한 건 사실이다. 그만큼 독일인들의 정서와 감정을 꿰뚫고 있었다는 뜻이다. 히틀러는 자신이 만든 폭력 조직인 SA 돌격대Sturm-abteilung 집회 때 맥주 한 잔을 들이켠 뒤, 잔을 바닥에 던져 행동의 시작을 상징적으로 알렸다고 한다. 이후에도 무언가 정치적 결단을 요구하는 행사 때에는 비장한 상징성을 부여하기 위해 맥주를 벌컥벌컥 들이켠 뒤 잔을 바닥에 내동댕이쳤다.

역사에 가정은 없지만, 만약 히틀러가 삼수 끝에 미술대학에 합격했더라면, 같은 시기 이 대학을 다녔던 체코 출신의 관능적인 구상화가 에곤 실레Egon Schiele(1890~1918)와 공부하며 현대 예술의 발전에 크게 이바지했을지도 모른다. 그가 반유대주의와 위대한 게르만 국가 건설이라는 망령에 사로잡히지 않고 예술가의 혼을 불태우며 이웃과 맥줏집에서 대화를 나누며 살았다면 유럽에서만 5000만 명이 희생된 제2차 세계대전이라는 참극을 피할 수 있었을까?

히틀러 치하에서 유년 시절을 보낸 노벨문학상 수상작가 하인리히 뵐은 "제1차 세계대전 후 독일의 혼란이 히틀러라는 괴물을 만들었다. 나치 독일에 대한 철저한 반성 없이 올바른 독일을 세울 수 없다. 아무리 막강한 권력도 그들만큼의 권력을 휘두른 적은 없었다"고 평가했다.

맥주 한 잔을 위해서라면
명예를 버려도 좋다
윌리엄 셰익스피어

알렉산더 대왕은 죽었다. 죽어서 묻혔다. 먼지로 돌아갔다.
먼지는 흙이고, 흙으로 우린 반죽을 만든다.
그렇다면 그가 변해서 된 흙 반죽으로 마개를 빚어
맥주통 주둥이를 막지 말라는 법도 없지 않은가?

카이사르 황제, 그도 죽어서 진흙으로 돌아갔으니
바람구멍을 막는 데 쓰였을지 모른다.
아, 세상을 떨게 하던 그가 흙덩이가 되어
겨울바람을 막으려 벽 구멍을 때우는 데 쓰이다니!
_ 셰익스피어, 『햄릿』 5막 1장

영국이 낳은 위대한 극작가 윌리엄 셰익스피어William Shakespeare(1564~
1616). 그는 "마음 편히 에일 맥주 한 잔을 마실 수 있다면 명예를 전부
내버려도 아깝지 않다"(『헨리 5세』, 3막 2장)라고 했다. 이 유명한 대사를
썼을 때, 마땅히 그의 앞에는 에일 맥주잔이 놓여 있었을 것이다. 셰익스
피어는 이 대목을 쓴 다음 에일 한 잔을 시원하게 쭉 들이켜지 않았을까?
   템스강을 사이에 두고 런던 세인트폴 성당 맞은편에 셰익스피어 글로
브 극장이 있다. 중세풍으로 지붕 없이 지어 셰익스피어의 첫 작품이 공연
된 엘리자베스 시대의 극장을 재현했다. 지금은 860석 규모지만 1599년

처음 개관했을 때는 3000명의 관중을 수용하는 어마어마한 크기였다. 공연 중 사용된 대포의 불꽃으로 1613년 화재가 발생해 소실된 뒤 다시 지었지만 청교도들의 압력으로 폐쇄됐다가 1997년 중세 때의 모습을 살려 나사와 못을 사용하지 않고 회반죽을 이용해 개건했다. 극장에서 나와 런던에서 가장 오래된 재래시장인 버러 마켓을 지나 가까운 런던교 쪽으로 가면 셰익스피어가 머물렀던 유서 깊은 펍이 나온다. 바로 조지 인George Inn이다. 시골에서 상경한 셰익스피어는 여관, 식당, 주점을 겸한 조지 인에서 먹고 자면서 연극 대본을 썼고 이곳을 무대로 직접 공연을 올렸다. 조지 인은 셰익스피어의 작업실 겸 숙소였고 또한 공연장이었다.

16세기에 지어진 조지 인은 런던을 대표하는 오래된 펍이다. 1677년 대화재 때 소실되었다가 재건됐다. 지금은 객실을 폐쇄해 문화유산으로 관리하면서, 넓은 공터에 테이블과 벤치를 늘어놓고 오픈 바 형태로 운영한다. 공적인 공간을 뜻하는 퍼블릭하우스public house의 약자인 펍은 단순한 주점이 아니다. 영국 생활의 중심축이라고 해도 맞다. 친구들과 열띤 토론을 벌이고, 느긋하게 브런치를 즐기고, 맥주잔을 앞에 놓고 혼자 앉아 텔레비전으로 축구 경기를 본다. 에일 맥주를 마시면서 공연을 즐겼던 셰익스피어 시대의 유서 깊은 펍 문화가 지금도 살아 있다.

펍에 왜 조지 성인의 이름을 붙였을까? 말 탄 기사가 용을 창으로 찌르는 모습으로 표현되는 성 조지St. George는 영국 사람들이 가장 사랑하는 성인이다. 전설에 따르면, 본래 영국은 다른 종교를 믿었는데 흉악한 용이 나타나 사람들을 마구 죽이는 일이 벌어졌다. 왕은 어쩔 수 없이 공주를 제물로 바쳐 용을 달래려 했다. 이때 조지 성인이 나타나 용을 물리쳐주면 기독교를 믿겠다는 약속을 왕에게 받아내고는 사나운 용을 창으로 찔러 죽였다. 그때부터 영국이 기독교 국가가 됐다고 한다.

실제 조지 성인은 초기 기독교 순교자로 14인의 성인 가운데 한 사람이다. 그의 순교 장면은 전설과는 사뭇 다르게 잔인하고 비장하다. 지금의 터키 카파도키아에서 귀족의 아들로 태어난 조지 성인은 부모님을 따라 독실한 기독교도가 되어 디오클레티아누스 황제 시절 1000명의 군인을 지휘했던 천부장tribunus militum이 됐다. 지금으로 치면 연대장이다. 그는 디오클레티아누스 황제가 기독교도를 박해하자 이를 말리려 찾아갔다가 감옥에 갇혀 고문을 당했다. 그를 아꼈던 황제가 배교를 명했지만 조지 성인은 끓는 물에 들어가고 쇠바늘이 박힌 수레바퀴에 깔리는 고문을 견디다 결국 참수형을 당했다. 그의 의연한 모습을 지켜본 황제의 부인이 감동을 받아 기독교로 개종할 정도였다. 황후 역시 순교했다고 한다. 조지 성인은 십자군 전쟁을 거치면서 이슬람교인 용을 죽이고 기독교인 공주를 구한 전설적 존재로 묘사되면서 영국인들의 사랑을 한 몸에 받았다. 그만큼 인기 있는 성인이었기에 중세 펍에 그의 이름이 붙은 것이다.

1300년대 초 런던에는 여관이 약 350곳, 양조장 또는 선술집은 1300여 곳에 달했다. 당시에는 대개 여관과 선술집에서 자체적으로 맥주를 빚었다. 이후 영업장 대량 판매를 목적으로 나온 최초의 산업용 맥주인 포터porter가 등장하자 조지 인 등 하이스트리트의 여관들은 인근 양조장에서 맥주를 공급받아 판매하게 되었다.

1564년 영국 스트랫퍼드어폰에이번에서 태어난 셰익스피어는 열여덟 살에 이웃에 살던 농부의 딸 앤 해서웨이Anne Hathaway와 결혼했다. 당시 앤은 26세로 셰익스피어보다 여덟 살 연상이었지만 엘리자베스 시대에는 그리 특이한 일도 아니었다. 큰딸에 이어 쌍둥이가 연이어 태어난 뒤

윌리엄 셰익스피어

셰익스피어는 결혼 3년 만인 1585년 고향을 떠났다. 왜 가족과 떨어졌는지, 1590년쯤 런던에 도착하기까지 무엇을 하며 지냈는지는 명확히 알려져 있지 않다.

1590년이면 셰익스피어의 나이는 20대 중반이다. 이 시기 런던은 농촌 인구가 급속히 유입되면서 눈부시게 발전하고 있었다. 들불처럼 번진 흑사병으로 런던에서만 인구의 25퍼센트가 사망한 암흑기가 끝나고, 1500년 5만 명에 불과했던 인구가 불과 100년 만에 4배로 늘어났다. 온갖 종류의 사람이 모여들어 새로운 문화, 새로운 경제를 만들어가고 있었다. 그런 런던은 셰익스피어를 매혹시키는 한편 부담을 안겨주기도 했을 것이다. 애가 셋이나 딸린 시골 출신 가장은 필사적으로 돈을 벌어야 했다. 대학을 나오지 못했다는 자격지심도 그를 위축시켰을 것이다. 실제로 셰익스피어에게 학력에 대한 열등감이 있었는지는 모르지만 배움이 딸려 연극의 품위가 떨어진다고 동료 작가들이 헐뜯은 건 사실이다. 셰익스피어의 미래는 불안하기만 했을 것이다. 여행자들이 모여들어 떠들썩하게 에일 맥주를 마시고 고단한 잠을 청하는 조지 인에서 그는 어떤 심정으로 글을 썼을까?

셰익스피어 일생의 많은 부분이 비밀에 싸여 있지만 앤과의 결혼 생활이 평생 이어졌다는 것, 글을 써서 돈을 버는 족족 고향 스트랫퍼드로 보냈다는 것은 확인된 사실이다. 자녀를 20명 넘게 둔 독일 작곡가 바흐가 자식들을 대학에 보내기 위해 쉬지 않고 곡을 썼던 것처럼, 셰익스피어도 세 자녀와 아내를 위해 연극 대본을 쓰고 또 썼을 것이다. 그는 극작가로 활동한 1590년부터 1613년까지 24년간 모두 38편의 작품을 썼다. 가장 왕성한 활동기에는 시를 쓰고 배우로 무대에 서는 와중에도 1년에 2편 정도의 희곡을 썼다.

셰익스피어가 활동한 엘리자베스 시대의 연극은 순회극단이 중심이었다. 극단주와 극작가, 배우들이 팀을 이뤄 떠돌아다니며 공연했다. 그러다보니 여관 마당이 곧 무대였다. 이 여관 마당 무대inn-yard theatre라는 공간의 특성은 극작가들에게도 큰 영향을 미쳤다. 사실적인 무대 장치를 마련해 들고 다닐 수 없었기에 모든 것을 대사로 설명해야 했다. 조명을 조절하는 것이 아니라 "벌써 밤이 되어 달이 떠올랐구나"라는 대사로 시간적인 배경을 알렸고 등장인물도 "저기 로미오가 오고 있군" 하는 식으로 소개했다. 지루하지 않게 이런 설명을 배치하는 것이 작가의 역량이었다. 간결한 대사만으로 관객의 상상력을 자극하고 공감을 이끌어내야 했다. 바로 셰익스피어가 그랬다. 당대에 최고의 인기를 누렸을 뿐 아니라 지금도 거듭 읽히고 공연되는 이유다.

> 사느냐 죽느냐, 그것이 문제로다.
> 잔인한 운명의 돌팔매와 화살을 참고 견디는 것이 숭고한가,
> 아니면 고통의 바다에 대항해 무기를 들고
> 끝장내기 위해 맞서 싸우는 것이 숭고한가.
>
> 하늘이라도 찌를 듯 웅대했던 야망도
> 잡념에 사로잡혀 가던 길이 어긋나고

관광 명소가 된 조지 인

행동이란 이름을 잃게 되고 마는 것이다.

공감을 누르느냐 마느냐, 그것이 문제인가.

_『햄릿』3막 1장

  셰익스피어는 조지 인에 묵으면서 맥주잔을 앞에 놓고 대본 쓰는 데
몰두했다. 그러다 마침내 희곡이 완성되면 마당 가운데 간이 무대를 만
들고 작품을 공연했다. 투숙객들은 마당과 발코니에 삼삼오오 앉아 맥
주를 마시며 자유롭게 연극을 구경했을 것이다. 무대에서 울려 퍼지는
격정적인 대사에 관객들이 빨려 들어가는 장면이 눈앞에 그려진다. 배

우와 한 몸이 되어 울고 웃는 관객들, 빨갛게 상기된 얼굴로 청중의 반응을 살피는 셰익스피어…… 그의 연극은 서민의 술과 마당 공연이 어우러진 곳, 맥주와 펍의 전통 속에서 탄생한 셈이다.

셰익스피어의 맥주 사랑은 아버지 내림이다. 아버지 존 셰익스피어는 이웃 도시에 살다가 청년 시절 스트랫퍼드에 정착했다. 에이번강을 따라 수양버들이 늘어지고 드넓은 초원이 펼쳐져 있는 아름다운 스트랫퍼드는 런던에서 서북쪽으로 160킬로미터 떨어진 곳에 있다. 이곳에서 아들 윌리엄이 태어났다. 당시 스트랫퍼드의 인구는 2000명이었다. 인구 1만 명이 넘는 도시가 영국에 단 세 곳이었던 점을 감안하면 제법 큰 도시였다.

스트랫퍼드에 남아 있는 셰익스피어 생가에는 당시 생활이 재현되어 있다. 생가를 둘러보면 단연 눈에 띄는 게 셰익스피어의 아버지가 사용했던, 진흙으로 빚은 투박한 도기 맥주잔들이다. 셰익스피어의 생가가 잘 보존돼 있는 건 '19세기의 셰익스피어'라고 불렸던 소설가 찰스 디킨스 덕분이다. 셰익스피어보다 250년 뒤에 태어난 그는 셰익스피어를 흠모해 조지 인을 자주 찾았다고 한다. 디킨스는 셰익스피어 생가가 경매로 나오자 모금 운동에 앞장서 3000파운드를 모았고, 1847년 역사 너머로 사라질 뻔했던 집을 사들여 보존위원회에게 관리를 맡겼다. 이 집은 오늘날 대영박물관과 런던탑, 윈저성, 윈스턴 처칠의 생가와 함께 영국 5대 관광지로 꼽힌다. 연간 50만 명이 찾는 명소다. 셰익스피어의 생가와 그가 즐겨 찾았던 펍은 영국 내셔널트러스트에 의해 문화유산으로 지정되었다. 셰익스피어가 활약한 시대는 상인과 장인이 부를 축적해 부르주

세익스피어 생가

아, 즉 교양과 경제력을 갖춘 시민계급으로 성장하던 때였다. 셰익스피어의 아버지는 가죽 제품을 만드는 장인이었다. 가죽 장인들은 소와 말, 양, 염소 가죽으로 옷, 모자, 신발 등 다양한 물건을 만들고 양털을 깎아 장에 팔았다. 장갑 제조업은 유망 직종이었다. 귀족들이 돈을 아끼지 않고 장갑을 주문했기 때문이다. 다른 가죽 장인들은 소가죽과 말가죽으로 조끼와 신발, 모자를 만드는 데 주력했지만, 셰익스피어의 아버지는 부드러운 양가죽으로 장갑을 만드는 신기술을 개발했다. 얇고 가벼운 양가죽 장갑은 불티나게 팔렸고 셰익스피어의 아버지는 하루아침에 부자가 되었다. 지금으로 보면 성공한 벤처 기업가인 셈이다.

예나 지금이나 큰돈을 벌거나 자기 분야에서 성공한 이들이 꿈꾸는 것이 바로 정치다. 중요한 정책을 좌지우지하는 국회의원이나 고위 공무

원이 되고 싶어한다. 셰익스피어 아버지도 예외가 아니어서 큰 재산을 모으자 정치 일선에 나섰다. 아들 윌리엄 셰익스피어가 태어나기 8년 전인 1556년, 그는 11세기부터 내려오는 맥주 시음관Ale conner으로 첫 공직을 맡았다. 지금의 감사원 감사관이나 국세청 조사관에 해당하는 직위였다.

존 셰익스피어가 스트랫퍼드의 맥주 시음관에 임명된 이유는 감별력이 뛰어나고 무엇보다 맥주를 좋아했기 때문이다. 시음관은 양조장과 여관, 술집을 돌면서 하루에 몇 리터의 맥주를 마시는 게 일이었다. 맥주 색깔만 봐도, 한 모금만 마셔봐도 맥주에 이물질이 섞였는지, 물 탄 맥주인지, 숙성이 제대로 됐는지 알아볼 수 있어야 했다. 아버지의 뛰어난 미각과 말술 주량이 아들 셰익스피어에게 대물림되었을 것이다.

셰익스피어의 아버지는 빈틈없이 공직을 수행했다. 장갑 장인에서 시민계급으로 자수성가한 그는 사명감이 남달랐다. 수도원 내 양조장뿐 아니라 민간 양조장인 '에일 하우스', 호텔, 대형 술집, 작은 음식점을 돌며 용량을 속이거나 물 탄 맥주를 발견하면 가차 없이 처벌했다. 맥주가 정해진 가격대로 판매되는지도 엄밀히 감시했다. 덕분에 공평하게 일을 처리한다는 평판을 얻어 2년 뒤 경찰서장으로 승진했고, 시의원을 거쳐 셰익스피어가 네 살이 되던 해에 드디어 스트랫퍼드 시장에 해당하는 수석행정관이 되었다.

시장이 된 셰익스피어 아버지의 역점 사업은 맥주 맛이 균일하게 유지되도록 잘 관리하는 것과 유랑 극단의 공연을 유치해 시민들에게 즐거움을 주는 일이었다. 스트랫퍼드는 런던과 양모 직물업이 발전했던 맨체스터, 철과 석탄의 중심지로 북잉글랜드 물품의 집산지인 버밍엄을 잇는 길목에 자리 잡고 있다. 수많은 극단이 스트랫퍼드를 통해 남쪽에서 북쪽으로, 북쪽에서 남쪽 지방으로 이동했다.

　연극 무대 앞 제일 좋은 자리에는 당연히 셰익스피어가 앉았을 것이다. 감수성 예민한 꼬마 셰익스피어에게 유랑 극단의 무대는 얼마나 큰 자극이 되었을까? 이런 환경이 그가 영국을 대표하는 위대한 극작가로 성장하는 밑거름이 되었다. 연극에 대한 아버지의 열정 덕분에 재능 있는 배우들의 연기를 눈앞에서 볼 수 있었던 것은 셰익스피어에게 커다란 행운이었다.

　셰익스피어 시대의 영국 에일 맥주는 지금과 전혀 달랐다. 요즘엔 맥주를 맥주통의 위쪽에서 발효시키는 상면 발효주 에일과 아래쪽에서 발효시키는 하면 발효주 라거로 구분하지만, 당시에 전통적 에일과 맥주의 차이는 홉을 넣었는지의 여부였다. 홉을 넣지 않고 쑥, 박하 등 허브 혼합물인 그루트gruit를 넣은 영국식 발효주가 에일, 홉을 넣어 발효시킨 대륙식 술이 맥주였다. 지금은 에일에도 홉을 첨가하기 때문에 에일이 맥주와 동의어로 쓰이기도 하지만 당시 사람들은 종류가 아예 다른 술로 여겼다. 홉을 넣지 않은 영국 특유의 에일과 유럽에서 들어온 맥주는 양조장도 별개로 있었으며 통계도 따로 잡았다. 영국인들은 18세기에도 에일과 맥주를 별개의 술로 생각했고, 그런 인식은 19세기까지 남아 있을 정도였다. 물론 그때쯤엔 에일에도 홉을 첨가했기에 '맥주에 비해 홉을 적게 넣은 술' 정도로 구분되긴 했다.

　1630년 발행된 소책자 『와인, 맥주, 에일, 담배 중 누가 최고?Wine, beer, ale, and tobacco. Contending for superiority A dialogue』를 보면 와인과 맥주,

에일이 서로 자기가 잘났다고 자랑하는 장면이 나온다. 이를 통해 당시 영국인들이 에일과 맥주를 별개의 술로 생각했음을 알 수 있다.

> 와인: 나, 관대한 와인은 왕족의 술이지.
> 맥주: 도시가 원하는 건 맥주야.
> 에일: 하지만 에일, 어여쁜 에일이 땅의 왕처럼 시골을 지배한다네.

당시 영국에서 맥주는 대륙에서 들어온 '모던 보이'의 술, 에일은 시골 사람들이 즐겨 마시는 털털한 막걸리쯤 되었던 모양이다. 그래서 그런지 셰익스피어가 좋아한 건 에일이었지 맥주가 아니라고 주장하는 연구자들도 있다. 하지만 에일이든 맥주든 무슨 상관이랴? 어차피 시간이 지나면서 에일에도 홉을 첨가하게 되었고 지금은 에일이 맥주의 한 종류 또는 맥주와 동의어가 되었는걸. 우리는 맛있는 맥주를 즐기면 그만이다. 셰익스피어도 말하지 않았던가? "에일 맥주 1쿼터는 왕을 위한 음식이다."(『겨울 이야기』 4막 2장)

맥주 양조사와 결혼한 종교개혁가
마르틴 루터 1

> 맥주를 많이 마시면 잠을 잘 자게 되고, 잠을 자는 동안에는 죄를 짓지 않는다.
> 죄 짓지 않은 사람은 천국에 갈 수 있다.
>
> _ 마르틴 루터

1525년 6월 27일, 꽃으로 장식한 마차 한 대가 독일 북부의 작은 도시 비텐베르크Wittenberg 시내에 들어섰다. 광장에서 기다리던 사람들이 환호성을 질렀다. 마차는 시청 앞 광장을 한 바퀴 돈 뒤 성당 앞에 멈췄다. 두 사람이 마차에서 내렸다. 검은색 수사복을 입고 수사 모자를 깊숙이 눌러쓴 마르틴 루터Martin Luther(1483~1546)와 꽃다발을 손에 든 카타리나 폰 보라Katharina von Bora(1499~1552)였다.

신학 교수이자 수도사인 루터와 전직 수녀인 카타리나는 보름 전쯤인 6월 13일 수도원 경내에 있는 루터의 작은 집에서 결혼식을 올렸다. 루터는 42세, 카타리나는 26세로 나이 차이가 꽤 났다. 당시 독일인의 평균 수명이 21세였으니 지금으로 치면 환갑인 루터가 40대의 신부를 맞은 셈이다.

루터와 카타리나

　루터가 교황 레오 10세의 면죄부 판매를 비판하는 '95개조 반박문'을 독일 비텐베르크 교회 정문에 내건 지 8년이 지난 뒤였다. 루터의 결혼식은 세간의 이목을 집중시켰다. 당시 루터는 교회 개혁의 지도자로 유럽 전체가 주시하는 인물이었다. 그의 결혼 역시 교황청에 대한 도발과도 같은 성격을 띠고 있었다. 독신 서원을 한 수도사가 수녀 출신을 아내로 맞은 것은 일종의 시위였다. 아우구스티누스 수도회 수사와 '주님의 신부'였던 수녀의 결혼은 가톨릭 사회에 엄청난 충격을 안겨줬다. 이로써 루터와 카타리나는 최초의 목사와 사모가 됐다.

　비텐베르크 시민들이 이날 광장에 모인 건 두 사람의 결혼을 축하하기 위해서였다. 제일 앞자리에는 루터의 부모가 나란히 앉았다. 나팔 소리가 광장에 울려 퍼지는 것을 시작으로 축제가 시작됐다. 비텐베르크 시장과 시민 대표가 축사를 하며 "비텐베르크의 상징이자 종교개혁을 이끄는 마르틴 루터 교수가 42년 동안의 독신 생활을 중단하고 사랑하는 여인을 만나 결혼하게 된 것은 하느님의 무한한 은총"이라고 말하자 독일 병정처럼 딱딱한 루터의 얼굴이 홍당무가 되었다.

루터는 전쟁의 위협에도 불구하고 끝까지 자신을 지지해준 비텐베르크 시민에게 감사한 뒤, 맥주잔을 높이 들어 건배를 제안했다. 여기저기서 "프로스트Prost"(건배), "춤 볼Zum Wohl"(위하여) 소리가 끊이지 않았다. 이날 축제에서 시민들이 나눠 마신 맥주는 비텐베르크 시의회와 독일 북부 길드에서 루터를 위해 만든 아인베크Einbeck 맥주였다.

루터가 신학을 공부했던 비텐베르크는 당시 인구가 2000명에 불과했지만 작센주의 맥주 수도답게 무려 172개의 양조장이 있었다. 브레멘과 함부르크, 쾰른 등 북부 독일 도시들은 12세기부터 한자동맹die Hanse을 만들어 독일 도시들과 해외를 연결하는 무역 활동을 벌였다. 중요한 교역 품목 중 하나가 맥주였다. 아인베크 맥주는 이탈리아는 물론 멀리 예루살렘까지 수출되었다. 종교개혁을 지지한 한자동맹 장인들은 루터가 좋아하는 아인베크 맥주를 특별히 제조해 결혼 축하 파티에 보내왔다. 이 맥주를 보고 루터의 입이 벌어진 것은 당연한 일이었다.

아인베크는 밀을 다량 첨가한 상면 발효 맥주로 다양한 종류의 효모를 섞어 복합적인 향을 강조한 것이 특징이다. 루터가 좋아했던 아인베크는 오늘날 인기 있는 보크bock 스타일로 발전했다. 하지만 지금의 보크 맥주는 하면 발효에 단일 품종 효모를 쓰기 때문에 원조 아인베크와 비교하면 투명하고 맛도 단순한 편이다. 루터 시대의 맥주 맛과 그나마 가장 가까운 게 벨기에 수도원 맥주라고 한다.

루터는 철저한 금욕주의자였지만 누구보다 맥주를 사랑했다. 맛있는 맥주를 마시면 잠을 잘 자고, 잠을 자는 동안은 죄를 짓지 않으니 천국에 갈 수 있다고 굳게 믿었다. 그러니 그가 결혼 선물 가운데 가장 기쁘게 받은 것도 맥주였다.

다른 선물도 도착했다. 작센의 공작 프리드리히 선제후는 100길더를 보내왔다. 그는 무명의 수도사인 루터를 자신이 세운 비텐베르크대학의 성서학 교수로 임명한 뒤 끝까지 루터를 보호했다. 교황과 황제가 루터의 교수 자격을 박탈하고 그를 로마로 압송하는 데 협조하라고 위협했지만 프리드리히는 뜻을 꺾지 않았다. 거부할 경우 정치적 권한을 박탈할 것이라는 위협이 이어졌지만 그는 끝까지 루터의 생명을 지켰다. 루터를 자랑스럽게 여겼던 비텐베르크 시민들도 시의회의 이름으로 맥주와 함께 20길더의 축의금을 선사했다.

당시 1길더는 쇠고기 50킬로그램을 살 수 있는 큰돈이었다. 중세 유럽에서 경제적 가치를 가늠했던 소와 말의 가격을 기준으로 보면 소 한 마리를 사는 데 2길더, 말 한 마리 가격이 10길더였다. 루터가 받은 축의금은 소 70마리, 말 14마리를 살 수 있는 거액이었다.

루터는 수도원에 딸린 작은 집에서 살고 있었다. 교수 봉급은 없었고 수도원에서 약간의 생활비를 받았다. 수입이 없으니 다른 수도사들처럼 검소하게 살 수밖에 없었다.

루터와 카타리나 폰 보라는 어떻게 만났을까? 폰Von이라는 칭호에서 나타나듯 카타리나는 귀족 출신이다. 그녀는 몰락한 귀족이었던 아버지가 재혼하면서 열 살 때 수녀원에 맡겨졌다. 루터의 고향 아이슬레벤에서 동쪽으로 120킬로미터 떨어진 곳이다.

카타리나는 6년 뒤인 열여섯 살에 신에게 헌신하겠다는 서원을 한 뒤 수녀 생활을 시작했다. 수녀원에서 맡은 임무는 맥주를 만드는 맥주 양조사, 즉 브라우마이스터Braumeister였다. 루터는 결혼이 늦었지만 처복이 있었던 모양이다. 그렇게 좋아했던 맛있는 맥주를 평생 만들어줄 양조사를 아내로 맞았으니 말이다.

루터의 개혁 사상은 수녀였던 카타리나의 삶을 뒤흔들어놓았다. "참된 신앙은 오직 하느님을 향한 믿음에 의해 구원받을 수 있으며, 수도자들이 만약 자유롭게 살아가길 원한다면 서원을 포기하고 세상으로 돌아갈 수 있다"는 내용이었다. 카타리나는 교황청의 절대적인 영향력 아래 있었던 독일 님브센Nimbschen의 마리엔트론 시토회 소속 수녀원에서 생활하던 중이었다. 카타리나를 포함한 9명의 수녀는 수녀원을 탈출하기로 하고 루터에게 도움을 요청했다.

수녀원은 하느님께 평생을 바치려는 여성들이 가는 곳이지만, 당시에는 신앙을 좇는 것이 아니라 달리 기댈 곳이 없어 울며 겨자 먹기로 수녀원에 갇혀 사는 여성들이 많았다. 가족에게 버림받은 여자아이, 남편이 세상을 떠난 과부 등이 억지로 수녀복을 입고 생활했다. 어릴 때 수녀회에 맡겨져 15년 동안 수녀원에 갇혀 살았던 카타리나는 루터에게 편지를 썼다.

존경하는 루터 선생님.
저희는 수녀원의 수녀들입니다.

저희는 일생 동안 이곳에 묶여 독신으로 사는 게 과연 옳은지 오랫동안 번민해왔습니다.

선생님도 믿음의 근원은 성경이며, 신부나 수녀도 결혼할 수 있다고 하지 않으셨습니까?

저희는 이곳을 탈출하기로 결심했습니다.

엄격한 규율을 강요하는 수녀원이 아니더라도 어디서든 하느님의 딸이 될 수 있다는 것을 보여주겠습니다.

제발 저희의 탈출을 도와주세요. 아멘.

루터는 수녀들의 결심을 확인한 뒤 그들을 구출하기로 마음먹었다. 그것은 쉬운 일이 아니었다. 카타리나가 소속된 님브셴을 다스린 제후는 초강경 가톨릭 교인으로, 탈출하는 수녀를 도왔다는 이유로 한 남자를 사형에 처했던 인물이었다. 루터는 친한 상인을 청어 장수로 변장시켜 수녀원으로 보냈다. 상인은 수녀원에 들어가 비린내 나는 생선 상자 밑에 9명의 수녀를 숨겨 신교도 지역인 비텐베르크로 데려왔다. 마차는 칠흑 같은 어두운 밤을 달려 생선 마차 바닥에 누워 있던 수녀 9명을 세상에 내려놓았다. 새롭게 펼쳐질 운명 앞에 선 수녀들은 기쁨과 두려움에 몸을 떨었다. 마침 1523년 4월 부활절 밤이었다.

다른 수녀들은 수녀원을 탈출한 뒤 곧바로 결혼하거나 일단 부잣집 가정교사로 일하면서 혼처를 찾았지만, 이상하게 카타리나만은 인연이 맺어지지 않았다. 안타까운 마음에 루터가 친구를 남편감으로 소개했으나 카타리나는 거절했다. 그러면서 루터라면 결혼을 생각해보겠다고 말했다. 카타리나 입장에서 이 결혼은 단순히 마르틴 루터라는 남성과의

아이슬레벤에 있는 루터 동상. 왼손에는 독일어 성서를, 오른손에는 교황청이 발행한 면죄부를 움켜쥐고 있다.

결혼이 아니었다. 교황청에서 파문 칙령을 받고 신성 로마 제국에서 추방된 루터는 혁명가였다. 결코 순탄한 앞날이 기다리지 않을 터였지만 운명으로 받아들였다.

루터는 파문당한 이듬해 「결혼에 관하여」라는 글에서 "성직자도 평생 혼자 살아가야 한다는 서원에 얽매이지 말아야 하며, 규범에서 벗어나 결혼할 수 있다"고 주장했다. 성직자는 당연히 독신으로 지내야 한다고 여겨지던 당시에는 면죄부 판매 못지않게 충격적인 주장이었다. 수녀들을 탈출시킨 당사자로서 루터는 카타리나의 결혼에 대해 일종의 책임감을 느꼈을지도 모른다.

인연은 아무리 거부하려 해도 맺어지기 마련이다. 루터는 자신의 운명을 받아들이기로 마음먹고 카타리나에게 청혼했다. 카타리나는 기다렸다는 듯 청혼을 받아들였다. 결혼은 루터에게 물질적으로나 정신적으로 안정을 가져다주었다. 누구보다 성실하게 수녀 생활을 했고 신앙심이 깊었던 카타리나는 루터에게 좋은 반려자였다. 루터가 신앙 문제로 흔들릴 때마다 루터를 강하게 잡아줬고 조언을 아끼지 않았다. 루터의 초상화에는 꼬장꼬장하고 불같은 그의 성격이 그대로 드러나는데, 카타리나 역시 그에 못지않게 성격이 강한 독일 여성임을 짐작할 수 있다.

카타리나가 루터 앞에 상복을 입고 나타난 일화는 유명하다. 루터가 "누가 죽었냐?"고 묻자 카타리나는 "하느님이 죽었다"고 말했다. 루터가 화를 내며 "쓸데없는 소리 하지 말라"고 고함을 치자 카타리나는 차분히 말했다. "만약 하느님이 죽지 않고 살아계신다면 당신이 이렇게 좌절하고 낙심할 이유가 무엇인가?" 그 말을 듣고 정신이 번쩍 든 루터는 다시 펜을 들었다.

카타리나는 현명할 뿐 아니라 생활력 강한 여인이기도 했다. 6명의 자녀와 여러 명의 조카, 심지어 루터 친구의 자녀까지 돌봤다. 루터의 집에는 신앙 상담과 종교 토론을 위해 찾아오는 방문객이 끊이지 않았다. 그녀는 가족뿐 아니라 집에 묵어가는 손님들의 식사와 빨래까지 도맡으며 모든 것을 묵묵히 감당했다. 저축했던 결혼 축의금이 바닥나자 카타리나는 수도원을 설득해 정원과 밭을 빌려 곡식을 경작하고 돼지를 키웠다. 돼지치기에서 꽤 수입을 올렸는지 루터는 아내를 두고 '돼지를 파는 여주인'이라고 농담을 하기도 했다.

그렇게 바쁜 와중에도 카타리나는 루터를 위해 정성스레 맥주를 담갔다. 루터는 카타리나가 빚은 맥주를 매일 2리터씩 마시며 '맥주는 인간을 구원에 이르게 하는 숭고하고 신성한 음료'라고 확신했다. 지금은 박물관이 된 루터의 집 지하실에 가면 카타리나가 사용했던 주방 도구들이 가지런히 진열되어 있다. 그녀의 손때가 묻은 맥주 삶는 솥과 루터를 위한 맥주를 보관했던 맥주통들이 방문객들의 눈길을 끈다.

카타리나는 루터가 하느님 다음으로 의지한 사람이었다. 그는 지인들에게 보낸 편지에서 "나는 카티에Katie를 나 자신보다 더 사랑한다. 만약 그녀가 아이들과 더불어 죽어야 한다면 차라리 내가 죽을 것"이라고 고백했다.

그래서인지 루터는 결혼에 대해서 예찬론을 펼쳤다. "거룩한 결혼 생활은 하느님의 말씀 다음으로 귀한 보물이다. 경건하고 쾌활하며 하느님을 경외하고 가정을 잘 관리하는 아내야말로 세상에서 가장 고귀한 하느님의 선물이다. 그런 아내와 함께라면 평화로운 삶을 영위할 수 있으며 그런 아내에게는 당신의 재산과 몸과 삶을 맡길 수 있을 것이다." 아마도 루터는 신의 선물과도 같은 아내의 덕목에 '맥주를 잘 빚는'이라는 조건도 넣고 싶지 않았을까?

그가 맥주 한 잔을 들이켜자
유럽이 들썩였다
마르틴 루터 2

대부분의 과거 위대한 인물들이 거기 있었던 건 단지 맥주 때문이었다.
_ A. J. P. 테일러(1906~1990. 영국 역사학자)

루터는 어릴 때부터 겁 많고 소심했을 뿐 아니라 지나칠 정도로 금욕
적이었다. 스스로 잘못된 행동을 했다는 생각이 들면 기절할 때까지 자
기 몸에 매질을 가하곤 했다. 탁발의 고통을 체험하기 위해 거리에서 구
걸도 했다. 그의 부모도 '회초리를 아끼면 자녀를 망친다'는 독일 격언을
믿고 루터를 엄하게 훈육했다. 비누를 깎듯 섬세하게 조각할 수 있는 대
리석이 세월이 흐르면 화강암처럼 단단해지듯, 겁 많고 연약했던 루터는
종교개혁 운동을 통해 수많은 시련을 겪으며 바위처럼 강해졌다.

　루터의 아버지는 집념이 강한 사람이었다. 농사를 지어서는 가난에서
벗어날 수 없다는 것을 깨달은 그는 고향을 떠나 광부가 됐다. 깊은 갱
속에서도 쉬지 않고 일했다. 워낙 성실했던 터라 영주의 눈에 들어 구리
제련소의 책임자가 되었고, 이후 광산 감독관으로 승진했다. 그리고 마

침내 시의원이 되었다. 이름을 대면 누구나 고개를 끄덕이는 입지전적인 인물이었다. 자수성가한 아버지는 심약한 루터가 마음에 들지 않았다. 아버지는 대신 루터가 법학을 전공해 출세하길 간절히 바랐다.

아버지 뜻대로 법학 석사 학위를 받고 순탄한 길을 걷던 루터는 어느 날 폭우를 만났다. 느닷없이 닥친 운명이었다. 친구와 들판을 걷다 비를 피해 급히 나무 아래로 몸을 피하는 순간, '꽝' 하는 굉음과 함께 정신을 잃었다. 벼락이 떨어진 것이다. 깨어나 보니 동행했던 친구가 벼락에 맞아 그 자리에서 죽어 있었다. 이날의 충격은 루터가 법학을 포기하고 수도 자가 되어 신학을 공부하게 된 계기가 되었다.

루터가 살았던 16세기 독일은 경제적으로 뒤처지고 정치적으로는 분 열돼 있었다. 지역 간, 계층 간의 분쟁과 갈등이 끊이지 않았다. 사분오 열된 독일은 '교황청의 젖소'라는 비웃음을 받는 수탈의 대상이었다. 부 패한 교황과 이에 결탁한 독일의 주교들은 종교를 빙자해 이런저런 명목 으로 독일 국민을 착취했다. 아버지의 거센 반대에도 불구하고 신학 교 수가 된 루터는 갈기갈기 찢긴 채 수탈당하고 있는 조국 독일의 현실을 목격하고 울분을 느꼈고 결국 강의실을 박차고 나왔다.

단초는 교회의 면죄부 판매였다. 브란덴부르크의 대주교였던 알브레히 트Albrecht는 일정한 나이가 돼야 대주교로 임명될 수 있다는 교회법을 어기고 스물세 살이라는 어린 나이에 마인츠 대주교가 되었다. 그는 교 회법을 어긴 죄를 사함받기 위해 엄청난 비용을 지불해야 했다. 그 돈을 마련하는 방법이 바로 면죄부 판매였다. 당시 교황이었던 레오 10세는 로마의 베드로성당을 재건하느라 큰돈이 필요했기에 알브레히트 대주교 에게 독일 땅에서 8년간 면죄부를 팔 수 있는 권한을 부여했다. 서로의 잇속이 맞아떨어졌던 셈이다. "부패는 더 큰 부패를 부르고, 파국은 더 큰 파국을 부른다"는 옛말대로다.

면죄부 판매는 십자군 전쟁 비용을 마련하기 위해 11세기에 처음 허용된 이후 점점 기괴한 형태로 발전했다. 모든 죄를 사면해주는 일괄 면죄부, 특정한 기간을 정해 몇 개의 죄를 대속해주는 부분 면죄부, 연옥에 있는 죽은 가족의 영혼을 구원하는 가족 면죄부, 앞으로 지을 죄까지 미리 앞당겨 사면받는 특별 면죄부 등 종류가 다양했고, 그에 따라 가격도 천차만별이었다. 심지어 예수가 입었던 옷이나 못 박힌 십자가의 나뭇조각, 성인의 손가락 같은 유물과 유골을 바칠 경우, 무려 30대에 걸쳐 1000년 동안 대대손손 죄 사함을 받는 성유물 면죄부까지 있었다. 달변가인 도미니크 수도회의 수사 요하네스 테첼Johannes Tezel은 큰 북을 두드리는 아이들을 앞세우고 방방곡곡 면죄부를 팔러 다녔다. 사람들은 밥을 굶으면서도 죽은 부모와 가족들의 사면을 위해 앞다퉈 면죄부를 사들였다.

이런 사실에 분노한 루터는 1517년 자신이 몸담은 비텐베르크대학의 궁정교회Schlosskirche 정문에 "인간은 신앙에 의해서만 구원받을 수 있으며, 그 어떤 것도 이를 대신할 수 없다"는 내용의 라틴어로 된 95개조 반박문을 못질해서 붙었다. 당시 교회와 교황에 저항한다는 것은 꿈도 꾸지 못할 일이었다. 하지만 루터는 세상을 향해 큰 망치를 들고 95개조를 '꽝! 꽝! 꽝!' 못 박은 것이다.

독일 시골 도시의 작은 울림은 굉음이 되어 유럽 전역으로 퍼졌다. 교황과 대주교의 폭압에 숨죽여 지냈던 제후와 시민계급은 교황의 파문 위험에도 불구하고 반가톨릭 대열에 속속 합류했다.

루터가 못으로 95개조 반박문을 붙였던 비텐베르크 궁정교회와 정문. 루터는 이 교회 안에 잠들어 있다.

    교회는 애송이 수사의 돌발 행동쯤으로 여겼지만 루터는 만만한 상대가 아니었다. 옳다고 믿는 것에 온몸을 바치는 사람이었다. 무엇보다 사람을 설득하는 능력이 뛰어났다. 대의를 실천하는 면에서도 누구보다 철저하고 성실했다. 인류 역사상 많은 위인이 있지만 부지런하기로 따지만 루터를 당할 사람이 없을 것이다. 반박문 발표는 시작에 불과했다. 루터는 밤을 새워 면죄부의 부당성을 담은 편지를 써서 교황뿐 아니라 대주교, 독일 전역의 제후와 수도원장에게 보냈고, 이를 뒷받침하는 여러 논문을 써 대학 총장, 교수, 시의원 등에게 보내 그들의 동의를 구했다. 가는 곳마다 강연과 집회를 열어 시민들에게도 가톨릭의 부패상을 고발했다. 하루에도 10번이 넘는 연설을 했다.

    루터는 뛰어난 전략가이자 선동가였다. 그가 요즘 사람이라면 트위터,

보름스 제국 의회에서 자신을 변호하는 루터

페이스북, 카카오톡 등의 SNS는 물론, 대중 집회와 신문·잡지·방송·논
문 등의 언론·출판 매체를 총동원해 이념 투쟁을 벌일 것이다. 덕분에
비텐베르크라는 작은 도시에서 루터가 일으킨 불씨는 불과 몇 달 만에
유럽 전역을 들불처럼 활활 불태웠다.

독일 황제 카를 5세는 누구보다 일찍 사태의 심각성을 깨달았다. 종교
갈등으로 독일이 더욱 분열될까 우려했던 황제는 루터의 주장을 무너뜨
리기 위해 1521년 보름스 제국 의회를 소집했다. 이제 루터는 모든 죄를
뒤집어쓰고 로마로 압송돼 화형당할 운명을 맞이하는 듯 보였다. 그런
데 극적인 반전이 일어난다. 루터는 "오로지 하느님을 향한 신앙과 양심
에 따라 인간은 구원받을 수 있다"며 95개조의 철회를 거부했다. 그러자
전국에서 모인 제후들이 그의 단호하면서도 당당한 태도를 보고 감동해
오히려 루터의 지지자로 돌아선 것이다.

바르트부르크에 있는 루터가 성서를 번역한 방

　루터가 그처럼 담대한 모습을 보인 건 맥주 덕분이었다. 루터는 진술에 앞서 비서로부터 1리터짜리 독한 맥주를 넘겨받아 단숨에 비운 뒤, 술의 힘을 빌려 자신의 입장을 당당하게 밝혔다고 한다. 보름스 제국 의회장은 루터가 자신의 이름을 세계에 알리는 무대가 되었고, 아인베크 맥주는 그에게 무대에 설 용기를 주었다. 이 역사적인 맥주를 보낸 이는 칼렌베르크 공작이면서 브라운슈바이크뤼네부르크의 선제후였던 에리히 1세였다. 화형에 처해질지 모르는 상황에서 루터가 담대하게 자신을 변론하는 데 맥주가 도움이 될 거라는 그의 생각은 정확히 맞아떨어졌다.

　보름스 제국 의회에서 증언을 마친 뒤, 루터는 바르트부르크에서 9개월 동안 숨어 지냈다. 귀족의 옷을 입고 머리와 수염을 길렀기 때문에 누구도 그를 알아보지 못했다. 그는 탑 속 다락방에 숨어 지내며 라틴어 성경을 독일어로 번역하는 데 힘을 쏟았다. 언제 죽을지 모르는 상황에서 옥탑방에 숨어 지내던 그에게 맥주는 두려움과 외로움을 달래주는 유일한 친구였다.

그는 이곳에서 9개월 동안 라틴어 성경의 신약을 독일어로 번역했고, 이후 13년에 걸쳐 구약을 번역했다. 이 작업은 근대 독일어의 토대가 되었다. 글과 언어가 일치하는 시대가 열린 것이다. 말은 정신이고 글은 육체다. 루터 덕분에 독일은 비로소 육체와 정신을 가지게 되었다. 거기서 독일 의식, 독일 민족주의 정신이 생겨났다. 독일인들에게 루터의 업적은 우리가 교과서에서 배운 종교개혁의 울타리를 넘는, 훨씬 광대하고 근본적인 것이었다.

1999년 영국 BBC와 독일 일간지 『디벨트Die Welt』는 서기 1000년부터 1999년까지 천 년간 세계를 바꾼 가장 위대한 인물로 종교개혁가 루터를 꼽았다. "미완의 혁명에 그칠 수 있었던 종교개혁을 완수함으로써, 인류의 사회·경제·정치사에 커다란 영향을 끼쳤다"는 평가가 따랐다.

약 500년 전에 이루어진 루터의 종교개혁 운동은 유럽의 신앙생활뿐 아니라 사회 전반을 바꿔놓았다. 루터가 사랑했던 맥주 역시 종교개혁 운동의 영향을 받았다. 반가톨릭 운동의 와중에 맥주사에 홉이 본격적으로 등장했기 때문이다. 개혁파는 교회에 대한 저항운동의 일환으로 홉 사용을 권장했다.

16세기 맥주 생산의 목줄을 쥐고 있었던 것은 가톨릭교회였다. 맥주의 향을 내고 보존하는 데 쓰는 그루트를 교회가 독점했다. 반면 홉은 쓸모없는 잡초로 여겨졌다. 라틴어 이름인 '후물루스 루풀루스humulus lupulus',

즉 '기어오르는 늑대'란 뜻 그대로 어디서나 무성히 자라고 있던 홉이 맥주와 멀어진 것 또한 가톨릭교회 탓이었다.

여기엔 빙엔의 힐데가르트Hildegard von Bingen의 영향력이 절대적이었다. 12세기 독일의 수녀, 예술가, 과학자, 의사, 약초학자였던 힐데가르트는 '교회의 의사'로 불렸으며 로마 가톨릭교회의 성인이었다. 그녀는 "홉은 사람의 영혼을 병들게 하고 내장에 부담을 준다"고 혹평했고, 이후 교회는 맥주 양조에 홉을 쓰지 못하도록 했으며 그루트를 독점했다.

종교개혁에 앞서 1516년 발표된 '맥주 순수령'에서도 알 수 있듯, 독일 제후들은 전부터 야금야금 홉 사용 쪽으로 움직였다. 잡초로 여겨진 홉에는 세금이 붙지 않아 저렴했기 때문이다. 그 와중에 터져 나온 루터의 종교개혁 운동으로 맥주 양조에서 홉의 지위는 단숨에 올라갔다. 저렴하고 보존력이 뛰어난 홉의 성격이 개혁과 맞아떨어진 것이다. 거룩한 힐데가르트의 가르침에 반기를 들고 홉을 쓴다는 건 개혁파 입장에서는 교회를 비웃는다는 의미이기도 했다. 그래서인지 반대파에서는 루터가 "양조장과 술집으로 생계를 유지하는 야만적인 사람들이 사는 비텐베르크 출신"이라면서 그의 가르침을 "시큼한 맥주"라고 헐뜯기도 했다.

보름스 제국 의회에 소환돼 벼랑 끝에 섰을 때 맥주의 힘을 빌려 목숨을 구했던 루터. 직접 지은 찬송가 '내 주는 강한 성이요'처럼, 오로지 신을 바라보며 교회와 세상을 개혁하기 위해 온몸을 바친 루터가 외롭고 지칠 때 그를 위로해준 것은 다름 아닌 맥주였다. 그가 외지에서 아내에게 "예닐곱 시간을 푹 자고도 두세 시간을 더 잤어요. 맥주 덕분이지요"라고 쓴 편지가 남아 있다. 맥주 마니아답게 루터의 편지에는 맥주 이야기가 자주 등장한다.

루터의 신학, 철학, 삶의 근거는 사람들과 어울려 맥주를 마시는 식탁이었다. 루터의 집에는 50명이 앉을 수 있는 기다란 식탁이 있었다. 그는 하루 일과가 끝나면 아내가 내어준 맛있는 맥주를 마시며 친구들과 편안하게 어울렸다. 맥주를 한 잔 쭉 들이켠 루터는 한결 풀어진 태도로 동료 신학자들, 가르침을 청하는 이들과 격의 없이 대화를 나누었다. 시끌벅적한 가운데 아내 카타리나가 요리를 날랐고 사람들은 맥주잔을 거듭 채웠다. 맥주를 마시며 이야기한 루터의 의견과 가르침을 참석자들이 받아 적어 펴낸 것이 『탁상담화The Table Talk of Martin Luther』다. 종교는 물론 정치, 결혼, 자녀 양육 등 온갖 내용이 들어 있는 이 책에는 가끔 세속적인 단어들도 등장한다. 동네 맥줏집에서 잔을 부딪치는 사람들끼리 나누는 이야기와 별반 다르지 않은 대목도 있다.

하지만 루터가 술에 취해 흐트러진 모습을 보인 적은 없었던 듯하다. 주정뱅이에 대해서는 루터답게 엄격했다. 지나친 음주에 대해 그는 "그런 영원한 목마름이 심판의 날까지도 독일의 역병으로 남아 있을까 두렵다"고 한탄했다. "양조법이 발견되지 않았더라면 좋았을걸. 엄청난 곡식이 술을 빚는 데 사용되는데 그 결과 좋은 것은 아무것도 없다"는 말까지 했지만 루터의 커다란 맥주잔은 언제나 가득 채워져 있었다.

독일 아인베크 맥주가 1800년대 아메리카 신대륙으로 수출되었을 때 라벨에는 마르틴 루터의 초상화가 그려져 있었다. 강퍅하고 금욕적인 느낌을 주는 초상화는 안타깝지만 술맛을 떨어뜨리기 충분한데도 양조업자들은 루터의 얼굴을 고집했다. 지금도 독일 곳곳의 맥줏집과 양조장에서는 루터의 사진을 벽에 걸어두고 있다. 그의 맥주 사랑, 종교개혁이 맥주에 미친 영향을 기리는 마음이 읽힌다.

가곡의 왕?
'맥주통' 주제에……
프란츠 슈베르트

"그는 예술가였지만 최고 수준의 인간이었으며 모든 시대에 걸쳐 가장 위대한 사람이었습니다."

　1827년 3월 29일 오스트리아 빈 서북쪽에 있는 베링Während 공동묘지. 56세로 세상을 떠난 루트비히 판 베토벤Ludwig van Beethoven(1770~1827)의 입관식이 열렸다. 당대 최고의 배우 하인리히 안쉬츠Heinrich Anschuetz가 추도사를 읽자 고인의 마지막 길을 지켜보러 나온 사람들의 눈에서 눈물이 흘렀다. 베토벤이 살던 집에서 영결식장인 삼위일체 성당Dreifaltigkeitskirche에 이르는 약 3킬로미터의 길에는 고인을 애도하는 2만 명의 시민들이 모여들었다. 시내 모든 상가와 식당들이 문을 닫고 조의를 표했다. 오스트리아를 통치했던 그 어떤 황제의 영결식도 이보다 더 엄숙한 슬픔을 자아내지는 못했을 것이다.

오스트리아 화가 슈퇴베르Franz Xaver Stöber가 그린 베토벤 장례식 모습

베토벤의 관은 피아노 『체르니 교본』으로 유명한 제자 카를 체르니와 궁정의 악장들에 의해 운구돼 저녁 6시가 되어서야 베링 공동묘지에 도착했다. 행렬의 선두에는 안경을 낀 통통하고 키 작은 청년이 횃불을 들고 있었다. 슬픔에 겨워 끊임없이 눈물을 줄줄 흘리는 그가 바로 '가곡의 왕' 프란츠 페터 슈베르트Franz Peter Schubert(1797~1828)였다.

중세 유럽에서는 죽은 성인은 물론 아직 생사를 헤매고 있는 성인을 죽여서라도 유골과 유품을 빼앗으려 했고, 시간이 흘러도 그런 전통이 암암리에 남아 있었다. 당대 최고의 음악가로 불렸던 베토벤도 예외가 아니었다. 공동묘지에 묻힌 베토벤의 두개골과 머리카락, 손가락 등 유해가 나중에 성당과 개인에게 큰 보물이 될 거라는 소문이 나돌자 도굴 걱정이 커졌다. 베토벤의 평생 친구인 슈테판 폰 브로이닝Stephan von

베토벤과 슈베르트

Breuning은 밤마다 베토벤의 묘지를 지켜야 했다.

　슈베르트는 베토벤과 동시대에 같은 도시에 살았다. 당시 음악 공연은 아무리 뛰어난 작품이라도 한 도시에서 몇 차례만 열리는 게 일반적이었지만 베토벤의 유일한 오페라 「피델리오Fidelio」는 오스트리아의 수도 빈에서 무려 21차례나 공연되는 영광을 누렸다. 「피델리오」를 보고 큰 감명을 받은 슈베르트는 베토벤같이 위대한 곡을 쓰겠다고 결심했다. 이때 그의 나이 열여덟이었다. 하지만 직접 베토벤을 만날 기회는 10년이 넘도록 찾아오지 않았다. 친구의 호의로 가까스로 기회를 얻었지만 베토벤은 이미 병석에 누워 있었다. 슈베르트가 자신이 만든 가곡을 들려주자 베토벤은 침상에서 "참 아름다운 노래"라고 감탄하며 "자네에게는 숭고한 불꽃이 있다"고 평가했다. 수줍음이 많았던 슈베르트는 감사의 뜻도 전하지 못한 채 병실을 빠져나왔다. 그로부터 불과 며칠 뒤에 베토벤은 세상을 떠났다.

베토벤을 위대한 스승으로 삼았던 슈베르트는 큰 충격을 받았지만 그를 본받아 불꽃처럼 위대한 예술가로 살기로 결심했다. 그것은 일생 동안 음악을 사랑하고 예술에 열정을 바치겠다는 다짐이었다. 그에게 베토벤은 존경하는 스승이었지만 한편으로는 음악적 경쟁자였다. 깊은 사랑과 질투를 동시에 불러일으키는 애증의 대상이었다. 베토벤을 넘어서는 길은 자신만의 음악세계를 구축하는 것뿐이었다.

베토벤이 슈베르트를 어떻게 생각했는지에 관해서는 전해지는 자료가 많지 않다. 하지만 당시 빈에 거주하면서 조금이라도 음악에 관심이 있었던 사람이라면 슈베르트의 노래를 싫어도 들었을 것이다. 베토벤도 당연히 그중 몇 곡을 알았으며 괜찮은 작품이라고 평가했다. 베토벤이 같은 시기에 활동한 음악가에게 그런 평가를 내린 것은 이례적인 일이었다.

베토벤의 장례식이 끝난 뒤 슈베르트의 친구들은 실의에 빠진 그를 위로하는 자리를 만들었다. 친구들은 슈베르트에게 또 다른 이름의 가족이었다. 그에게는 어쩌면 음악보다 친구들이 더 소중했을지 모른다. 주위에는 늘 친구들이 있었고 그들과 수많은 편지를 주고받았다. 슈베르트는 평생 가난하게 살았지만 친구 관계만큼은 세상 누구보다 부유했다. 슈베르트는 낯가림이 심하고 내성적인 성격으로 알려졌지만 실제로는 고상하고 천진난만했다. 특히 친구들 앞에서는 모차르트처럼 쾌활하고 익살스러웠으며 친구들은 그런 슈베르트를 누구보다 사랑했다. 친구들의 걱정은 슈베르트가 건강을 해칠 정도로 술을 많이 마시는 것이었다.

슈베르트는 맥주를 몹시 좋아했지만 주정을 하거나 실수를 한 적은 없었다. 만약 그가 술독에 빠져 살았다면 31년에 불과한 그토록 짧은 생애 동안 600곡이 넘는 가곡을 쓸 수 없었을 것이다.

세상은 유난히 슈베르트에게 친절하지 않았다. 학벌이 보잘것없고 외모도 매력적이지 못했기 때문이다. 그가 쓴 아름다운 음악과 못생긴 술꾼 이미지가 도저히 연결되지 않았기 때문일까? 그를 보는 사람들의 시선은 차갑기만 했다. 슈베르트는 술배가 불룩 나온 '맥주통beer barrel'일 뿐 자신이 쓴 음악을 스스로도 이해하지 못한다는 말까지 돌았다. 그의 아름다운 음악이 슈베르트라는 보잘것없는 인간과는 도저히 어울리지 않는다는 신랄한 비웃음이었다.

베토벤이 그렇듯 슈베르트도 태어날 때부터 순탄치 않았다. 슈베르트 집안은 체코 동부 모라비아 지방에서 농사를 짓던 사람들이었다. 그의 아버지 프란츠 테오도어 슈베르트Franz Theodor Shubert는 스무 살 때 오스트리아 빈 근교 리히텐탈Lichtental로 이주해 자물쇠 제조공의 딸이었던 어머니 엘리자베트 비츠Elisabeth Vietz와 결혼했다. 슈베르트는 두 사람 사이의 14명 자식 중 열세 번째로 태어났다. 살아남은 것은 형 셋과 슈베르트, 누이동생뿐이었다. 아버지는 슈베르트가 어릴 때 2층 건물을 인수해 사설 음악학교를 차려 교장이 되었다. 슈베르트는 음악을 좋아했던 아버지로부터 여러 악기를 배웠는데 곧바로 뛰어난 재능을 드러냈다. 아버지와 형의 연주를 능가하게 되자 리히텐탈 성당의 오르간 연주자로부터 바이올린과 피아노, 가창법 등 본격적인 음악 교육을 받았다.

음악을 사랑했던 슈베르트는 열한 살 때 궁정신학원Stadtkonvikt에 장학생으로 입학해 당대 최고의 작곡가인 안토니오 살리에리Antonio Salieri

의 지도를 받았다. 유난히 아름다운 목소리를 가져 빈 궁정예배당 아동 합창단에도 뽑혔는데 독창 무대에 설 정도였다. 하지만 열세 살 때 갑자기 변성기가 오면서 합창단을 그만두게 되었고 곧이어 신학교마저 나오게 됐다. 집으로 돌아온 슈베르트는 아버지 음악학교의 보조 교사로 일했지만 아버지의 폭력에 시달리다 못해 심한 갈등 끝에 가출했다.

뛰쳐나온 그가 갈 곳은 친구 집밖에 없었다. 이곳저곳 친구의 집을 전전하면서 작곡을 했기 때문에 그에게는 '보헤미안 음악가'라는 별명이 붙었다. 이런 방랑적인 생활은 그의 음악에 짙게 깔려 있는 순수하고 아름다우면서도 고독하고 슬픈 특징을 만들어냈다.

슈베르트가 '맥주통' 소리를 들을 만큼 술을 많이 마신 건 사실이었다. 그도 그럴 것이 그의 주위에는 늘 사랑하는 친구들이 있었기 때문이다. 그들이 만나는 장소는 당연히 맥줏집이었다. 앉는 자리가 정해져 있을 정도로 단골손님이었던 슈베르트는 늘 맥줏집에서 친구들을 만났고 거기서 연주회를 열었으며 맥줏집을 무대 삼아 새로운 가곡을 발표하기도 했다. 친구들은 슈베르트 팬클럽인 슈베르티아데Schubertiade를 결성해 빈 교외로 나가 함께 노래를 부르곤 했다.

슈베르티아데 멤버 중 슈베르트에게 큰 도움을 준 사람은 친구 요제프 폰 슈파운Josef von Spaun과 프란츠 폰 쇼버Franz von Schober였다. 슈파운은 슈베르트보다 아홉 살 많았지만 슈베르트의 재능을 사랑해 오선지도 살 수 없을 정도로 가난했던 슈베르트가 작곡을 계속할 수 있도록 후원했다. 쇼버는 갈 곳 없는 슈베르트를 집에 초대해 궁정 극장의 유명한 가수였던 요한 미하엘 포글Johann Michael Vogl을 소개했다. 아름다운 노래에 감동한 포글이 극장에서 슈베르트 가곡을 부르기 시작하면서

오스트리아 화가 율리우스 슈미트Julius Schmid가 그린 「슈베르티아데」(1897)

슈베르트는 조금씩 명성을 쌓아가게 되었다.

152센티미터의 작고 뚱뚱한 몸매에 근시로 인해 두꺼운 안경을 써야 했고 수줍음이 많아 사람들 앞에서 말을 더듬거렸던 슈베르트. 가난과 고독은 그에게 주어진 운명이었지만 슈베르트는 그것을 사랑과 슬픔이 담긴 음악으로 승화시켰다.

슈베르트는 아마추어 음유시인들에 의해 불리던 가곡을 음악의 한 장르로 소개하고 발전시키는 데 온 힘을 쏟았다. 괴테와 실러, 프리드리 히 클롭슈토크Friedrich Klopstock 등 독일을 대표하는 시인의 작품을 음악 과 결합시켜 예술 장르로 끌어올렸다. 잘 알려지지 않았던 빌헬름 뮐러 Wilhelm Müller의 시를 연가곡집 『아름다운 물방앗간의 아가씨』를 통해 후세에 알린 것도 슈베르트였다.

베토벤은 「전원 교향곡」과 「운명 교향곡」을 구상하고 완성하기까지 4년의 시간이 걸렸다고 한다. 초고를 쓴 뒤 수정에 수정을 거듭하면서 완성하는 것이 베토벤의 스타일인 반면 슈베르트는 영감이 떠오르면 한순간에 미친 듯이 곡을 완성했다. 괴테의 시 「마왕」을 읽고 작곡하는 데 채 1시간이 걸리지 않았고, 「들어라 종달새」라는 작품은 맥줏집에서 친구가 읽던 시집을 빼앗아 그 자리에서 완성했다.

슈베르트의 묘

천재의 운명은 더 가혹한 것인지 모른다. 가난과 고독에 시달리던 음악 천재 슈베르트는 베토벤이 죽고 20개월 뒤 그를 따라 눈을 감았다. 겨우 서른한 살이었다. 세상을 떠나기 전 슈베르트는 베토벤을 애타게 찾으며 자신이 죽으면 베토벤 곁에 묻어달라는 유언을 남겼다. 어쩌면 베토벤과 슈베르트는 빈의 밤거리에서 술에 취해 비틀거리며 서로를 스쳐 지나간 적이 있었는지도 모른다. 그랬다 해도 두 사람 모두 근시여서 상대를 알아보지 못했을 것이다. 그들이 설사 술에서 위안을 찾았다 해도 누가 손가락질할 수 있을까? 베토벤은 귀가 먹어 절망했고, 슈베르트는 매독에 걸린 탓에 언제 정신이상 증세가 나타날지 몰라 엄청난 불안에 시달렸다. 무절제나 의지 부족을 이유로 들기에는 삶이 위대한 두 음악가에게 너무도 가혹했다.

슈베르트는 마치 잠자는 것처럼 평온한 모습으로 베링 공동묘지에 묻혔다. 그가 가장 존경했던 베토벤의 묘지에서 그리 멀지 않은 곳이었다.

그를 사랑했던 친구이며 극작가였던 프란츠 그릴파르처Franz Grillparzer는 슈베르트의 묘비에 "음악은 여기에 위대한 보물을, 그리고 그보다 한층 더 큰 희망을 묻었노라"라고 새겼다. 베링 공동묘지는 슈베르트의 이름을 따서 이후 슈베르트 공원으로 명명됐다.

"그는 앉기만 하면 마셨다"
루트비히 판 베토벤

베토벤과 슈베르트는 공통점이 많았다. 부모 복이 끔찍이 없었던 두 사람은 혹독한 아버지 밑에서 자랐지만 음악을 통해 스스로의 운명을 개척했다. 두 사람 모두 평생 고독했지만 곁에는 그들의 인품과 재능을 사랑하는 후원자와 친구들이 있었다. 베토벤은 교양 있는 지식인들과의 교류를 통해 문학, 역사, 예술 분야에서 누구에게도 뒤처지지 않을 높은 지식과 정신세계를 만들어나갔고 위대한 작품을 작곡해 세상에 남겼다. 슈베르트에게는 친구들과 어울려 술잔을 나누는 순간이 가장 행복한 시간이었다. 그리고 두 사람 모두 와인과 맥주를 좋아했다.

베토벤은 쾰른의 궁정 악단 소속 테너 가수였던 아버지 요한 판 베토벤Johann van Beethoven의 둘째로 태어났다. 그는 할아버지와 같은 이름인 '루트비히Ludwig'로 세례를 받았다. 베토벤의 할아버지는 지금의 벨기에

인 플랑드르 지방에서 제빵업자의 아들로 태어났다. 어릴 때부터 음악에 대한 재능을 인정받아 다섯 살 때 음악학교에 입학해 합창단원으로 활동했고 열세 살이 되자 오르간을 배우기 시작했다. 음악 공부를 하러 독일에 갔다가 우연한 기회에 쾰른과 뮌스터의 선제후였던 클레멘스 아우구스트의 눈에 들게 되었다. 본 궁정 악단의 베이스로 임명된 베토벤의 할아버지는 결국 음악 감독인 악장의 자리에까지 올랐다. 베토벤의 할아버지는 성실하기로 유명했다고 한다. 악장 월급을 꼬박꼬박 모아 시작한 와인 양조업은 성공하지 못했고 결과적으로 아내가 알코올 중독자가 됐다. 조금씩 술을 마시던 베토벤의 할머니는 결국 알코올 중독으로 요양원에서 생을 마감했다고 한다.

베토벤의 아버지 요한은 자신의 아버지에게는 음악적 재능을, 어머니로부터는 술을 좋아하는 기질을 물려받았다. 베토벤의 아버지는 재능 있는 궁정 테너 가수였기 때문에 특별한 일이 없는 이상 아버지의 뒤를 이어 궁정 악장이 될 거라고 예상됐다. 그는 젊은 시절에는 학생들에게 성악과 피아노를 가르치며 성실하게 살았다. 베토벤의 할아버지는 재혼인 며느리를 반대했지만 아버지는 궁정 주방장의 딸과 결혼해 베토벤과 두 남동생을 두었다. 하지만 언제부턴가 음악보다는 술을 즐기기 시작하면서 점점 술 마시는 날이 많아지고 결국에는 음악을 그만둬야 했다. 할머니부터 시작돼 아버지를 통해 내려온 술을 좋아하는 성향은 결국 베토벤에게까지 이어졌다. 특히 완전히 난청이 된 이후에는 술이 유일한 낙이어서 자리에 앉기만 하면 술을 마셨다고 한다.

결국 술주정으로 궁정 악단에서 쫓겨난 베토벤의 아버지는 자식 중 음악적 재능이 있었던 베토벤을 내세워 돈 벌 궁리를 했다. 아들을 모차르트 같은 음악 신동으로 키운 뒤 유럽 각지를 돌며 연주회를 여는 것이 그의 계획이었다. 네 살밖에 안 된 베토벤은 이때부터 하루 종일 피아노를 쳐야 하는 가혹한 운명을 맞았다. 실수라도 하면 피아노 위에서 벌을 섰고 심한 매질도 견뎌야 했다. 평범한 아이라면 대문을 박차고 달아났겠지만 베토벤은 묵묵히 피아노 연습을 했다. 베토벤이 여덟 살 때, 아버지는 나이를 두 살이나 낮춰 여섯 살이라고 속이고

열세 살 때의 베토벤

'음악 신동 연주회'를 열었다. 그러나 이미 '원조 음악 신동' 모차르트에게 깜짝 놀란 경험이 있는 사람들의 반응은 시큰둥했다. 사기극이 실패로 끝나자 낙담한 아버지는 본격적으로 술을 마셨다. 베토벤은 청소년기부터 술주정뱅이 아버지를 대신해 가족의 생계를 책임져야 했다.

베토벤에게는 아버지 대신 멘토가 되어준 스승이 있었다. 본 궁정의 오르간 연주자였던 고틀로프 네페Gottlob Neefe였다. 네페는 열 살인 베토벤에게 바흐와 모차르트를 소개하고 작곡법을 가르쳤다. 음악뿐 아니라 교양인으로 갖춰야 할 역사, 철학, 문학 등을 가르쳤으며 쾰른 선제후에게 부탁해 음악의 수도 빈으로 진출할 수 있는 길을 열어주었다. 1789년은 베토벤에게 역사적인 해였다. 그는 파리에서 시작된 프랑스혁명의 기운이 전 유럽으로 퍼져나가는 것을 목격했다. 베토벤은 모든 사고의 기준이 되었던 신과 교회의 권위를 거부하고 귀족의 특권에 반대해 인간은 누구나 평등하다는 혁명 사상에 매료됐다. 가뜩이나 기존 질서에 저

항적이었던 베토벤은 누구보다 열렬하게 혁명 사상을 받아들였다. 베토벤은 그길로 프랑스혁명 사상을 독일 전역으로 전파하는 작업의 산실이었던 본대학을 찾아 청강생으로 등록했다. 이곳에서 급진적인 수업을 들으며 베토벤은 공화주의자로 변모했다.

근대 유럽의 계급제도와 권위주의에 대해 괴테와 베토벤 간 극명한 차이를 보여주는 재미있는 일화가 전해진다. 1812년 8월 체코의 유명한 휴양도시 테플리츠Teplitz에서 베토벤과 괴테가 길을 걷는 중에 오스트리아 프란츠 황제의 동생인 루돌프 대공 부부의 마차가 달려왔다. 베토벤이 말렸지만 괴테는 재빨리 길옆으로 비켜서서 모자를 벗고 머리가 땅에 닿도록 허리를 굽혀 예의를 표시했다. 베토벤은 모자를 눌러쓰고 뒷짐을 진 채 다가오는 행렬을 헤치고 나갔다. 대공 부부가 베토벤을 알아보고 먼저 모자를 벗어 꼿꼿하게 서 있는 베토벤에게 인사를 했다고 한다. 베토벤은 신분 제도에서 벗어나지 못했던 괴테를 '시러베 아들'이라고 비난한 뒤 "왕과 제후가 작위와 훈장을 줄 수는 있지만 위대한 정신을 가진 인간을 만들어낼 수는 없다"고 일갈했다.

베토벤은 자신의 신념과 사상을 음악을 통해 표현하고자 했다. 프랑스혁명이 일어나자 그는 나폴레옹이 자신이 꿈꾸는 공화국을 만들 수 있는 영웅이라고 생각해 심혈을 기울여 「영웅 교향곡」을 지었다. 그러나 나폴레옹이 황제에 올랐다는 소식을 듣자 "그도 평범한 인간에 지나지 않더란 말인가?" 하고 탄식한 뒤 나폴레옹에 대한 헌사를 찢어버렸다. 이후 그는 폭풍우 치는 운명에 맞서 싸우는 나약한 인간의 고통을 노래한 「운명 교향곡」, 실러의 시에 곡을 붙인 '환희의 송가'가 담긴 「합창 교향곡」을 지었다.

카를 뢸링Carl Röhling이 그린 「테플리츠 사건」(1887)

「합창 교향곡」을 작곡할 당시 오페라 「세비야의 이발사」와 「신데렐라」를 작곡한 로시니의 이탈리아 가극이 빈에서 크게 유행하자 베토벤은 사람들의 경박함에 분노해 런던으로 이주할 계획을 세웠다. 이런 사실을 안 베토벤 후원자와 애호가들이 오스트리아를 떠나지 말 것을 간청했고 결국 빈에 남은 베토벤은 1824년 「합창 교향곡」을 초연했다. 연주회는 대성공이었다. 황제가 참석한 음악회라도 세 번만 박수 치는 관례를 깨고 청중들은 떠나갈 듯 박수를 쳤다. 악단을 향하고 있던 베토벤은 열광적인 박수 소리를 듣지 못했다고 한다. 이때 한 연주자가 베토벤의 소매를 끌어 청중 쪽으로 돌려세웠고 베토벤은 열광하는 청중을 보고 너무 감격한 나머지 무대 뒤에서 기절했다. 이날 경찰은 지나치게 흥분한 관객들을 진정시키기 위해 진땀을 흘렸다고 한다.

베토벤은 자유, 평등, 박애를 강조한 프랑스혁명에서 영향을 받아 자

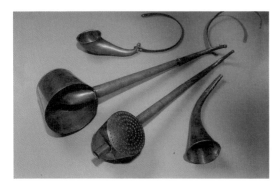

베토벤이 사용하던 보청기들

신의 음악은 부자와 가난한 사람 모두에게 위안을 줘야 한다고 생각했다. 그는 평생 친구이자 의사였던 프란츠 게르하르트 베겔러Franz Gerhard Wegeler에게 "나의 예술은 가난한 사람들의 행복에 기여하는 것"이라고 말했다. 그러나 베토벤에게도 현실은 냉혹했다. 열일곱 살부터 무능한 아버지를 대신해 가족의 생계를 책임져야 했고 청장년이 되어서는 형만 바라보고 있는 두 동생과 조카의 생활비를 마련해야 했다. 스물여섯 살 이후에는 귓속에 윙윙거리는 난청과 중이염, 시도 때도 없이 설사를 하는 대장 질환, 폐결핵, 폐렴, 신경통, 결막염에 시달렸다. 그의 몸은 종합병원이었다. 1905년 발행된 의학시보Chronique medicale에 따르면 베토벤이 겪은 증상들의 근본적인 원인은 어머니의 폐결핵에서 비롯된 유전성 허약 체질과 급성 중이염이었다고 한다.

1802년 서른두 살이 된 베토벤은 귀가 거의 들리지 않자 요양차 빈의 서북쪽 거대한 숲속에 있는 작은 마을 하일리겐슈타트Heiligenstadt에 머무른 적이 있다. 굽이치는 도나우강이 내려다보이는 아름다운 마을이었다. 피아노 소리와 성당에서 울려 퍼지는 종소리를 들을 수 없다는 것은

그에게 죽음 같은 고통이었다. 하지만 그는 "가슴속에 있는 창작 욕구를 다 채우기 전에 세상을 떠날 수 없다"고 말하며 이곳에서 「전원 교향곡」을 작곡했다. 두 동생에게 "죽음이 다가온다면 용감하게 맞서 싸울 것이다"라는 내용으로 보낸 「하일리겐슈타트 유서」도 이곳에서 썼다.

베토벤은 50대로 접어들기 전에 완전히 귀가 먹어 아무런 소리도 들을 수 없게 됐다. 의사소통을 위해 필담 노트를 가지고 다녀야 했고 말년에는 나무토막을 이용해 한쪽은 피아노 속에 넣고, 한쪽은 이빨로 물어 소리를 느꼈다고 한다.

베토벤은 평생 동안 여러 명의 여성을 사랑했다. 친구 베겔러에 따르면 "단 한 순간도 극도로 심각한 사랑의 정열을 가지고 있지 않은 적이 없었다." 하지만 사랑을 끝내 이루지는 못했다.

그가 추구했던 사랑은 육체적인 것이 아니라 정신적으로 숭고하고 정결한 청교도적인 사랑이었다. 서른한 살에 실연을 당했을 때 베토벤은 귀

베토벤의 묘

가 안 들리는 자신이 사랑하는 사람과 결혼할 자격이 없다고 낙담했다. 귀와 장에서 시작된 질병은 눈으로 옮아갔다. 어릴 때부터 근시였던 베토벤은 중년 이후 시력도 급격히 나빠졌다. 그는 시시각각 목을 죄어오는 질병에 맞서 "만약에 내가 이 병을 떨쳐버릴 수만 있다면 온 세계를 껴안으려만……" 하고 탄식했다가 "결단코 그놈의 병에 눌려선 안 돼. 나는 운명의 목덜미를 잡아 쥐고 말 테다" 하고 저항했다.

베토벤에게는 늘 '위대한'이라는 수식어가 붙어 다닌다. 시대를 여는 선구자였기 때문이다. 평생 고독과 질병과 싸우며 자신에게 주어진 운명에 굴하지 않고 위대한 작품들을 세상에 내놓았다. 가난 때문에 정규 교육을 거의 받지 못했지만 손에서 책을 놓지 않았고 새로운 사상과 조류를 공부했다. 당대의 문학가 및 예술가와 교류했으며 혁명 정신과 공화주의를 옹호한 진보적인 지성인이었다. 이전까지의 작곡가는 왕이나 귀족으로부터 그들이 원하는 곡을 주문받아 작곡한 뒤 후원으로 생계를 유지했지만 베토벤은 자신이 원하는 곡을 만든 뒤 악보를 판매해 음악가들이 독자적으로 살아갈 수 있는 가능성을 열어주었다.

괴테와의 일화에서 보듯 베토벤은 왕과 귀족 앞에서 늘 당당했다. 한번은 어느 귀족의 집에서 피아노 독주를 하게 됐는데 사람들이 그의 연주에 귀를 기울이지 않자 자리를 박차고 나가면서 "음악을 모독하지 말라"

고 소리치기도 했고, 연주할 것을 강요당하자 "백작님, 당신은 우연히 작위를 부여받았지만 나는 내 힘으로 여기까지 왔습니다. 백작은 앞으로 수천 명이 나오겠지만 베토벤은 단 한 명뿐입니다"라고 선언했다. 로맹 롤랑은 베토벤에 대해 "영웅이란 오랜 세월 초인적 분투와 노력으로 고난을 극복하고 인류에게 용기와 위안을 주는 사람이다. 그런 점에서 베토벤이야말로 영웅 대열의 맨 앞에 설 수 있는 사람"이라고 평가했다.

질병과 실연, 프랑스혁명이 폭풍우처럼 몰아쳤지만 그는 당당하게 운명에 맞섰다. 그리고 지친 몸을 쉬어갈 수 있는 위안을 와인과 맥주로부터 찾았다. 1906년 「베토벤의 최후의 병과 죽음」이라는 논문을 쓴 클로츠 포레스트 박사는 그의 죽음에는 여러 원인이 있지만 알코올을 과음한 탓이라며 "그는 앉기만 하면 마셨다"고 기록했다.

상대성이론을 완성한 날,
맥주에 취해 쓰러지다
알베르트 아인슈타인

1867년부터 독일 뮌헨에서 열리는 맥주 축제 옥토버페스트에 참가해온 작은 맥주 회사인 스코텐하멜Schottenhamel. 1901년 옥토버페스트 개막을 앞두고 스코텐하멜 텐트에서는 전기 공사가 한창이었다. 사상 최초로 옥토버페스트에 전기로 조명을 밝히는 역사적인 순간을 앞두고 긴장감이 감돌았다. 공사를 따낸 유대계 전기업자는 아들을 데리고 조명 시설을 점검하느라 땀을 뻘뻘 흘렸다. 스물두 살 난 아들은 외국 유학까지 보냈지만 직장을 잡지 못해 아버지 회사에서 일손을 거들며 눈칫밥을 먹는 신세였다. 그가 바로 알베르트 아인슈타인Albert Einstein(1879~1955)이었다.

드디어 옥토버페스트가 개막했다. 축제 현장을 보기 위해 베를린과 브레멘, 심지어 오스트리아와 스위스에서도 사람들이 몰려들었다. 주역은 맥주였지만 그해 처음 선보인 백열등이 단연 화제였다. 저녁이 되자 미국의 발명왕 에디슨의 백열등이 행사장을 밝혔다. 희미한 가스등에 익숙한 사람들에게 백열등은 별세상이었다. 가로수에는 난생처음 보는 전등이 매달렸고 회전목마와 회전관람기구가 돌아갔다. 행사장 한쪽에는 구운 닭고기와 소시지를 파는 포장마차와 맥주 파는 가게들이 줄지어 들어섰다. 크고 작은 텐트가 400개가 넘었다.

'무급 알바'를 마친 아인슈타인은 여동생 마야의 손을 이끌고 맥주 마시기 시합이 열리는 텐트로 갔다. 조명이 환하게 빛나는 텐트에는 기다란 탁자가 끝에서 끝까지 놓여 있었고, 1리터들이 컵에 담긴 맥주를 벌컥벌컥 비우는 참가자들의 얼굴은 금세 벌겋게 달아올랐다. 반대로 술 마시기 시합을 처음 본 마야의 얼굴은 하얗게 질렸다. 그날 밤 아인슈타인은 여동생을 그런 점잖지 못한 곳으로 데려갔다고 어머니에게 야단을 맞았다. 처량한 백수 청년은 풀이 죽어 한숨을 쉬었다. 다행히 어머니의 화는 오래가지 않았다. 조명 설치를 성공적으로 마친 아버지와 삼촌이 환하게 웃으며 집으로 돌아왔기 때문이다.

행사장을 대낮처럼 밝히기 위해서는 수천 개의 백열전등이 필요했고, 조명 시설을 설치하는 것은 전기업자의 몫이었다. 새로운 시대를 밝히는 전등은 곧 돈을, 즉 자본과 부를 상징했다. 전기업자였던 아인슈타인의 아버지와 삼촌은 운 좋게 옥토버페스트 축제에 야외 조명을 설치하는 계약을 따냈지만 그 엄청난 기회는 일 년 만에 물거품이 되고 말았다. 반유대인 정서가 고조되면서 조명 설치권은 이듬해 다른 회사로 넘어갔다. 만약 계약이 오랫동안 유지됐더라면 아인슈타인은 물리학자가 아니라 AEG 같은 독일 전기제품회사의 사장의 돼 좋아하는 맥주를 평생 즐기며 살았을지 모

아인슈타인의 부모

른다. 필생의 업적인 상대성이론도 다른 사람에 의해 발표되었을 것이다.

아인슈타인은 1879년 독일 남부 뮌헨과 슈투트가르트 사이의 작은 공업도시 울름에서 태어났다. 아버지 헤르만 아인슈타인과 어머니 파울린은 유대인이었다. 평생 오빠 아인슈타인을 숭배한 여동생 마야와는 두 살 터울이었다. 19세기 후반 독일에서는 급격한 산업혁명이 진행 중이었다. 180만 명에 불과했던 독일 도시노동자는 불과 30년 만인 1900년에 세 배인 570만 명으로 늘어났다. 독일은 1850년대 철과 석탄 생산으로 대변되는 경제성장기를 거쳐 1860년대에 최대 호황기를 맞았다. 전국에 난립했던 군소 국가들이 1871년 프로이센을 중심으로 흡수 통일되면서 금속 공업과 광산업, 중화학공업이 숨 가쁘게 발전하기 시작했다. 그 뒤를 따라 급격한 도시화가 진행되었다.

아인슈타인 집안은 유대계였지만 과학과 기술의 발전을 믿었고 가풍이 자유로웠다. 부모는 매주 성당에 나가는 성실한 로마 가톨릭 신자였다. 아버지 헤르만과 삼촌 야코프는 첨단 과학인 전기공학을 독학으로 공부한 뒤 전기모터와 조명 시설을 만드는 작은 전기 회사를 운영했다. 삼촌은 아인슈타인이 일곱 살 때 나침반을 선물하는 등 어린 조카가 수학과 과학에 관심을 갖도록 용기를 불어넣었다.

어린 시절 아인슈타인은 유난히 말이 늦어 다섯 살이 되어서야 비로소 말문이 트였다. 집에서 일하는 사람들로부터 '멍청이'라고 놀림을 받으며

아인슈타인과 여동생 마야의 어린 시절

열등감에 시달렸다. 다행히 그에게는 다정한 어머니가 있었다. 어머니는 주눅 든 아들을 토닥이며 "너는 다른 아이에게 없는 훌륭한 장점이 있기 때문에 앞으로 크게 될 것"이라고 위로했다.

늦되고 말을 더듬던 소년은 입을 열기 전에 여러 번 생각하는 습관을 갖게 됐다. 유난히 기억력이 좋지 못했기에 뭐든 메모하는 습관도 몸에 붙었다. 실제로 아인슈타인은 기자와 인터뷰할 때 집 전화번호조차 외우지 못해 수첩을 꺼내 확인했다고 한다. 사람들이 이런 사실에 놀라면

"머릿속에 넣어둘 게 얼마나 많은데 전화번호까지 기억해야 하느냐?"고 반문했다. 메모광인 그가 쓴 메모는 가끔 국제 경매시장에 나와 화제를 모은다. 아인슈타인이 약 100년 전 일본인에게 건넨 '행복이론 메모'가 2017년 10월 156만 달러(약 17억5000만 원)에 낙찰되기도 했다. 1922년 일본 순회강연을 위해 도쿄 임피리얼 호텔에 묵었던 아인슈타인은 전보를 전하러 온 벨 보이에게 팁 대신 메모 두 장을 건넸다고 한다. "조용하고 소박한 삶은 불안에 묶인 성공을 좇는 것보다 더 많은 기쁨을 가져다준다" "뜻이 있는 곳에 길이 있다"는 내용의 메모였다. 당시 아인슈타인은 "운이 좋다면 아마도 이 메모는 평범한 팁보다 그 가치가 훨씬 클 것"이라고 했는데 그의 말대로 됐다.

천재들이 흔히 그렇듯 아인슈타인도 관심 있는 것에만 집중했고 사소한 일에는 신경을 쓰지 않았다. 어린 시절부터 곧잘 맨발로 다녔던 것도 그래서였다. 맨발을 좋아해서가 아니라 양말 신는 것을 잊거나 번거롭게 여겼기 때문이다.

말을 더듬고 하나에 집중하면 다른 것을 잘 잊어버리는 아인슈타인을 걱정한 어머니는 아들에게 정서적인 안정과 자신감을 심어주기 위해 음악을, 그중에서도 특히 바이올린을 열심히 가르쳤다. 아인슈타인은 마지못해 따랐지만 포기하지 않고 오랫동안 연습한 끝에 훌륭한 연주를 할 수 있게 됐다. 그는 말년에 미국 카네기 홀에서 콘서트를 열기도 했다. 바이올린 연주는 학문 연구에도 뜻밖의 도움을 주었다. 결혼해 두 아들이 태어난 뒤 너무 시끄러워서 일에 집중하지 못할 때면 바이올린을 집어 들고 아이들이 좋아하는 노래를 연주해 아이들을 달랬다고 한다.

타고난 성격 외에도 규율을 중시하는 독일의 엄격한 문화와 반유대인

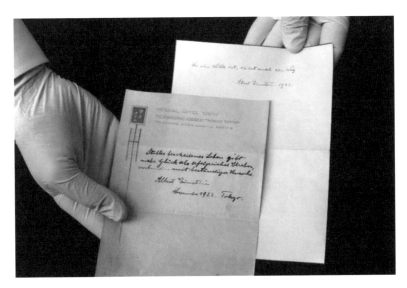

아인슈타인의 메모

정서는 성장기의 아인슈타인을 몹시 괴롭혔다. 아인슈타인 가족은 아버지의 사업 부진으로 1894년 이탈리아 밀라노 인근 파비아Pavia로 이사했다. 하지만 아인슈타인은 인문계 고등학교인 김나지움의 마지막 학년이었기 때문에 친척집에서 머물며 뮌헨에 남을 수밖에 없었다. 당시 뮌헨에는 그가 다니던 루이트폴트Luitpold와 막시밀리안Maximilian 두 개의 김나지움이 있었다. 대학에 갈 수 있는 엘리트 코스인 김나지움을 졸업한다는 것은 그 당시 지식인이 된다는 것을 의미했다.

아인슈타인이 김나지움에 다니던 시기는 독일의 철혈재상 비스마르크Otto von Bismarck가 프랑스와의 전쟁에 승리해 독일이 군국주의로 치닫던 시기였다. 건강한 육체에 건강한 정신이 깃든다는 기치 아래 초등학교부터 김나지움에 이르기까지 주입식 교육과 군대 같은 강압적인 분위기가 학교를 지배했다. 학생들에게는 무엇보다 복종심과 암기력이 요구되었다.

  지금도 독일 교육의 골격은 크게 변하지 않은 듯하다. 나는 1996년부터 3년간 독일 뮌헨대학에서 공부할 기회가 있었는데, 추운 겨울날 해도 뜨지 않는 이른 아침에 재잘재잘 떠들면서 7시 30분까지 등교하는 김나지움 저학년 꼬마들을 보고 깜짝 놀랐다. 영하 15도를 오르내리는 혹한에도 반바지 아래 스타킹을 신고 얇은 점퍼를 걸친 차림이었다. 우리 같았으면 부모로부터 학대받는 건 아닌지 의심했을 것이다. 대형 슈퍼마켓이나 식당에서 떼를 쓰거나 떠들다가 부모에게 매 맞는 아이들도 심심찮게 볼 수 있었다. 그래도 아무도 말리거나 걱정하지 않았다. 오히려 할머니들이 어느샌가 등장해 "저런 놈은 더 맞아야 한다" "이번에 따끔하게 버릇을 고쳐줘야 한다"고 한마디씩 거들었다. 떼를 쓰던 아이들은 기가 죽어 슬금슬금 뒤꽁무니를 뺐다. 사실 독일에서는 갓난아기 때부터 엄격하게 훈육한다. 생후 100일쯤부터 혹독하다면 혹독한 일종의 복종 교육을 시작하는데, 만약 아기가 우유를 계속 안 먹으면 엉덩이를 찬물에 담그는 것을 반복한다. 처음에는 경기 들린 듯 울어대던 아기들도 또 우유를 거부하면 엉덩이가 얼얼해진다는 것을 곧 깨우친다. 그런 뒤에는 우유병을 갖다 대면 두말 않고 열심히 젖꼭지를 빤다고 한다. 독일 사람들이 유난히 질서를 잘 지키고 남을 배려하는 데는 이런 훈육 방식의 영향이 적지 않은 것 같다.

  뮌헨대학에서 강의를 들으러 오가는 길에 가끔 한국 교민의 자녀들과 마주쳤다. 김나지움 교과 과정 중 특히 문학 시간이 궁금해 무엇을 배우는지 물었다. 주로 그리스·로마 시대부터 근대에 이르는 인문학 고전을 배우는데, 예를 들면 괴테의 『파우스트』를 한 챕터씩 외운 뒤 백지에 쓰는 것이 시험이란다. 한 챕터라면 한두 페이지가 아니라 수십 페이지가 넘는 분량일 텐데 그것을 모조리 외워서 써야 한다니! 중세 유럽 학교의 전통은 필사와 암기, 매타작이라는 농담이 있다. 중세의 전통인 필사와 구타는 사라졌지만 암기는 여전히 중시된다. 독일에서는 교사의 권한이 절대적이다. 초등학교 3학년과 4학년, 2년간 담임을 맡은 교사가 아이의 진로를 결정한다. 제아무리 권력과 재력이 있는 잘난 부모라도 아이의 진학을 결정할 수는 없다. 아이가 인문계 고등학교로 갈 것인지, 기술학교로 갈 것인지 결정하는 것은 교사의 권한이다.

아인슈타인의 학창 시절에는 더 심했을 것이다. 조금이라도 잘못하거나 교사의 눈 밖에 나면 매질이 뒤따랐고 모든 과목을 암기해야 했다. 자유로운 영혼을 가진 아인슈타인에게 군대식 교육과 암기는 고통이었다. 결국 학교 생활을 견디지 못한 그는 자퇴하고 가족이 있는 이탈리아 파비아로 돌아갔다.

아인슈타인은 아버지가 운영하는 전기 공장에서 일하다가 뒤늦게 대학에 가기로 결심했다. 그가 갈 수 있는 곳은 독일어로 수업을 하고 김나지움 졸업장 여부와 나이를 따지지 않는 취리히 공대ETH Zürich뿐이었다. 첫 입학시험에서 아인슈타인은 수학과 물리학 성적은 뛰어났지만 화학과 프랑스어에서 낙제점을 받아 떨어졌다. 재수 끝에 이듬해인 1896년 수학물리학 고교교사 양성과정인 지금의 수학물리교육과에 입학했다. 그곳에서 아인슈타인은 앞으로 펼쳐질 인생에서 가장 중요한 역할을 하게 될 친구들을 만났다. 이탈리아 출신의 유대인 미켈레 안젤로 베소Michele

Angelo Besso와 역시 유대계 마르셀 그로스만Marcel Grossmann이었다. 모범생이었던 두 사람은 수업을 제대로 들어가지 않았던 아인슈타인이 수학과 물리학을 공부하는 데 큰 도움을 주었을 뿐 아니라 불안한 미래를 함께 걱정해주었다. 그러나 무엇보다 아인슈타인을 사로잡은 것은 세르비아 출신의 여학생 밀레바 마리치Mileva Marić(1875~1948)였다. 아인슈타인은 밀레바에게 점점 깊이 빠져들었다.

인생에는 세 번의 기회가 있다 한다. 아인슈타인에게도 인생의 반전을 가능케 해준 세 사람이 있었다. 첫 번째는 인생의 첫걸음부터 제대로 떼지 못했던 아들에게 용기를 불어넣고 늘 그의 편이 되어준 어머니였다. 어머니의 무조건적인 믿음과 격려가 어린 시절 그를 지탱해줬다. 두 번째는 그로스만이다. 그는 아인슈타인이 대학을 졸업하고 실의에 빠져 있던 시기에 특허사무소 일자리를 소개했고, 수학자가 되어 아인슈타인 상대성이론의 기초가 되는 기하학과 미적분학을 적용하는 데 큰 도움을 줬다. 그로스만 덕분에 7년 동안 특허사무소에서 일한 것은 아인슈타인에게 큰 행운이었다. 당대 가장 뛰어난 과학 실험인 전기 분야 특허신청서를 검토하면서 앞으로 쓰게 될 자신의 연구 논문에 대한 영감을 얻을 수 있었다. 오늘날 미국 실리콘밸리에서 구글과 페이스북처럼 장차 세계 IT 업계를 이끌 스타트업을 감별하는 것과 같은 역할을 했기 때문이다.

아인슈타인의 인생을 바꾼 세 번째이자 가장 중요한 사람은 학문적 동지이자 아내인 밀레바였다.

밀레바는 오스트리아·헝가리 제국에서 과학고등학교를 졸업한 최초의 여학생이었다. 남학교였던 취리히 공대가 여성 입학을 허용한 이후 다섯 번째로 입학한 여학생이자 아인슈타인 동기생들 가운데 홍일점이었다.

밀레바와 아인슈타인

아인슈타인보다 네 살 연상인 밀레바는 1875년 세르비아의 부사관 밀로 말리치의 큰딸로 태어났다. 집안은 부유한 편이었지만 좌골통을 앓아 어릴 때부터 다리를 절었다. 잘 걷지 못했기 때문에 책상에 앉아 있는 시간이 많았던 그녀는 초등학교 때부터 수학과 물리학에서 두각을 나타냈고 무엇보다 학업에 대한 성취욕이 강했다. 이런 이유로 여성 입학이 허용된 유일한 대학이었던 취리히 공대에 진학해 거기서 아인슈타인과 마주쳤다.

아인슈타인과 밀레바가 대학 시절을 보낸 취리히는 독일 문화의 영향이 강한 지역으로 독일어권이었다. 지금도 그렇듯 독일계 젊은이들에게 맥주는 일상적인 음료였고, 대화를 나누기 위한 매개체였다. 가톨릭으로

취리히 공과대학 시절 아인슈타인(왼쪽 두 번째)과 마르셀 그로스만(왼쪽 첫 번째). 아인슈타인의 오른쪽은 구스타프 가이슬러와 마르셀 그로스만의 형인 유진 그로스만.

개종한 부모 덕분에 비교적 술에 관대한 분위기에서 자란 아인슈타인이었다. 그는 밀레바, 유대인 친구들과 어울려 학교 주변 카페에 앉아 커피와 맥주를 즐겼다. 우정도 쌓으면서 공부를 잘했던 친구들과의 토론을 통해 부족한 과목을 보충하는 일석이조의 시간이었다.

대학을 졸업하면서 친구들은 하나둘 안정된 일자리를 찾아 떠났지만 아인슈타인은 달랐다. 그는 대학 강단에 서길 원했고, 그러려면 어떻게든 대학에 남아 연구할 자리를 마련해야 했다. 물리학을 가르쳤던 지도교수 베버에게 조수로 써줄 것을 청했지만 냉담한 반응이 돌아왔다. 베버는 태도가 반항적이고 결석을 자주했던 아인슈타인을 좋아하지 않았다. 고등학교 물리교사 채용에 도움이 되는 추천서를 써달라는 부탁마저 들어주지 않았다.

아인슈타인은 베버 교수 대신 관계가 좋았던 수학 교수 후르비치에게 조수로 채용될 수 있는지 묻는 편지를 보냈지만 이 역시 거절당했다. 시름에 잠긴 아인슈타인의 모습을 보다 못한 아버지 헤르만이 당시 독일의 유명한 과학자였던 빌헬름 오스트발트에게 장문의 편지를 보내 "내 아들이 당신의 조수로 일할 수 있도록 해달라"고 간청했지만 답장을 받지 못했다.

친구들은 하나둘 취업했지만 아인슈타인은 일자리를 구하지 못했다. 그가 그렇게 취업에 목을 맨 것은 사랑하는 밀레바 때문이었다. 백수인 것 외에도 밀레바와의 결혼에는 거대한 장애물이 있었다. 어머니의 반대가 너무 거셌다. 아들을 너무 사랑하는 어머니의 눈에는 네 살 연상에 다리마저 심하게 저는 밀레바가 눈에 차지 않았다. 게다가 그녀는 독일인이 경멸하는 세르비아인이었다. 자존심이 강한 데다 감히 물리학자를 꿈꾸는 밀레바에게 아인슈타인의 어머니는 조금도 마음을 열지 않았다. 어머니가 얼마나 심하게 결혼을 반대했는지 아인슈타인이 밀레바에게 보낸 편지에서 드러난다.

> 어머니는 침대에 몸을 던지고 머리를 베개에 파묻은 뒤 어린아이처럼 울었어요. 흥분이 좀 가라앉자 절망적인 어조로 "네 장래를 헐값에 팔아치우고 네 앞길을 막는 거다. 그 여자는 점잖은 집안에 시집올 수 없어. 그 여자가 애기를 갖게 되면 넌 엉망진창이 되는 거야" 하고 퍼부어댔지요. 나도 어머니를 맹렬히 비난했어요.(데이비드 보더니스, 『아인슈타인 일생 최대의 실수』, 이덕환 옮김, 까치, 2017)

어머니의 거센 반대에도 불구하고 두 사람은 떨어질 수 없었다. 1901년 알프스 여행길에서 밀레바는 임신을 했다. 서둘러 친정으로 돌아가 딸을 낳았지만 결혼하지 않은 연인이 아이를 키우는 일이 불가능한 시대였다. 밀레바는 딸을 친척에게 입양시킨 것으로 알려져 있다. 아인슈타인은 딸의 얼굴도 보지 못했을 뿐 아니라 찾지도 않았다고 한다. 딸까지 낳은 밀레바는 더 늦기 전에 아인슈타인과 합치길 간절히 바라고 있었다.

우연한 곳에서 해결책이 찾아왔다. 친구 그로스만이 아인슈타인의 딱한 처지를 들어 아버지를 설득해 베른 특허사무소에 취업할 수 있는 기회

미국 미시간대에서 상대성이론 특강을 하는 모습(1934)

를 마련해준 것이다. 아인슈타인은 그에게 "운 없는 옛 친구를 잊지 않아서 고맙다"는 편지를 보내 고마움을 표시한 뒤 면접을 치렀다.

아인슈타인은 2급 기술직을 원했지만 면접 점수가 낮았던 탓에 하급인 3급 기술직으로 채용되었다. 아쉬운 대로 직장이 생기자 두 사람은 베른 시청에서 서둘러 결혼식을 올렸다. 이때 아인슈타인은 24세, 밀레바는 28세였다. 이듬해 첫아들 한스 알베르트 아인슈타인이 태어났다. 아들을 낳고 베른에서 생활했던 이때가 아인슈타인과 밀레바에게는 가장 행복한 시기였다.

젊은 시절 아인슈타인만큼 치열하게 산 사람은 드물 것이다. 그는 월요일부터 토요일까지 매일 아침 8시에 출근해 산더미처럼 쌓인 특허 서류를 심사한 뒤 일과가 끝나면 물리학 논문을 썼다. 특허사무소에 근무했던 7년은 말 그대로 '열공'의 시간이었다. 밤을 새워 원고를 쓰고 틈틈이 보완해서 논문을 발표했다. 특허사무소의 좁은 사무실에서 현대과학의 근간이 된 우주의 탄생과 블랙홀의 존재를 설명하는 위대한 단초가 마련되었다.

아인슈타인의 업무는 당시 수요가 폭발적으로 증가했던 전기 관련 특허 심사였다. 그는 출원 신청한 특허 내용이 독창적인지, 실생활에 적용할 수 있는지 평가했다. 특허사무소에서 서류들은 검토하는 작업은 아인슈타인이 물리학을 연구하는 데 큰 도움을 줬을 뿐 아니라 하루빨리 대학으로 돌아가야 한다고 마음을 다잡는 자극이 되었다. 대학에 자리를 잡기 위해서는 뛰어난 논문이 필요했다. 하지만 하루 이틀도 아니고 몇 년째 이어지는 주경야독으로 피로와 불안이 누적되었다. 돌아서면 쌓이는 서류와 논문을 써야 한다는 압박감을 아인슈타인은 맥주로 달래곤 했다. 베른에서 새로 사귄 친구들과 함께, 때로는 밀레바의 손을 잡고 선술집을 찾았다. 맥주 한 잔을 놓고 연구에 대한 고민을 토로하기도 하고 시작된 20세기에 대한 희망을 표현하기도 했다.

직장 생활 3년째인 1905년은 아인슈타인의 생애에 특별한 해였다. 모든 것이 서서히 진행되는 것처럼 보이지만 인생에는 갑작스런 전기가 있는 법이다. 아인슈타인에게도 그런 일이 벌어졌다.

아인슈타인은 학창 시절부터 몰두해왔던 공간과 시간, 빛과 입자의 연관성을 밝히기 위해 노력해왔다. 그런데 1905년 각각 다른 네 가지 요소가 통일성이 있을 거라는 결론에 도달했다. 그해 아인슈타인은 독일 과학 권위지 『물리학 연보Annalen der Physik』에 특수 상대성이론을 비롯한 5편의 논문을 잇달아 발표하면서 주목받기 시작했다. 현대과학으로 상징되는 양자역학과 상대성이론의 토대가 되는 혁명적인 논문들이었다. 특수 상대성이론과 광양자설의 이론적 토대가 되는 물리학 논문을 한 해 5편이나 발표한다는 것은 기적 같은 일이었다.

물리학계를 뒤흔든 아인슈타인의 뒤에는 남편 못지않게 훌륭한 물리학자였던 밀레바가 있었다. 밀레바는 아이를 낳고 살림을 하느라 학문을 포기했지만 열여덟의 어린 나이에 혼자 고향을 떠나 취리히 공대에 입학할 정도로 의지가 굳은 여성이었다. 밀레바의 도움을 받아 아인슈타인은 월요일 아침부터 토요일 밤까지 쉬지 않고 일했고, 박사논문을 비롯해 5편의 논문을 실타래 풀어놓듯 발표했다. 그리고 하루아침에 유명해졌다. 후대의 과학자들은 아인슈타인이 이때 발표한 논문 모두가 각각 노벨상을 받을 만한 가치가 있다고 평가한다. 1905년은 아인슈타인에게 영광의 해였다. 다섯 번째 논문을 완성한 날 아인슈타인과 밀레바는 맥줏집으로 향했고 난생처음 정신을 잃을 정도로 취했다고 한다.

아인슈타인의 명성은 날로 높아져 학계에서도 무시할 수 없는 존재가 됐다. 그는 물리학계에 떠오른 샛별이었다. 1907년에는 독일의 대표적인 과학자 막스 플랑크Max Planck(1858~1947, 1918년 노벨물리학상 수상)가 아인슈타인을 만나기 위해 조수 폰 라우에를 스위스에 보낼 정도였다. 베른에 가서 아인슈타인을 만난 라우에는 깜짝 놀랐다. 폭탄 맞은 듯 헝클어진 머리에 구깃구깃한 옷을 입은 이상한 청년을 만나게 될 줄은 몰랐던 것이다.

베른은 1848년 스위스 연방의 수도가 되었지만 변방의 작은 도시였다. 독일 제국의 수도 베를린에서 1000킬로미터를 달려 베른에 도착한 라우에는 아인슈타인이 당연히 베른대학 교수일 거라고 생각했다. 하지만 아인슈타인은 우체국을 개조한 조그만 특허사무소에서 일하는 하급 직원이었다. 적잖이 당황했던 라우에는 당사자를 만나보고는 더더욱 놀랐다. 특허사무소로 찾아가 면회를 신청하고는 나이 지긋한 중년 신사가 나타나길 기대했지만 모습을 드러낸 사람은 동그란 눈에 볼이 빨간 청년이었다. 라우에는 자신이 찾는 사람이 아니라고 생각했고 아인슈타인 역시 '나를 찾는다는 사람이 어디 갔지?' 하고 의아해하며 사무실로 되돌아갔다. 라우에는 다시 면회를 신청하고서야 폭탄 머리가 자신이 찾는 아인슈타인이라는 것을 깨달았다. 이 만남이 특별한 결과를 낳지는 못했지만 대학 강단에 서길 갈망했던 아인슈타인에게는 큰 자극이 됐다. 당시 유럽 과학계의 거두였던 막스 플랑크가 물리학자로서 아인슈타인을 인정한다는 의미였기 때문이다. 라우에가 다녀간 이후 작은 도시 베른의 우체국에는 아인슈타인을 만나려는 사람들이 줄을 섰다.

아인슈타인은 베른대학에 초빙돼 무료 강의를 시작했다. 생업을 이어나가야 했으므로 화요일과 토요일 이른 아침인 7시에 강의를 시작했다. 수강생들이 자발적으로 수업료를 내는 방식이었지만 막상 수업료를 내는 학생은 없었다. 이듬해인 1909년 취리히대학으로부터 정식으로 강의를 맡아달라는 연락이 왔다. 아인슈타인은 꿈에 그리던 대학교수가 됐다. 그의 나이 서른이었다.

아인슈타인은 자신을 이상주의자로 평가한다. "이상적인 것을 이루기 위해 나는 노력했고 살아왔다. 만일 내가 다른 사람들이 공감하지 못하고 영원히 도달할 수 없을지도 모르는 이상을 좇아 집요하게 매달리지

특수 상대성이론을 설명하는 그 유명한 메롱 사진

않았다면 삶은 내게 아무런 의미가 없었을 것이다." 그는 독일 베를린대학과 체코 프라하대학을 거쳐 1933년 미국 프린스턴대학으로 옮긴 뒤 1955년 심장마비로 세상을 떠날 때까지 대학에서 연구와 강의를 했다.

아인슈타인은 자서전에서 삶의 목표를 다음과 같이 역설적으로 표현했다. "나는 인간의 참다운 가치를 단 하나의 기준에 따라 판단한다. 그것은 목표 안에서 얼마나 자기 자신으로부터 자유로울 수 있는가? 하는 점이다."
'자유'는 아인슈타인을 이해하는 키워드 중 하나다. 그가 의도했건 의도하지 않았건 사람들의 머릿속에 각인된 이미지가 있다. 방금 잠자리에서 일어난 사람처럼 제멋대로 뻗친 머리카락을 하고 권위를 조롱하듯 혀를 쭉 내민 유명한 '메롱' 사진이다. 그런 자유롭고 소탈한 이미지가

2010년 타이완의 맥주 광고

아인슈타인의 이미지를 활용한 칼스버그 광고

맥주와 연결된다.

아인슈타인은 지독한 애연가였으며 독일인치고는 특이하게도 맥주 마니아는 아니었다. 술이 연구에 지장을 준다고 여겨 대체로 음주를 사양했다. 예의상 한두 잔만 마신 것으로 알려져 있다. 하지만 가까운 사람들과 어울리는 소탈한 자리에서는 마음껏 술을 마셨다. 1915년 친구 콘라트 하비히트Conrad Habicht에게 보낸 엽서에는 "우리(자신과 아내 밀레바) 둘 다 완전히 취해서 바닥에 뻗어버렸다"고 쓴 대목이 있다. 엽서를 받은 친구 콘라트는 스위스 베른의 '올림피아 아카데미' 공동창립자라고 한다. 이름만 들으면 대단한 학회 같지만, 사실은 철학과 과학을 논한다는 명분으로 모여 함께 술을 마시는 '음주 클럽'이었다.

그래서인지 광고 회사들은 아인슈타인에게 맥주병을 쥐어주려고 애쓴다. 칼스버그, 빅토리아, 기네스 등 유명 맥주 회사들이 아인슈타인의 이미지를 활용한 광고를 만들었다. 평범한 사람들은 보기만 해도 머리가 아파지는 물리학 공식, 젊고 활기찬 청년이 아니라 백발이 성성한 학자는 경쾌함과 활력을 강조하는 맥주 광고의 기본 개념과 정면으로 어긋난다. 하지만 아인슈타인이기에 그 모순은 오히려 신선하게 다가온다.

마지막 순간 그에게 허락된 건
맥주 한 잔뿐
오스카 와일드

세상은 도덕을 필요로 하지 않는다. 필요한 건 맥주다.
_ 헨리 밀러(1891~1980, 미국 작가)

프랑스 파리 동북부에 있는 페르라셰즈 묘지Père-Lachaise Cemetery는 여
느 공동묘지와 다르다. 작가 오노레 드 발자크, 알퐁스 도데, 마르셀 프
루스트, 극작가 몰리에르, 화가 외젠 들라크루아, 가수 에디트 피아프와
이브 몽탕 등 프랑스인들의 사랑을 한 몸에 받았던 문인과 예술가들이
잠들어 있다. 어떤 이유에서인지 고국에 묻히지 못한 이탈리아 작곡가
조아키노 로시니, 미국 성악가 마리아 칼라스, 미국의 전설적인 가수 짐
모리슨의 묘비도 눈에 띈다. 이들의 묘지 위에는 어김없이 장미꽃 다발
과 고인을 애도하는 편지가 놓여 있다.

발길을 돌려 묘지 후문 쪽으로 향하다보면 대리석으로 만든 웅장
한 묘가 눈에 들어온다. 사시사철 이어지는 사람들의 발길로 문전성시
를 이루는 인기 있는 무덤이다. 살아서는 사람들의 멸시와 비난 속에

유리벽을 두르기 전 오스
카 와일드의 무덤

외롭게 죽어갔지만 죽은 뒤 화려하게 부활한 오스카 와일드Oscar Wilde
(1854~1900)가 여기 잠들어 있다. 세계에서 온 순례객들이 그에게 경의
를 표하기 위해 입술을 붉게 칠하고 줄지어 기다리다가 순서가 되면 경건
하게 무덤에 키스를 한다. 끝없는 키스 세례로 대리석 묘지가 붉은 립스
틱 자국으로 뒤덮이다 못해 작은 틈으로 흘러내린 립스틱 성분이 대리석
을 부식시키기에 이르렀다. 결국 아일랜드 정부와 묘지 관리사무소 측은
2011년 묘지 주변에 유리벽을 둘렀다. 하지만 유리벽도 오스카 와일드에
대한 사람들의 사랑을 막지 못했다. 줄지어 늘어선 조문객들이 다녀가면
유리벽에는 붉은 립스틱 자국이 새겨지고 꽃다발과 편지들이 산더미처럼
쌓인다. 그러나 이 모든 것이 그의 허망한 삶을 대변하는 것 같아 왠지
쓸쓸하다.

영국 총리 윈스턴 처칠은 죽으면 꼭 만나서 이야기를 나눠보고 싶은
사람으로 망설임 없이 오스카 와일드를 꼽았다. 미국의 시인 월트 휘트
먼과 헨리 워즈워스 롱펠로는 와일드를 키 크고 멋진 친구라고 치켜세

우며 침이 마르도록 그의 재능을 칭찬했다. 실제로 오스카 와일드는 사람들을 웃게 만드는 키가 191센티미터나 되는 호남이었다. 같은 아일랜드 출신으로 런던에서 활약한 극작가 조지 버나드 쇼는 와일드가 당대 최고의 감성적 극작가라는 찬사를 보냈다. 오스카 와일드는 형식과 절제로 특징지어지는 빅토리아 시대를 거부한 반항아였고, 그래서 사람들은 그를 사랑했다. 누구나 맥주를 한 잔 마시면서 마주앉아 그의 유머와 위트를 듣길 원했다.

영국 식민지에서 태어난 아일랜드 지식인들이 그렇듯 와일드도 영국의 문화적인 전통을 흠뻑 받았지만, 아일랜드 민족시인 윌리엄 버틀러 예이츠가 지적했듯 '영국계 아일랜드인의 고독'을 떨칠 수는 없었다. 아일랜드인이지만 아일랜드에서 벗어나 영국의 런던 주류 사회에서 인정받고 성공하고 싶은 열망이 강했다. 이런 이중적인 정체성이 슬픈 조국을 떠나 개인적인 명성과 성공에 집착하게 만들었다. 일제 강점기 초 조선 독립을 외쳤던 많은 지식인이 태평양전쟁을 계기로 완전 친일로 돌아서 감투에 목을 매거나 순수예술을 추구한다는 명분 아래 창작활동에만 몰두했던 것과 비슷하다.

재기와 촌철살인의 입담으로 늘 좌중을 압도했던 시인이자 소설가, 극작가였던 오스카 와일드. 명성을 얻을 수만 있다면, 명성이 아니라 악명이라도 떨칠 수 있다면 자신의 영혼까지 팔겠다고 다짐했던 그는 문학의 제왕이 된 순간 하늘을 찌르는 오만과 자부심 탓에 몰락과 파멸의 길을 걸었다. 죄목은 동성애였다. 영국 역사상 동성애를 이유로 형을 받은 것은 그가 처음이었다. 어쩌면 그를 파멸시킨 것은 동성애가 아닌 나

젊은 시절의 오스카 와일드

르시시즘이었을지 모른다. 법무차관은 영국의 법체계와 윤리의식을 무너뜨렸다는 이유로 직접 그를 기소했고, 오스카 와일드는 2년간의 중노동과 징역형을 선고받았다.

빅토리아 시대를 대표하는 영국과 아일랜드의 극작가이자 시인, 소설가, 수필가로 명성을 떨쳤던 와일드는 하루아침에 '더러운 동성애자'라는 낙인이 찍혀 2년간의 수형생활을 마친 뒤 1897년 영국에서 영원히 추방됐다. 그의 집은 경매에 부쳐졌고, 아내는 아이들을 데리고 외국으로 도피한 뒤 홀랜드로 성을 바꿨다. 그를 고소한 퀸스베리 후작의 소송비용 청구로 재산도 모두 잃었다. 한 인간의 추락이 이렇게 일사천리로 진행된 적은 없었다. "신은 내게 재능과 부와 명예, 그리고 외모를 주었거늘 나는 오직 하나만을 추구했다. 바로 쾌락이었다. 그로 인해 나만큼 치욕스러운 방법으로 치욕스러운 파멸을 맞이한 사람은 이제껏 없었다"고 말한 오스카 와일드의 고백 그대로였다.

친구들은 멀리 프랑스 남부나 이탈리아에 머물 것을 권유했지만 그는 영국에서 가장 가까운 노르망디의 작은 바닷가 마을 베르느발에 정착했다. 그곳에서 방랑객이 되어 스스로를 유폐시켰다. 베르느발은 바닷바람만이 웅웅거리는 춥고 음산한 마을이었다. 와일드는 미친 사람처럼 온종일 인적 없는 바닷가를 헤매다 밤이 되면 숙소로 돌아와 잠들곤 했다. 이름마저 서배스천 멜모스Sebastian Melmoth로 바꿨다.

그를 문학의 스승으로 추종했던 프랑스의 소설가 앙드레 지드André Gide는 베르느발에서 만난 오스카 와일드의 모습을 그의 저서 『오스카 와일드에 대하여』에서 이렇게 회상했다. "와일드는 호텔에서 가장 좋은 방 두 개를 새로 꾸며서 사용하고 있었다. 탁자에는 책이 쌓여 있었고 방구석에는 아름다운 고딕양식의 성모상이 높은 받침대 위에 놓여 있었다. 우리 둘은 등잔 아래에 자리를 잡았고 와일드는 술잔을 홀짝였다. 밝은 불빛 아래서 다시 보니 그의 얼굴 피부는 붉고 까칠했으며 손은 그보다 더 거칠었다. 그래도 손가락에는 예전의 반지가 있었다. 그가 좋아하는 이집트식 풍뎅이 모양의 금반지였다. 하지만 치아는 형편없이 썩어 있었다." 와일드의 구명을 위해 진정서에 서명한 소설가 앙드레 지드가 베르느발에 가서 만난 와일드는 예전과는 전혀 다른 모습이었다. 좋아했던 이집트식 풍뎅이 모양의 금반지를 여전히 끼고 있었지만 손은 거칠었고 치아도 형편없이 썩어 있었다.

프랑스에서 동성애는 범죄가 아니었지만 영국에서 추방된 전과자인 오스카 와일드는 고독했다. 수중에 돈도 떨어져 가난을 견뎌야 했다. 이때 끝까지 남편을 부인하지 않고 생활비까지 보내준 아내 콘스탄스Constance가 척추 수술 합병증으로 마흔에 세상을 떠났다. 애증의 상대였던 퀸스베리 후작의 아들 앨프리드 더글러스Alfred Douglas와도 결별했다. 오스카 와일드는 파리로 돌아와 단 몇 프랑의 돈으로 하루하루를 살아가는 힘겨운 생활을 이어갔다. 1900년 낡은 호텔에서 친구이자 첫 애인이었던 로버트 로스가 지켜보는 가운데 뇌막염으로 46세에 생애를 마쳤다.

그의 시신은 극빈자를 위한 묘지에 매장되었다가 프랑스의 황량한 바닷가에서 쓴 마지막 작품 「레딩 감옥의 노래」가 잘 팔린 덕분에 모인 인세로 1909년 페르라셰즈 공동묘지로 이장됐다. 영국의 조각가 제이컵 엡스타인Jacob Epstein은 늘 하늘을 날기 원했던 그를 위해 큰 날개를 가진 천사상을 조각했다. 그의 사후 오랫동안 영국과 아일랜드에서는 오스카라는 세례명을 쓰지 않을 정도로 동성애에 대한 거부감이 강했다고 한다. 하지만 프랑스와 이탈리아 등 유럽 대륙에서는 『도리언 그레이의 초상』 『살로메』, 희곡 「윈더미어 부인의 부채」 「하찮은 여인」 등이 사후 선풍적인 인기를 끌면서 그에 대한 재평가가 이루어졌다.

와일드는 형무소에 있을 때 동성 애인인 더글러스에게 편지를 보냈다. "내 심장은 당신의 사랑으로 피어난 장미입니다. 나를 항상 사랑해주세요. 당신은 내 인생의 완벽하고 최고의 사랑이었습니다. 철학자에게 지혜가 있고 성직자에게 신이 있듯이 내게는 당신이 있습니다."

편지에 쓴 그대로, 그의 삶은 사랑으로 피어난 한 송이 장미, 사랑을 갈구하는 불꽃 같았다. 가난한 사람들과 함께 살기 위해 스스로 노동자가 된 시몬 베유처럼 스스로를 희생해 다른 사람들을

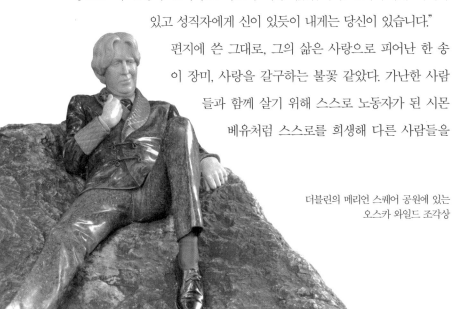

더블린의 메리언 스퀘어 공원에 있는
오스카 와일드 조각상

구원하려는 세상의 불꽃은 아니었다. 오스카 와일드는 삶의 쾌락과 환희를 위해 한순간 스스로를 태웠다가 화려하게 소멸해간 불꽃이었다. 모든 사람이 그를 비난하고 버렸을 때는 오직 두 사람만이 그의 곁을 떠나지 않았다. 아내 콘스탄스, 친구이자 애인이었던 로스뿐이었다. 그러나 지금은 매년 수만 명이 그의 묘지를 찾고 수백만 명이 그의 소설과 희곡을 통해 기쁨을 얻고 있다.

　오스카 와일드는 1854년 10월 16일 영국의 식민지였던 아일랜드의 수도 더블린에서 태어났다. 본명은 '오스카 핑골 오플래허티 윌스 와일드 Oscar Fingal O'Flahertie Wills Wilde'였다. 하지만 그는 유명해지려면 너무 이름이 길어선 안 된다는 생각으로 세례명이던 중간 이름을 모두 버렸다. 그의 아버지 윌리엄 와일드는 유명한 안과의사이자 고고학자였다. 아일랜드의 민족학과 지형학에 관심이 많았던 아버지는 아일랜드 인구조사에 기여한 공로로 1864년 영국 왕실로부터 기사 작위를 받았다. 어머니 제인은 조국 아일랜드의 독립을 열망하는 유명한 민족주의 시인이었다. 이탈리아어로 희망을 뜻하는 스페란자Speranza라는 필명으로 아일랜드의 기근을 고발하는 시를 기고해 체포될 위험에 처하기도 했으며 다른 필화 사건으로 실제로 옥살이를 하기도 했다. 뛰어난 어학 실력을 가진 어머니는 프랑스어와 독일어 책을 번역했다.

　오스카 와일드는 책을 읽고 토론을 즐기는 부모의 영향으로 어릴 때부터 말하고 글 쓰는 재능이 뛰어났다. 고등학교 시절에는 유럽 고전에 관한 상을 휩쓸었고 줄곧 장학금을 받았다. 『걸리버 여행기』의 작가 조너선 스위프트와 『드라큘라』의 작가 브램 스토커, 극작가 사뮈엘 베케트

오스카 와일드의 아버지와 어머니

와 시인 윌리엄 버틀러 예이츠 등 아일랜드를 대표하는 문인들이 그랬듯, 그도 더블린의 트리니티 칼리지를 거쳐 영국대학에 들어갔다. 옥스퍼드에 입학한 와일드는 당시 교수로 재직 중이던 당대의 문필가 존 러스킨과 월터 페이터의 영향을 받아 심미주의에 심취했다. 예술을 위한 예술, 예술을 수단이 아닌 최고의 가치로 삼는 새로운 사조였던 심미주의에 자신의 재능을 바치기로 결심했다. 심미주의 시를 써서 신인에게 주는 뉴디게이트 상도 받았다. 오스카 와일드는 고전문학 분야에서 최고의 성적을 받아 옥스퍼드를 수석으로 졸업한 뒤 이미 유명 문인이 된 상태에서 런던에 입성하게 된다.

그가 화제를 모은 데는 언행과 복장도 한몫했다. 당시 상류 사회 남성들은 검은색 양복에 중절모를 쓰고 지팡이를 짚고 다니는 것이 불문율이었다. 하지만 오스카 와일드는 긴 머리를 늘어뜨리고 초록색 벨벳 재킷과 짧은 바지, 검은색 비단 양말을 신어 파란을 일으켰다. 150년이 지난 지금 입어도 사람들이 쳐다볼 만한 특이한 복장이었다.

신랄한 입담과 위트도 사람들의 관심을 부추겼다. 인류 문명을 대표할 수 있는 명저서 백 권을 추천해달라는 부탁에 "그럴 수 없을 것 같다. 난 아직 다섯 권밖에 쓰지 않았으니까"라고 대답해 화제가 됐다. 또 어떤 청년이 "밑바닥부터 일을 시작해야 하느냐?"고 묻자 "아니, 정상에서 시작해서 그곳에 머물라"고 충고하기도 했다. 런던 문인 사회와 사교계에서는 그의 재기발랄한 언변과 문학적 재능을 인정하면서도 자유분방하고 튀는 태도를 조롱했다. 하지만 와일드는 "세상에는 사람들의 입에 오르내리는 것보다 더 나쁜 것이 하나 있다. 그것은 사람들의 입에 오르내리지 않는 것이다"라며 명성과 악명을 동시에 즐겼다.

그는 시간 약속을 안 지키는 것으로도 유명했는데 그것조차 큰 흠은 아니었다. 뒤늦게 모습을 나타내면 맥주와 와인을 앞에 놓고 뛰어난 화술로 좌중을 압도했다. 때로는 악마의 술이라고 일컬어지는 압생트를 마셨으며 일주일 중 술을 마시는 날을 따로 정해 이날을 자신의 휴일로 선포할 정도로 음주를 즐겼다.

스물일곱 살 때인 1881년 오스카 와일드는 미국 순회강연에 나섰다. 연극에 풍자적인 음악이 가미된 오페레타가 유행하자 리처드 돌리 카르테라는 사람이 오페레타 「페이션스」를 미국에서 공연하면서 심미주의자 주인공과 닮은 오스카 와일드를 초청했다. 미국에 도착하기 전 대서양을 건널 때부터 오스카 와일드는 화제의 인물이었다. 그의 특이한 복장과 내뱉는 말 한마디 한마디가 모두 활자화됐다.

오스카 와일드는 미국 입국 서류에 '나이 열아홉 살, 직업 천재'라고 적어 넣었다. "신고할 것이 없느냐"는 세관원의 질문에 "내 천재성밖에 가지고 온 것이 없다"고 큰소리쳤다. 오스카 와일드가 가는 곳마다 그를 만나려는 사람들로 인산인해를 이뤘다. 오스카 와일드보다 40년 앞서 자신의 소설을 낭독하기 위해 미국 전역을 여행한 찰스 디킨스 이후 미국인들이 해외 문인에 열광한 것은 그가 처음이었다. 오스카 와일드가 강연할 때마다 사람들은 웃고 눈물을 쏟아냈다.

오스카 와일드의 아내와 아들

그는 미국에 막 불기 시작한 심미주의 광풍을 몰고 온 아이돌 스타였다. 와일드가 마차를 타고 지나다 창밖으로 장갑이나 상아 지팡이라도 흔들어 보이면 그를 기다리던 사람들은 환호성을 질렀다. 강연 도중 여성들은 비명을 지르고 기절했다. 와일드는 미국 순회 여행 동안 두 명의 비서를 채용했다. 매일 수백 통씩 밀려드는 편지에 답장을 하는 일과 오스카 와일드의 아름다운 금발 곱슬머리를 원하는 여성들을 위해 와일드 대신 자신의 금발머리를 뽑아 보내주는 일을 각각 맡겼다. 그러나 두 비서는 얼마 안 돼 사표를 썼다. 한 사람은 너무 많은 편지를 쓰다 손이 마비됐고 다른 사람은 머리카락을 모두 뽑아 대머리가 됐기 때문이다.

오스카 와일드는 1년 동안 미국을 돌아본 뒤 런던으로 금의환향했다. 미국에서의 인기가 영국과 아일랜드로 옮겨온 것 같았다. 더블린 강연장에서 만난 콘스탄스 로이드와 결혼해 가정을 갖게 되면서 비로소 그는 안정을 찾았다. 이 시기에 그는 대표작 『도리언 그레이의 초상』과 희곡 「윈더미어 부인의 부채」 「하찮은 여인」 등이 세상에 나왔다. 이때가 오스카 와일드의 황금기였다. 그는 기회 있을 때마다 파리에 머물며 프랑스를 대표하는 문인인 빅토르 위고와 폴 베를렌, 자신보다 열다섯 살이나 어렸지만 그를 문학의 스승으로 여겼던 앙드레 지드 등과 교류했다. 대표작인 『살로메』를 집필한 곳도 파리였다.

"인생의 진실은 무슨 일을 했는가에 의해 결정되는 것이 아니라 생전에 남긴 전설에 의해 결정된다. 전설을 통해 진면목이 결정되기 때문이다. 나는 집을 나설 때마다 항상 백합을 들고 다녔다. 단순한 일이지만 건물 관리인이나 마부가 그러고 다녔다면 아마 별것 아닌 일로 묻혔을 것이다. 하지만 내가 늘 그러고 다닌다고 믿기 시작한 순간, 내가 만든 전설이 효과를 발휘한 것이다"라고 말할 정도로 오스카 와일드는 자신만만하고 도도했다.

그의 명성이 높아질수록 다른 쪽에서는 비난과 질시의 목소리도 커졌다. 스캔들로 얻은 성공이라는 수군거림이 꺼지지 않았다. 하지만 그는 칭찬을 들으면 겸손해질 뿐이지만 비난을 들으면 성공한 것이라며 만족했다. 그러나 그의 성공은 독이 든 성배였으며 언제 터질지 모르는 시한폭탄이었다. 결국 폭탄은 터지고 말았다. 아들 둘을 둔 오스카 와일드가 동성애자임이 밝혀진 것이다.

사실 영국과 영국의 지배 아래 있던 아일랜드에서는 당시 동성애가 범죄 행위이긴 했어도 굳이 문제 삼지 않으면 통념상 용인되는 사회 분위기였다. 오스카 와일드 역시 30대 후반부터 공공연하게 알려진 동성애자였다. 하지만 그의 하늘을 찌르는 자만심, 도를 넘은 행동이 문제였다. 그는 스스로의 몰락을 자초했다. 당시 영국에서 동성애는 용인될 수 있었지만 계급이 다른 사람과 성애를 나눈다는 것은 용납할 수 없는 행위였다. 와일드는 수백 년 동안 내려온 영국 사회의 계급적 금기를 깼다. 그는 마음에 드는 젊은이를 만나면 그들을 유혹하기 위해 은으로 된 담뱃갑을 선물하곤 했다. 상대는 주로 신문 배달을 하거나 심부름을 하는 하류층 청년들이었다. 나중

오스카 와일드와 앨프리드 더글러스

에 이런 사실이 알려지면서 귀족 사회의 분노를 샀다. 와일드는 타락하고 부도덕한 인간의 전형으로 인식되었으며 그가 쓴 모든 소설과 희곡마저 외설적인 것으로 낙인찍혀 출판이 금지되고 불태워졌다.

정상에 오르면 내리막길이 있듯 가장 화려했던 시기에 만난 청년이 그를 파멸의 길로 이끌었다. 퀸스베리 후작의 셋째 아들로 옥스퍼드대학을 졸업한 앨프리드 더글러스 경이었다. 와일드보다 열여섯 살이 어렸지만 로마 조각상처럼 깎아놓은 듯 아름다운 외모와 문학적인 재능, 귀족이라는 신분은 와일드의 관심을 끌기에 충분했다. 하지만 더글러스는 방탕하고 사치스러우며 지극히 감정적이고 히스테릭한 성격인 데다 모든

가치를 쾌락에 두는 이기적인 인간이었다. 오스카 와일드와 그의 관계를 눈치챈 더글러스의 아버지 퀸스베리 후작은 둘이 함께 있는 모습이 눈에 띄면 가만 두지 않겠다는 협박 편지를 보냈다. 하지만 와일드는 거역할 수 없는 운명의 힘에 의해 점점 더 파멸의 길로 치달았다. 퀸스베리 후작은 아들과 와일드가 또다시 만나고 있는 것을 확인하자 만천하에 그가 동성애자임을 폭로했다. 이성을 잃은 오스카 와일드는 더 이상 참지 못하고 퀸스베리 후작을 상대로 명예훼손 소송을 제기하면서 걷잡을 수 없는 나락으로 떨어지기 시작했다. 오스카 와일드는 자신의 천재성과 사회적인 지위, 뛰어난 말솜씨를 믿고 소송에 이길 것이라고 확신해 변호사조차 선임하지 않았다. 그러나 그는 경솔한 증언으로 자신을 궁지로 몰아넣었다. 그가 동성애자들에게 보냈던 편지와 돈으로 매수한 사람들의 증언이 공개되자 영국 사회는 분노했다. 상류층이 하류층과 한자리에서 식사를 하는 것조차 용납되지 않던 시대였다. 오스카 와일드의 행동은 영국이 쌓아올린 권위와 가치를 파괴하는 것으로 받아들여졌다. 결국 오스카 와일드에게는 영국 역사상 최초로 동성애자라는 죄목으로 징역과 함께 중노동형이 선고됐다.

오스카 와일드는 두 곳 감옥을 옮겨다니며 2년간의 수형생활을 했다. 처음에는 글을 쓰는 자유마저 박탈당해 오직 탄원서와 1년에 겨우 네 차례 편지만 쓸 수 있었다. 그 뒤 필기구와 종이를 받게 되자 더글러스 앞으로 편지를 썼다. 이 편지들은 그의 사후 『옥중기』라는 제목으로 출간되었다.

형무소에서 그는 불면증에 시달리며 매일 눈물로 밤을 지새웠다. 그때의 심정을 "눈물이 나지 않는 날이 있다면 행복해서가 아니라 심장이 돌

더블린 아일랜드 작가 박물관에 있는 오스카 와일드와 아일랜드 문인 플래카드

처럼 굳어버린 때뿐"이라고 고백했다. 그는 자신이 추구한 쾌락이 인생의 파멸을 가져왔다고 후회하면서 비로소 겸손을 배우게 됐다고 고백했다. "들판에 묻힌 보물처럼 내 본성에 감추어두었던 것은 바로 겸손이다. 오직 절대적인 겸손만이 내게 남아 있다."

엄중한 감시 속 독방에 갇힌 와일드에게는 단 두 가지만이 허용되었다. 하루에 담배 몇 개비와 약간의 맥주를 지급받았다. 담배와 맥주는 가장 밑바닥까지 떨어진 그가 누린 마지막 특권이었다. 『도리언 그레이의 초상』에서 와일드는 "맥주와 성경, 그리고 7대 죄악이 영국을 이 꼴로 만들었다"고 선언했다. 하지만 인생의 밑바닥까지 굴러떨어진 그의 곁에 남은 것은 성경도, 식탐 탐욕 나태 분노 교만 등 7대 죄악도 아닌 맥주뿐이었다. 맥주만이 그를 자유롭게 할 수 있었다.

제1부 유럽, 맥주에 취하다

| 단행본 |

E. H. 곰브리치,『서양미술사』, 백승길·이종승 옮김, 예경, 2003

J. 모랄·W. 울만,『중세 유럽의 정치사상』, 박은구·이희만 옮김, 혜안, 2016

가와하라 아쓰시·호리코시 고이치,『중세 유럽의 생활』, 남지연 옮김, 에이케이커
뮤니케이션즈, 2017

김동욱,『세계사 속 경제사』, 글항아리, 2015

김호,『맥주탐구생활』, 21세기북스, 2017

니코스 카잔차키스,『성자 프란체스코 1, 2』, 김영신 옮김, 열린책들, 2008

닐 맥그리거,『독일사 산책』, 김희주 옮김, 옥당, 2016

무라카미 미쓰루,『맥주 문화를 품다』, 이현정 옮김, 알에이치코리아, 2012

미카 리싸넨·유하 타흐바나이넨,『그때, 맥주가 있었다』, 이상원·장혜경 옮김, 니
케북스, 2017

민석홍,『서양사개론』, 삼영사, 2003

박래식, 『이야기 독일사』, 청아출판사, 2006

박용진, 『중세 유럽은 암흑시대였는가?』, 민음인, 2010

빌 브라이슨, 『빌 브라이슨 발칙한 유럽산책』, 권상미 옮김, 21세기북스, 2008

산도르 엘릭스 카츠, 『내 몸을 살리는 천연발효식품』, 김소정 옮김, 전나무숲, 2007

아베 긴야, 『중세를 여행하는 사람들』, 오정환 옮김, 한길사, 2008

앙드레 모루아, 『독일사』, 전영애 옮김, 홍성사, 1990

_____, 『영국사』, 신용석 옮김, 김영사, 2013

야콥 블루메, 『맥주, 세상을 들이켜다』, 김희상 옮김, 따비, 2010

에드워드 기번, 『로마제국쇠망사』, 강석승 옮김, 동서문화사, 2007

에디트 엔넨, 『도시로 본 중세유럽』, 안상준 옮김, 한울아카데미, 2014

에이미 스튜어트, 『술 취한 식물학자』, 구계원 옮김, 문학동네, 2016

엘리스 피터스, 『성녀의 유골』, 최인석 옮김, 북하우스, 1997

_____, 『죽음의 혼례』, 이창남 옮김, 북하우스, 1998

엘리아스 뢴로트, 『칼레발라』, 서미석 옮김, 물레, 2011

윌리엄 맥닐, 『세계의 역사 1, 2』, 김우영 옮김, 이산, 2007

율리우스 카이사르, 『갈리아전기/내전기』, 박석일 옮김, 동서문화사, 2016

이재규, 『역사에서 경영을 만나다』, 사과나무, 2008

이택광, 『중세의 가을에서 거닐다』, 아트북스, 2008

장 루이 스파르몽 외, 『맥주』, 김주경 옮김, 창해, 2000

전원경, 『런던 미술관 산책』, 시공아트, 2010

정연숙, 『맥주학교』, 한솔스쿨, 2017

조슈아 M. 번스타인, 『맥주의 모든 것』, 정지호 옮김, 푸른숲, 2015

조승연, 『비즈니스의 탄생』, 더난출판사, 2008

차하순, 『르네상스 사회와 사상』, 탐구당, 1991

_____, 『새로 쓴 서양사총론 1』, 탐구당, 2000

_____, 『새로 쓴 서양사총론 2』, 탐구당, 2010

최윤재, 『큰손과 좀도둑의 정치경제학』, 나무와숲, 2002

타키투스, 『게르마니아』, 천병희 옮김, 숲, 2012

패트릭 E. 맥거번, 『술의 세계사』, 김형근 옮김, 글항아리, 2016

페르디난트 자입트, 『중세, 천년의 빛과 그림자』, 차용구 옮김, 현실문화, 2013

홍익희, 『세상을 바꾼 다섯 가지 상품 이야기』, 행성B, 2015

Adamson, Melitta Weiss, *Food in Medieval Times*, Greenwood Press, 2004

Bennett, Judith M., *Ale, Beer, and Brewsters in England: Women's Work in a Changing World, 1300-1600*, Oxford University Press, 1996

Blankenburg, C. von, *Die Hanse und ihr Bier. Brauwesen und Bierhandel im hansischen Verkehrsgebiet*, Böhlau Verlag, 2001

Bostwick, William, *The Brewer's Tale*, W. W. Norton & Company, 2014

Brombert, Beth Archer, *Édouard Manet: Rebel in a Frock Coat*, Little Brown & Co., 1996

Dollinger, Philippe, *Die Hanse*, Kröner, 2012

Einhards, *Einhards "Vita Karoli magni" - Einhards Personendarstellung von Karl dem Großen*, GRIN Verlag, 2012

Eßlinger, H. M. ed., *Handbook of Brewing: Processes, Technology, Markets*, WILEY-VCH, 2009

Garavaglia, Christian(Johan Swinnen eds.), *Econimic Perspectives on Craft Beer. A Revolution in the Global Beer Industry*, Palgrave Macmillan, 2018

Gately, Iain, *Drink: A Cultural History of Alcohol*, Avery, 2009

Hammel-Kiesow, Rolf, *Die Hanse*, Beck, 2008

Hieronymus, Stan, *Brew Like a Monk: Trappist, Abbey, and Strong Belgian Ales and How to Brew Them*, Brewers Publications, 2005

Hirschfelder, Gunter ·Trummer, Manuel, *Bier. Eine Geschichte von der Steinzeit bis heute*, Konrad Theiss Verlag, 2016

Holt, M. P., *Alcohol: A Social and Cultural History*, Berg, 2006

Hornsey, Ian S., *A History of Beer and Brewing*, TJ International Ltd, 2003

Marioni, Tom, *Beer, Art and Philosophy*, Crown Point Press, 2004

Meußdoerffer, Franz ·Zarnkow, Martin, *Das Bier: Eine Geschichte von Hopfen und Malz*, C. H. Beck, 2014

Milano, L. ed., *Drinking in Ancient Societies: History and Culture of Drinks in the Ancient Near East: Papers of a Symposium held in Rome, May 17-19, 1990*,

Sargon, 1994

Nelson, M., *The Barbarian's Beverage: A History of Beer in Ancient Europe*, Routledge, 2005

Oliver, G. ed., *The Oxford Companion to Beer*, Oxford University Press, 2012

Phillips, Rod, *Alcohol: A History*, University of North Carolina Press, 2014

Protz, Roger, *Heavenly Beer: A Taster's Guide to Monastery Tradition Ales and Lagers*, Carroll & Brown, 2002

Rätsch, Christian, *Urbock, Bier jenseits von Hopfen und Malz*, AT Verlag, 1996

Raupach, Markus, *Bier*, Palm Verlag, 2017

Richardson, Hazel, *Life of the Ancient Celts*, Crabtree Publishing Company, 2005

Rollig, Wolfgang, *Das Bier im Alten Mesopotamien*, Gesellschaft für die Geschichte und Bibliographie des Brauwesens EV, 1970

Schulz, Anne, *Essen und Trinken im Mittelalter(1000-1300): Literarische, kunsthistorische und archäologische Quellen*, Walter de Gruyter GmbH & Co., 2011

Schütz, Chana, *Max Liebermann. Impressionistischer Maler. Gründer der Berliner Secession*, Hentrich & Hentrich, 2004

Silver, Larry, *Pieter Bruegel*, Abbeville Press, 2011

Smith, Gregg, *Beer: A History of Suds and Civilization from Mesopotamia to Microbreweries*, Avon Books, 1995

Speckle, Birgit, *Streit ums Bier in Bayern: Wertvorstellungen um Reinheit, Gemeinschaft und Tradition*, Verlag Waxmann, 2001

Standage, Tom, *A History of the World in 6 Glasses*, Walker Publishing Company, 2006

Swinnen, Johan F. M. ed., *The Economics of Beer*, Oxford University Press, 2011

Swinnen, Johan · Briski, Devin, *Beer economics: How Beer Explains the World*, Oxford University Press, 2017

Unger, Richard W., *Beer in the Middle Ages and the Renaissance*, University of Pennsylvania Press, 2007

Wesseloh, Oliver, *Bier Leben. Die neue Braukultur*, Rowohlt Verlag GmbH, 2015

White, Jon Manchip, *Everyday Life in Ancient Egypt*, Dover Publications, 2011

Wolfram, Herwig, *Die Germanen*, C. H. Beck, 1995

| 그 외 |

"전통 고집, 경쟁자 제거하고 독일 상징도 만들다: 바이에른 공국의 빌헬름 4세와 맥주순수령", 『신동아』(2012.11.20.)

"'세계 첫 역내 자유무역' 한자동맹의 도시를 가다", 『중앙일보』(2017.8.23.)

Damerow, Peter, "Sumerian Beer: The Origins of Brewing Technology in Ancient Mesopotamia," *Cuneiform Digital Library Journal*(2012. 2.)

Hackel-Stehr, Karin, Das Brauwesen in Bayern vom 14. bis 16. Jahrhundert, insbesondere die Entstehung und Entwicklung des Reinheitsgebotes(1516), 1987(박사학위논문)

Holloway, April, "The Modern Recreation of Ancient Sumerian Beer", ancient-origins.net(2013.6.22.)

Mark, Joshua J., "The Hymn to Ninkasi, Goddess of Beer", *Ancient History encyclopedia*(2011.3.1.)

Samuel, D., "Investigation of Ancient Egyptian Baking and Brewing Methods by Correlative Microscopy," *Science* 273, 1996

Stika, Hans-Peter, "Traces of a possible Celtic brewery in Eberdingen-Hochdorf, Kreis Ludwigsburg, southwest Germany," *Vegetation History and Archaeobotany 5*, 1996

"Start der Hopfen-Ernte: Bayerns "grünes Gold" ist ein Touristen-Renner", Aktuelle Reportage(2016.8.18.)

제2부 유럽 맥주 산책

| 단행본 |

김만제, 『The Beer: 맥주 스타일 사전』, 영진닷컴, 2015

닐 맥그리거, 『독일사 산책』, 김희주 옮김, 옥당, 2016

다빈치 축제 편집팀 엮음, 『세계 축제 100』, 다빈치, 2016

멜리사 콜, 『알면 알수록 맛있는 맥주 상식사전』, 정영은 옮김, 길벗, 2017

미야자키 이치시다, 『중국사』, 조병한 옮김, 역민사, 1989

민두기, 『중국현대사의 구조』, 청람문화사, 1989

박지향, 『슬픈 아일랜드』, 새물결, 2002

스티븐 맨스필드, 『착한 맥주의 위대한 성공 기네스』, 정윤미 옮김, 브레인스토어, 2010

요시자와 세이이치로, 『중국근현대사 1: 청조와 근대 세계』, 정지호 옮김, 삼천리, 2013

유상현, 『뮌헨 홀리데이』, 꿈의지도, 2017

이기중, 『유럽 맥주 견문록』, 즐거운상상, 2009

이매뉴얼 C. Y. 쉬, 『근현대 중국사(상)』, 조윤수·서정희 옮김, 까치, 2013

일본맥주문화연구회, 『맥주도감』, 송소영 옮김, 한스미디어, 2016

조용준, 『펍, 영국의 스토리를 마시다』, 컬처그라퍼, 2011

조지 오웰, 『나는 왜 쓰는가』, 이한중 옮김, 한겨레출판사, 2010

좌백유일 외, 『중국현대사』, 오상훈 옮김, 한길사, 1989

하인리히 뵐, 『아일랜드 일기』, 안인길 옮김, 미래의창, 2014

한일동, 『아일랜드: 수난 속에 피어난 문화의 향기』, 살림, 2007

_____, 『아일랜드: 켈트인의 역사와 문화를 찾아서』, 동인, 2008

Assél, Astrid·Huber, Christian, *München und das Bier. Auf großer Biertour durch 850 Jahre Braugeschichte*, Volk Verlag, 2009

_____, *Bier, Historische Biertour durch Muenchen*, Volk Muenchen, 2010

_____, *Münchens vergessene Kellerstadt: Biergeschichte aus dem Untergrund (Kleine Münchner Geschichten)*, Verlag Friedrich Pustet, 2016

Berend, Ivan, *An Economic History of Nineteenth-Century Europe. Diversity and Industrialization*, Cambridge University Press, 2013

Bourke, Edward J., *The Guinness story, The Family, The Business, The Black Stuff*, O'Brien press, 2009

Brown, Pete, *Hops and Glory: One man's search for the beer that built the British Empire*, Pan Macmillan, 2011

_____, *The Pub: A Cultural Institution – from Country Inns to Craft Beer Bars and Corner Locals*, Jacqui Small LLP, 2016

Brueckmeier, Jan, *Bier Brauen*, Verlag Eugen Ulmer, 2018

Chaussy, Ulrich, *Oktoberfest. Ein Attentat*, Luchterhand, 1985

Corcoran, Tony, *The Goodness of Guinness: The Brewery, Its People and the City of Dublin*, Liberties Press, 2005

Cornell, Martyn, *Amber, Gold & Black: The Story of Britain's Great Beers*, Zythography Press, 2008

Daniels, Ray, *Designing Great Beers: The Ultimate Guide to Brewing Classic Beer Styles*, Brewers Publications, 1996

Dering, Florian · Eymold, Ursula, *Das Oktoberfest 1810–2010: Wegen Überfüllung geschlossen*, Süddeutsche Zeitung/Bibliothek, 2010

Dornbusch, Horst D., *Prost!: The Story of German Beer*, Brewers Publications, 1998

Foster, Terry, *Pale Ale: History, Brewing Techniques, Recipes*, Brewers Publications, 1999

Fritsch, Helge Torsten, *Einfluss des Hopfens auf wertgebende Aromastoffe in Pilsener-Bieren sowie in Zwischenstufen des Brauprozesses*, Dissertation an der Technischen Universität, 2001

Fuchs, Thomas, *Craft Beer*, Gaefe & Unzer, 2017

Gattinger, Karl u.a., *Genuss mit Geschichte: Reisen zu bayerischen Denkmälern - Brauhäuser, Bierkeller, Hopfen und Malz*, Volk Verlag, 2016

Glamann, Kristof, *Jacobsen of Carlsberg. Brewer and Philanthropist*, Gyldendal, 1991

Glückstein, Peter · Reichart, Manuela · Glückstein, Peter, *Bier*, Eichborn Verlag, 2009

Grehl, Axel, *Unser Bier: Erlebnis-Ausflüge zu Brauereien und Gaststätten in Baden-Württemberg*, Belser, 2016

Griffiths, Mark, *Guinness is Guinness... the colourful story of a black and white brand*, Cyanbooks, 2005

Gußmann, Götz · Wacker-Gußmann, Annette Hrgs., *München - Das Oktoberfest: 333 interessante Fakten*, Scribo Verlag, 2015

Hailwood, Mark, *Alehouses and Good Fellowship in Early Modern England*, Boydell & Brewer, 2014

Haydon, Peter, *Beer and Britannia: an inebriated history of Britain*, Sutton, 2001

Hoalst-Pullen, Nancy · Patterson, Mark W., *National Geographic Atlas of Beer: A Globe-Trotting Journey Through the World of Beer*, National Geographic, 2017

Hughes, David Alan, *A Bottle of Guinness Please: The Colourful history of Guinness*, Phimboy, 2006

Jackson, Michael, *The World Guide to Beer*, Ballantine, 1977

Jackson, Michael · Smyth, Frank, *The English Pub*, Collins, 1976

Jalowetz, E., *Pilsner Bier: Im Lichte von Praxis und Wissenschaft*, Pilsen, 1999

Jennings, Paul, *A History of Drink and the English, 1500–2000*, Routledge, 2016

Joyce, J., *The Guinnesses; The Untold Story of Ireland's Most Successful Family*, Poolbeg Press, 2009

Jung, Hermann, *Bier, Kunst und Brauchtum*, Schropp, 1970

Krauss-Meyl, Sylvia, *Das Oktoberfest: Zwei Jahrhunderte Spiegel des Zeitgeists*, Verlag Friedrich Pustet, 2015

Laturell, Volker D., *Volkskultur in München*, Münchenverlag, 1997

Lunde, Maja, *Die Geschichte des Wasser*, Btb, 2018

Marienfeld, Benjamin, *The Significance of Branding within the German Beer Culture*, GRIN Publishing, 2009

Moody, Paul·Turner, Robin, *The Search for the Perfect Pub: Looking For the Moon Under Water*, Kindle Edition, 2011

Mosher, Randy, *Tasting Beer*, Storey Publishing, 2009

Nagy, Florian(u. a.), *Oktoberfest. Zwischen Tradition und Moderne*, München-Verlag, 2007

Ogle, Maureen, *Ambitious Brew: the story of American beer*, Harcourt, 2006

Rail, Evan, *The Brewery in the Bohemian Forest*, Amazon Digital Services, 2014

Rudolf, Michael, *Der Pilsener Urknall. Expeditionen ins Bierreich*, Reclam, 2004

Schaefer, Astrid, *Bier*, Bayerland, 2018

Smit, Barbara, *The Heineken Story*, Profile Books, 2014

Speckle, Birgit, *Streit ums Bier in Bayern: Wertvorstellungen um Reinheit, Gemeinschaft und Tradition*, Waxmann Verlag, 2001

Stadtmuseum, Münchner(Hg.), *Das Oktoberfest 1810-2010: Wegen Überfüllung geschlossen*, Süddeutsche Zeitung, 2010

Stolte, Reiner, *Chronik vom Münchner Oktoberfest*, Brogl, 1999

_____, *Die Geschichte vom Münchner Oktoberfest – The History of the Munich Oktoberfest*, Utz, 2004

Veiz, Brigitte, *Das Oktoberfest - Masse, Rausch und Ritual*, Imago, 2007

_____, *Das Oktoberfest, Masse, Rausch und Ritual. Sozialpsychologische Betrachtungen eines Phänomens*, Psychosozial-Verlag, 2006

_____, *Das Oktoberfest, Masse, Rausch und Ritual. Sozialpsychologische BetrachtChristoph Scholder, Oktoberfest*, Thriller Droemer, 2010

Werner, Paul·Werner, Richilde·Nißl, Karl, *Mythos Bier: Geschichte und Geschichten rund ums Bier*, Verlag Plenk Berchtesgaden GmbH & Co., 2013

Yenne, Bill, *Guinness: The 250 Year Quest for the Perfect Pint*, Wiley, 2007

| 그 외 |

"[세기의 라이벌] 칼스버그 vs 하이네켄", 『신동아』(2013.4.25.)

"수입맥주가 대세인 중국 맥주시장", 『KOTRA 해외시장뉴스』(2016.9.2.)

"점유율 50% 넘어선 수입맥주... 1위는 누구", 『서울경제신문』(2017.3.16.)

"칼스버그-하이네켄, 최고의 맥주를 향한 열정... 100년 넘게 '톡 쏘는' 대결", 『한국경제신문』(2012.5.18.)

Deason, Rachel, "A Brief History of Tsingtao," *Culture trip*(2017.12.)

Glassman, Mark, "The Best-Selling Beer in the World Isn't What You think", Bloomberg.com(2015.5.21.)

Wallop, Harry, "The Perfect Pub: Is there One Left in England?", *The Daily Telegraph*(2014.10.15.)

Yang, Z., "This beer tastes really good," *The Chinese Historical Review*(2007)

기네스 홈페이지(https://www.guinness.com/)

옥토버페스트 홈페이지(https://www.oktoberfest.de)

체코 대통령궁 홈페이지(https://www.hrad.cz/)

필스너 우르켈 홈페이지(http://pilsnerurquell.com)

제3부 맥주를 사랑한 사람들

| 단행본 |

20세기독일사연구회, 『히틀러의 100가지 말』, 송태욱 옮김, 아르테, 2017

고정애, 『영국이라는 나라』, 페이퍼로드, 2017

권순훤, 『나는 클림트를 보면 베토벤이 들린다』, 쌤앤파커스, 2014

권정연 외, 『한 권으로 읽는 셰익스피어』, 박문각, 2015

금난새, 『금난새의 클래식 여행』, 아트북스, 2012

까를로스 I. 까예, 『아인슈타인과 마시는 한 잔의 커피』, 문지원 옮김, 라이프맵, 2008

노명식, 『프랑스 혁명에서 파리 코뮌까지, 1789-1871』, 책과함께, 2011

니콜러스 로일, 『HOW TO READ 셰익스피어』, 이다희 옮김, 웅진지식하우스, 2007

닐 그레고어, 『HOW TO READ 히틀러』, 안인희 옮김, 웅진지식하우스, 2007

데니스 브라이언, 『아인슈타인, 신이 선택한 인간』, 채은진 옮김, 말글빛냄, 2010

데이비드 보더니스, 『아인슈타인 일생 최대의 실수』, 이덕환 옮김, 까치, 2017

데이비드 웰시, 『독일 제3제국의 선전정책』, 최용찬 옮김, 혜안, 2001

디트마르 피이퍼·에바-마리아 슈누어, 『1517 종교개혁』, 박지희 옮김, 21세기북스, 2017

라인하르트 슈바르츠, 『라인하르트 슈바르츠의 마틴 루터』, 정병식 옮김, 한국신학연구소, 2007

로맹 롤랑, 『베토벤의 생애』, 이휘영 옮김, 문예출판사, 2005

류광철, 『통치와 광기』, 말글빛냄, 2017

르네 알브레히트-까리에, 『유럽 외교사』, 김영식 옮김, 까치, 1990

리히트하임, 『유럽현대사』, 유재건 옮김, 백산서당, 1982

마르틴 루터, 『탁상담화』, 김민석·정애성 옮김, 컨콜디아사, 2017

메를린 홀랜드, 『오스카 와일드와 마시는 한 잔의 커피』, 김혜은 옮김, 라이프맵, 2008

밀턴 마이어, 『그들은 자신들이 자유롭다고 생각했다』, 박중서 옮김, 갈라파고스, 2014

박나리, 『런던 클래식하게 여행하기』, 예담, 2015

박래식, 『이야기 독일사』, 청아출판사, 2006

박흥식, 『미완의 개혁가, 마르틴 루터』, 21세기북스, 2017

백경남, 『바이마르공화국: 서구 민주주의 실험의 비극』, 종로서적, 1985

빅터 프랭클, 『빅터 프랭클의 죽음의 수용소에서』, 이시형 옮김, 청아출판사, 2012

빌 브라이슨, 『빌 브라이슨의 셰익스피어 순례』, 황의방 옮김, 까치, 2009

손선홍, 『새롭게 쓴 독일현대사』, 소나무, 1994

신동헌, 『신동헌의 클래식 이야기』, 마로니에북스, 2007

아돌프 히틀러, 『나의 투쟁』(상·하), 서석연 옮김, 범우사, 1989

알베르트 아인슈타인, 『나는 세상을 어떻게 보는가』, 강승희 옮김, 호메로스, 2017

앙드레 지드, 『오스카 와일드에 대하여』, 이효경 옮김, 글항아리, 2015

오스카 와일드, 『도리언 그레이의 초상』, 윤희기 옮김, 열린책들, 2010

_____, 『캔터빌의 유령』, 김미나 옮김, 문학동네, 2012

_____, 『심연으로로부터』, 박명숙 옮김, 문학동네, 2015

_____, 『와일드가 말하는 오스카』, 민음사, 2016

우줄라 코흐, 『눈속에 피는 장미』, 이은자 옮김, 솔라피데출판사, 2009

월터 아이작슨, 『아인슈타인, 삶과 우주』, 이덕환 옮김, 까치, 2007

유정아, 『클래식의 사생활』, 문학동네, 2010

음악지우사, 『슈베르트』, 음악세계 편집부 옮김, 음악세계, 2001

이동활, 『유럽 클래식 산책』, 예담, 2003

이민호, 『근대독일사연구』, 서울대학교출판부, 1976

이순구, 『오스카 와일드: 데카당스와 섹슈얼러티』, 동인, 2012

이윤기, 『위대한 침묵』, 민음사, 2011

이재규, 『베토벤 읽는 CEO』, 21세기북스, 2010

잉에 슈테판, 『남과 여에 관한 우울하고 슬픈 결론』, 이영희 옮김, 새로운사람들, 1996

제러미 시프먼, 『베토벤, 그 삶과 음악』, 김병화 옮김, 포노, 2010

조병선, 『클래식 법정』, 뮤진트리, 2015

진회숙, 『나를 위로하는 클래식 이야기』, 21세기북스, 2009

콘라트 바이키르헤르, 『유쾌한 클래식 여행 1』, 전훈진 옮김, 자음과모음, 2005

페터 헤르틀링, 『슈베르트에 홀리다』, 엄선애 옮김, 이담북스, 2014

폴커 라인하르트, 『루터』, 이미선 옮김, 제3의 공간, 2017

프랭크 커모드, 『셰익스피어의 시대』, 한은경 옮김, 을유문화사, 2005

플로리안 일리스, 『1913년 세기의 여름』, 한경희 옮김, 문학동네, 2013

하겐 슐체, 『새로 쓴 독일 역사』, 반성완 옮김, 지와사랑, 2011

허문명, 『나는 여자다 나는 역사다』, 푸르메, 2009

홍사중, 『히틀러』, 한길사, 1997

Behringer, Wolfgang, *Löwenbräu. Von den Anfängen des Münchner Brauwesens bis zur Gegenwart*, Süddeutscher Verlag, 1991

Belford, Barbara, *Oscar Wilde: A Certain Genius*, Random House, 2000

Brown, Pete, *Man Walks into a Pub: A Social History of Beer*, Pan Books, 2010

_____, *Shakespeare's Pub: A Barstool History of London as Seen Through the Windows of Its Oldest Pub - The George Inn*, St. Martin's Griffin, 2014

Calaprice, Alice·Kennefick, Daniel·Schulmann, Robert, *An Einstein Encyclopedia*, Princeton University Press, 2015

Clark, Suzannah, *Analyzing Schubert*, Cambridge University Press, 2011

Clive, Peter, *Shubert and His World*, Clarenton press Oxford, 1997

Cornell, Martyn, *Beer: The Story of the Pint: The History of Britain's Most Popular Drink*, Headline Book, 2004

Cwiklik, Robert, *Albert Einstein and the Theory of Relativity*, Barron's Educational Series, 1987

DeRusha, Michelle, *Katharina and Martin Luther: The Radical Marriage of a Runaway Nun and a Renegade Monk*, Baker Books, 2018

Dornberg, John, *Der Hitlerputsch – 9. November 1923*, Langen Müller, 1998

Flower, Newman, *Franz Schubert-The Man and His Circle*, Forgotten Books, 2017

Frankel, Nicholas, *Oscar Wilde: The Unrepentant Years*, Harvard University Press, 2017

Funke, Peter, *Oscar Wilde*, Rowohlt Taschenbuch Verlag, 1975

Gallobelgicus, *Wine, beer, ale, and tobacco, contending for superiority a dialogue(1658)(1630)*, ProQuest, 2010

Gibbs, Christopher H., *The Life of Schubert*, Cambridge University Press, 2000

Goenner, Hubert, *Einstein in Berlin*, C. H. Beck, 2005

Gordon, Harold, *Hitler and the Beer Hall Putsch*, Princeton University Press, 2015

Hansmeir, Gunter, *Munich Beer Hall Putsch of 1923 - Hitler's Epic Coup that Led to the Writing fo "Mein Kampf"*, Gunter Hansmeir, Kindle edition, 2013

Harris, Frank, *Oscar Wilde. His Life and Confessions*, CreateSpace Independent Publishing Platform, 2015

Hermann, Robin, *Sächsische Brauereien. Braustaetten der Vergangenheit &*

Gegenwart. Geschichte – Marken – Fakten, Verlag Robin Hermann, 2011

King, David, *The Trial of Adolf Hitler: The Beer Hall Putsch and the Rise of Nazi Germany*, W. W. Norton & Company, 2017

Korre, Thomas, *Kochen im Hause Luther: Katharina von Bora und die Esskultur der Reformationszeit*, Autumnus, 2015

Maess, Thomas(Hg.), *Plaudereien mit Luther: Köstliches aus Tischreden und Briefen*, Evangelische Verlagsanstalt, 2017

Messing, Scott, *Schubert in the European Imagination, Volume 1. The Romantic and Victorian Eras*, University of Rochester Press, 2006

Newbould, Brian, *Schubert. The Music and the Man*, University of California Press, 1997

Pettegree, Andrew, *Brand Luther*, Penguin Books, 2016

Picard, Liza, *Elizabeth's London*, London: Phoenix Press, 2003

Porter, Stephen, *Shakespeare's London*, Amberley, 2011

Raby, Peter ed., *The Cambridge Companion to Oscar Wilde*, Cambridge University Press, 1997

Reul, Barbara M.·Bodley, Lorraine Byrne, *The Unknown Schubert*, Routledge, 2008

River, Charles Ed., *The Beer Hall Putsch: The History and Legacy of Adolf Hitler and the Nazi Party's Failed Coup Attempt in 1923*, CreateSpace Independent Publishing Platform, 2015

Schilling, Heinz, *Martin Luther, Rebell in einer Zeit des Umbruchs*, C. H. Beck, 2014

Schroeder, David, *Our Schubert: His Enduring Legacy*, Scarecrow Press, 2009

Singman, Jeffrey L., *Daily Life in Elizabethan England*, Westport: Greenwood Press, 1995

Studt, Christoph, *Das Dritte Reich in Daten*, C. H. Beck, 2002

Trawick, Buckner B., *Shakespeare and Alcohol*, Editions Rodopi N. V., 1978

West, Jim, *Drinking with Calvin and Luther! A History of Alcohol in the Church*, Oakdown Books, 2003

Wilde, Oscar, *Oscar Wilde's Wit and Wisdom*, Dover Publications, 1998

Zentner, kurt, *Illustrierte Geschichte des Dritten Reiches*, Sudwest Verlag, 1963

| 그 외 |

Boyle, Darren, "Revealed: How Hitler got beer in jail because prison guards sympathised with his views", *Dailymail*(2015.12.22.)

Ebbinghaus, Uwe, "Luther und das Bier," *Frankfurter Allgemeine*(2017.2.2.)

Mabillard, Amanda, "Shakespeare's Drinking," *Shakespeare Online* (2000.8.20.)

Martyris, Nina, "The Other Reformation: How Martin Luther Changed Our Beer, Too", *NPR*(2017.10.31.)

Pontz, Zach, "Einstein's bizarre connections to the beer industry", *From the Grapevine*(2016.9.26.)

Thompson, Damian, "A surprising number of great composers were fond of the bottle-but can you hear it?", *Spectator*(2016.12)

Vergano, Dan, "5 Ways Einstein Was a Regular Guy", *National Geographic*(2014. 12)

Winship, Kihm, "The Beers of Martin Luther", *Faithful Readers*(2012.5.1.)

아인슈타인 아카이브 온라인(http://www.alberteinstein.info/)

유럽 맥주 여행

| 1판 1쇄 | 2018년 8월 24일 |
| 1판 6쇄 | 2019년 6월 25일 |

지은이	백경학
펴낸이	강성민
편집장	이은혜
편집	곽우정
마케팅	정민호 정현민 김도윤
홍보	김희숙 김상만 이천희 오혜림
독자모니터링	황치영

펴낸곳	㈜글항아리	출판등록 2009년 1월 19일 제406-2009-000002호
주소	10881 경기도 파주시 회동길 210
전자우편	bookpot@hanmail.net
전화번호	031-955-8891(마케팅) 031-955-1936(편집부)
팩스	031-955-2557

| ISBN | 978-89-6735-541-8　03900 |

이 도서의 국립중앙도서관 출판시도서목록(CIP)은 e-CIP홈페이지(http://www.nl.go.kr/ecip)와
국가자료공동목록시스템(http://www.nl.go.kr/kolisnet)에서 이용하실 수 있습니다.(CIP제어번호: CIP2018024593)